书院教育传统的转化创新与当代新文科建设

主　编　肖永明　陈宇翔　潘　彬

副主编　陈仁仁　陈　岘　于　月

湖南省「十四五」时期社科重大学术和文化研究专项（21ZDAZ01）

教育部首批新文科研究与改革实践项目（2021130016）

湖南省普通高等学校教学改革研究项目（HNJG—20230203）

湖南大学出版社·长沙

图书在版编目（CIP）数据

书院教育传统的转化创新与当代新文科建设／肖永

明，陈宇翔，潘彬主编. -- 长沙：湖南大学出版社，

2024.11. -- ISBN 978-7-5667-3624-6

Ⅰ. G649.299

中国国家版本馆 CIP 数据核字第 2024X272V4 号

书院教育传统的转化创新与当代新文科建设

SHUYUAN JIAOYU CHUANTONG DE ZHUANHUA CHUANGXIN YU DANGDAI XIN WENKE JIANSHE

主　　编：肖永明　陈宇翔　潘　彬

责任编辑：饶红霞

印　　装：长沙鸿和印务有限公司

开　　本：710 mm×1000 mm　1/16　　印　　张：18.5　　字　　数：256 千字

版　　次：2024 年 11 月第 1 版　　印　　次：2024 年 11 月第 1 次印刷

书　　号：ISBN 978-7-5667-3624-6

定　　价：65.00 元

出 版 人：李文邦

出版发行：湖南大学出版社

社　　址：湖南·长沙·岳麓山　　　　邮　　编：410082

电　　话：0731-88822559（营销部），88821594（编辑室），88821006（出版部）

传　　真：0731-88822264（总编室）

网　　址：http://press.hnu.edu.cn

电子邮箱：749901404@qq.com

编辑委员会

目 次

· 传统书院教育探讨

张栻"传道济民"教育宗旨及现代价值

朱汉民[1]

岳麓书院创建于北宋初期,作为一个新型高等学府应该如何办,最初的创办者还没有很好地表达出其独特的认识。他们似乎关心的是"使里人有必葺之志,学者无将落之忧"[2],即如何使士子们有机会读书,然后通过科举考试顺利取得做官的资格。直到南宋初年,著名思想家、教育家张栻主教岳麓书院时,才开始明确提出岳麓书院的教育宗旨。张栻在《潭州重修岳麓书院记》一文中,旗帜鲜明地反对以科举考试为目的的办学。他对岳麓书院的师生提出:"侯之为是举也,岂将使子群居佚谈,但为决科利禄计乎?抑岂使子习为言语文辞之工而已乎?盖欲成就人才,以传斯道而济斯民也。"[3]

史实证明,张栻主持岳麓书院后,一直坚持这一基本教育宗旨,故而推动了岳麓书院在教育理念、教学内容、教学方法上的全面改革,使书院出现学风、人才培养方面的新气象。此后,岳麓书院不仅成为南宋时期最有地位和影响力的高等学府,同时也是全国书院教育的典范。岳麓书院学术地位高,尤其是人才培养成果显著。黄宗羲、全祖望编写的《宋元学案》专列《岳麓诸儒学

---

① 作者简介:朱汉民,湖南大学岳麓书院教授。
② 欧阳厚均编,邓洪波、周郁等点校:《岳麓诗文钞》,岳麓书社,2009年,第551页。
③ 张栻撰,杨世文点校:《张栻集》,中华书局,2015年,第900页。

案》，其中包括在当时声誉很高的"岳麓巨子"，他们成为南宋时期政治、军事、经济、学术、教育方面的优秀人才，实现了张栻期望的"得时行道，事业满天下"①的教育理想。

为什么张栻"成就人才，以传斯道而济斯民"的教育宗旨确立后，会在岳麓书院历史上产生这么重大的影响呢？应该说，这一教育宗旨的提出，其实确立了岳麓书院的三个基本功能，具有突出的现代价值。

其一，人才培养。张栻明确了书院作为一个高等教育机构，必须以人才培养作为主要目标，这是高等教育机构最核心的功能。相比于唐代而言，宋代科举制进一步发展和完善，并且更加强化了其人才的选拔功能。分科考试以取士，本来是一种衡量、选拔人才的手段，但是，由于科举考试与功名利禄联系在一起，功名利禄的巨大诱惑，使科举考试由选拔手段变成了教育目的，使各级学校往往以科举举士作为培养人才的唯一目标。张栻重申创办书院的基本宗旨是"成就人才"，并且在否定科举利禄、言语文辞的外在标准前提下讲到"人才"问题，可见他心目中道德教育永远是第一位的，故而批判了科举制度下学校教育出现的许多以利禄为目的、教书不育人的种种弊端。

其二，传承道学。"传道"本来是对"师"的要求，韩愈《师说》指出："师者，所以传道受业解惑也。"由于"道"与"学"是一个有机整体，张栻在此所讲的传道，无疑还包括学子对师道的传承。张栻曾经特别指明复兴"师道"的重要意义："师道之不可不立也久矣！良才美质，何世无之，而后世之人才所以不古如者，以夫师道之不立故也。"②岳麓书院人才的大量涌现，既是这一师道彰显的杰出成果，同时也是这一师道精神的继承。张栻特别赞扬宋代教育能够开创出"秦汉以来师道之立，宜莫盛于今也"的局面，也是从教育成果与师道传承两个方面来考察的。

其三，经世济民。北宋胡瑗的"苏湖教法"强调"明体达用"的教育理念，

---

① 张栻撰，杨世文点校：《张栻集》，中华书局，2015年，第901页。
② 张栻撰，杨世文点校：《张栻集》，中华书局，2015年，第917-918页。

"明体"是传道的价值教育和人格教育，而"达用"则是知识与技艺的经世济民教育。张栻继承了这一重要教育理念，认为书院培养的人才，应该具有经世济民的能力。张栻一直保持着经世济民之学的要求，他曾经说："世之兴废，生民之大本存焉，其可忽而不讲哉！"①可见张栻将传授经世济民知识技能看作书院的重要任务。

张栻所说的岳麓书院教育宗旨就包括上述"人才培养""传承道学""经世济民"三个方面。可以将它们看作是一个递进的关系，即书院的首要任务是"人才培养"，这些人才首先应该传道，进而能够经世济民；也可以将三者看作是一个并列关系，即书院既要关注人才培养，同时也要承担传承道学、经世济民的使命。张栻主持岳麓书院时确立的教育宗旨，确实是有着深刻的中国教育传统与中华文化传统的根基，故而奠定了岳麓书院的教育传统和学术传统，是岳麓书院延续千年办学、形成"惟楚有材，于斯为盛"格局的深层思想原因。

站在现代高等教育的角度，我们会发现张栻"成就人才，以传斯道而济斯民"的教育宗旨，其实还具有值得中国大学继承与弘扬的现代价值。特别是从现代大学的社会功能视角出发，能够发现张栻的教育宗旨具有明显的现代意义，值得中国现代高等教育继承和弘扬。

从现代大学的功能来考察，西方近代大学有一个形成和演变的过程，十一世纪意大利的博洛尼亚大学主张大学的功能是人才培养，十九世纪德国的洪堡大学增加了科学研究，二十世纪美国的威斯康星大学又增加了服务社会。此后，人们大多肯定现代大学的功能是人才培养、科学研究、服务社会。应该说，张栻提出的"成就人才，以传斯道而济斯民"的教育宗旨，与现代大学的三大功能有相通的思想内涵，而且张栻的"传道济民"具有深厚的中国文化根基，体现出中国高等教育的作风与气派。

首先，张栻强调了岳麓书院的人才培养功能，与同时代的意大利博洛尼亚

① 张栻撰，杨世文点校：《张栻集》，中华书局，2015年，第1281页。

大学所强调的功能非常一致。从宋元明清一直到近现代，岳麓书院因重视人才培养一直是中国高等教育的重镇，获得"惟楚有材，于斯为盛"的高度评价，反映了宋代教育宗旨的超时代意义。其次，张栻强调经世济民的教育宗旨，这里的经世济民，既指岳麓书院培养的人才应该承担服务社会的任务，同时也包含着岳麓书院应该服务社会的思想。强调书院服务社会的功能，这一思想本来就是湖湘学派的思想传统。开创湖湘学统的胡宏最初创办碧泉书院，就提出通过书院以服务社会的教育理念。胡宏在他的《书院即事》中写道："为无经济学，万里筑幽栖。"①他希望碧泉书院承担经世济民（经济学）的社会责任。而张栻则是直接将"济斯民"作为岳麓书院的教育宗旨，使得岳麓书院在南宋的社会生活、政治生活方面均发挥了重要历史作用。

再从张栻所谓"传道"的现代意义上来分析，如果将"传道"纳入中国大学的现代价值来考察，就可以发现其学术创新、文化传承的功能非常明显和突出。张栻所讲"传道"包括"道学"与"道统"两方面，体现出书院学术研究、文化传承的双重功能。一方面，其"道学"具有学术研究的意义。在中国学术史的演变过程中，"道学"代表了两宋时期新的学术思潮，是宋儒通过知识创新而实现的中国学术史的大发展。张栻希望岳麓书院承担"传道"的功能，推动了岳麓书院成为南宋道学学术基地。可见"传道"其实是中国高等教育的知识创新、学术研究功能的体现，与现代大学的科学研究功能是完全一致的。另一方面，张栻所讲岳麓书院的"传道"功能还有文化传承的"道统"意义，而岳麓书院能够承担"道统"，恰恰体现出书院有一个与西方大学功能不一样的地方。张栻的"传道"之道，就是将岳麓书院之道上溯至先秦的孔孟之道，并强调孔孟之道又是源于上古的尧、舜、文、武、周公之道。在宋代道学家群体中，张栻是最早提出"道统"一词的。他在《答陈平甫》中说："欲请足下本六经、《语》、《孟》遗意，将前所举十四圣人概为作传，系以道统之传，而以国朝濂

① 胡宏撰，吴仁华点校：《胡宏集》，中华书局，1987年，第67页。

溪、河南、横渠诸先生附焉。"①张栻主持岳麓书院的教育,就是希望岳麓书院开创出"秦汉以来师道之立,宜莫盛于今也"的局面。张栻提出的"道统之传",对当代中国大学如何承担文明传承功能有重要启示。关于现代中国大学的功能问题,已经有教育家提出,文化传承应该是现代大学的第四大重要功能。② 应该说,对当代中国大学而言,张栻提出的"传道"教育宗旨,既有深厚的中国文化背景,又体现出值得借鉴与传承的现代意义。

---

① 胡宏撰,吴仁华点校:《胡宏集》,中华书局,1987年,第1228页。
② 徐显明:《文化传承创新:大学第四大功能的确立》,《中国高等教育》,2011年第10期。

建章立制，立德树人：岳麓书院学规章程及其创造性转化

邓洪波[①]

　　书院一般都会制定学规、章程，规范教学，导引师生。学规的内容，因时因地因院而各不相同，包罗甚广，约略而言，则有三端。一是确立办学、讲会之宗旨，宣示书院教育的方针，为诸生树立鹄的，为同人确立目标，以期立志高远，培养正确的人生理想。二是规定进德立品、修身养性的程序和方法，为学者提供更多的至善达德的帮助。三是指示读书、治学的门径和方法，是书院教育实践经验的理论结晶。章程不同于学规的远大追求，其强调细密的做法和可操作性，内容多是山长的择聘、待遇、责任；生徒的甄别、录取、分级、考课，以及考课的日期、内容、奖罚；教材的选择，教学组织，课程设计，课时安排；讲会的组织、程序、仪式、日期，以及会讲的内容；经费的筹措、管理与开支；图书的征集、整理、编目、借阅；员工的配备、责任、工食；书板的校刊、刷印；等等，皆是具体而硬性的规定，意在从各个侧面维系书院的正常运作。把握书院的学规、章程，即可把握书院的精神，把握书院教育制度的本质。

　　清代以前，书院见于文字的规章很少。宋代，张栻的《岳麓书院记》主要强调其成就人才、传道以济斯民的教育方针。第一个正式学规是《朱子教条》，

---

① 作者简介：邓洪波，湖南大学岳麓书院教授。

即朱熹的《白鹿洞书院揭示》。明代，除将《朱子教条》改名《晦庵先生教条》，尊为"文公学范"之外，尚有规范士人视听言动的"程子四箴"及世宗的《敬一箴》。这些大多侧重思想修养，很少有具体条款规定，反映了书院注重"无形规范"的特点。到清代，特别是康乾之世，岳麓书院地位再次被抬到全国首列，其规章不断增加，对修身养性、为德治学，以至日常生活行动之种种规定，日臻严密具体。据统计，清代岳麓有学规、学约、学箴、戒条、条约、规条、章程、佃约、示、谕、课程等二十余种，近二百条，数量之多，是岳麓书院历史上从来没有过的，在全国也属罕见。① 其建章立制的规范性管理于此可见一斑。

岳麓书院的学规与章程，大致可以分成进德、修业、考课几大类型，而论其规章建设，有以下几个特点值得我们注意。

第一，立德树人是教育的根本，进德成人必先于修业成才。岳麓书院历来强调，修业必先进德，成才必先成人。王文清《岳麓书院学规》十八条，前十条讲忠、孝、庄、俭、和、悌、义等道德规范，意在进德成人。② 杨锡绂《岳麓书院学规》四条，分立志、求仁、变化气质、正文体，前三条皆是进德之规。③ 旷敏本拟有《六有箴》：言有教、动有法、昼有为、宵有得、息有养、瞬有存，从昼夜、瞬息、言行各方面规矩诸生。④ 欧阳正焕则大书"整齐严肃"四字作为岳麓书院院训，并作《书整齐严肃四字因示诸生》诗，以"涵养在主敬""制外以养中，主静以定性""力行我为政"等训示学子。⑤ 长沙府知府李拔也发表《岳麓书院辨志说》，并为院中存诚、主敬、居仁、由义、崇德、广业六斋各作铭训戒诸生。⑥ 凡此种种，表明书院学以伦常为本、学以器识为本、学

---

① 朱汉民、邓洪波撰：《岳麓书院史》，湖南教育出版社，2013年，第397页。
② 邓洪波：《中国书院学规集成》，中西书局，2011年，第1041-1042页。
③ 邓洪波：《中国书院学规集成》，中西书局，2011年，第1039-1041页。
④ 邓洪波：《中国书院学规集成》，中西书局，2011年，第1043-1044页。
⑤ 邓洪波：《中国书院学规集成》，中西书局，2011年，第1044页。
⑥ 邓洪波：《中国书院学规集成》，中西书局，2011年，第1049-1050页。

以修省为本，即"教学者以坚定德行"成为常态。正因为如此，才有岳麓书院在国家发展的重要关头建功立业，人才辈出，书写"惟楚有材，于斯为盛"的空前盛况。

第二，继承发扬朱张理学传统，高扬学术大旗。清代山长李文炤参考《白鹿洞书院揭示》，制定《岳麓书院学规》八条①，尊濂洛关闽之绪，而一以朱子为宗，"进德注重于立身、敦品、养性，治业则注重于博学、审问、慎思、明辨、力行"，主讲悉以修己治人为训，强调四书，由《四书集注》到《四书或问》，再到《朱子语类》，多有所讲究，其他则《太极》《通书》《西铭》《正蒙》皆理学名著，凡"学问思辨，必以力行为归也"，具有浓厚的理学特色。乾隆十年（1745），杨锡绂首任湖南巡抚，"下车旬日，即诣书院展谒朱子、张南轩先生祠"，制定《岳麓书院学规》四条，由立志、求仁到变化气质，规范诸生，遵循的仍是正宗理学的路数，其精神实与乾隆皇帝所赐之"道南正脉"匾相契合。他认为"书院之设，所以讲明正学，造就人材，处则望重乡邦，出则泽施天下，非仅为工文藻、取科名、扬声誉已也"，这与张栻提出的教育方针如出一辙，而其求仁之旨也与张栻所提倡的完全相同。欧阳厚均主院二十七年，刊立朱子"忠孝廉节"碑，用"有体有用之学"训士，这些都反映出朱张传统在岳麓书院的延续。

第三，注重经史，强调考时势，通世务。经史乃为学根底，历代都十分重视。李文炤称"圣门立教，务在身通六籍"，而"学者欲通世务，必需看史"。王文清首任山长时制定《岳麓书院学规》，规定"日讲经书三起，日看《纲目》数页"，将经史讲读定为每日必修课程，并且专门制定《读经六法》《读史六法》②用以具体指导经史学习。而其《岳麓书院学箴九首》，更有"日月不灭，万古六经。囊括万有，韬孕经纶。史书廿二，纲目星陈。如何不学，长夜迷津"③之

---

①　李文炤撰，赵载光点校：《李文炤集》，岳麓书社，2012年，第66页。

②　邓洪波：《中国书院学规集成》，中西书局，2011年，第1042页。

③　邓洪波：《中国书院学规集成》，中西书局，2011年，第1048-1049页。

说，将经史比作万古日月、长夜明灯。他的《读书法九则》，也有"读书最要穷经、读书要看史鉴"①两条。陈宏谋《申明书院条规以励实学示》"限定功课"，要求"每日每月皆不离经史工夫"。② 而经史基础之外，"礼乐兵农，经天纬地，错节盘根，用无不利"，还要广采博览，以求多闻广识，必如此，方能"考时势""通世务""通晓时务物理"，真正做到"经世致用"。

第四，质证、辨难以求至是，追求学术真理。李文炤所制定的《岳麓书院学规》规定，每日讲经书要"端坐辨难""反覆推详"，"共相质证，不可蓄疑于胸中"；每月作文，学生可以"携原卷相商，以求至是"；平时读书，"诸君倘有疑处，即与之以相商焉"，"有相质证者，不敢隐焉"，可谓将质疑辨难、训练学生批判性思维能力贯穿到了教学的各个环节。陈宏谋制定的《岳麓书院条规》规定"上堂讲书，不拘四书、五经、诸史，诸生有独得心解者，录出送掌教就正；有疑者，不时登堂质问"。王文清之《岳麓书院学规》直言"疑误定要力争"，而仅"正义、通义、余义、疑义、异议、辨义"十二字的《读经六法》和"记事实、玩书法、原治乱、考时势、论心术、取议论"十八字的《读史六法》更是这种训练的高度浓缩与总结。它所体现的敢于怀疑经典、不迷信权威、追求学术自由的精神，在当时极为先进，即使在今天，无论是在中国还是在西方也都不落后。

第五，以考课促进教学。教学少不了考试、考核，但方式方法和内容有差异。李文炤规定每月三会，各作书二篇、经一篇，有余力者作性理论、小学论一篇，批改"止凭臆见丹黄，倘或未当，即携原卷相商，以求至是，更不等第其高下"。不给名次，而又师生相商以求至是，意在防止学生"月使之争"，而伤及"教养之道"。与李文炤不同，陈宏谋则排名次并加以奖惩，其制定的条规规定，"诸生各立功课簿一本"，每日按清晨、午间、灯下三段，"据实登填"经史、古文、诗、临帖等功课，"听掌教不时抽阅叩问"，"有捏填者，自

---

① 邓洪波：《中国书院学规集成》，中西书局，2011年，第1119页。
② 邓洪波：《中国书院学规集成》，中西书局，2011年，第1044-1048页。

欺欺人，甘心暴弃，以犯规扶出"。每月课文两次，"每课四书文一篇，或经文、或策、或论一篇，诗一首。策则古事、时务，论则论列史事古人，或《小学》《性理》《孝经》……间于四书文一首之外，出经解一首，或长章几节，或经中疑义，每首约三百字以上"。每次考试，"不完卷者不阅，雷同者不录，两次不完卷者扶出"。考完之后，按名次"出榜给赏"，奖银最高可达八钱，接近每月一两的膏火数额。每次课卷发下，则"令诸生转相阅看……名次列后者，阅前列之佳卷批点，即以广自己之识解，不可生忌刻之心，而以为不欲看也。前列者，亦应阅落后之卷，以知此题文原易有此疵病"。这种方法，符合"孔子择善而从，择不善而改，无往非师之道。三人行且然，况同学至数十人，其师资不更广乎?"这样一来，"师资"就由少数几位老师扩大到了数十位同学，此则正是以考课促进教学的又一意涵。

综上所述，坚定德性，能够保证岳麓书院不迷失于纷繁现世；高扬朱张学术大旗，可以保持其学术特色；养成质证以求至是的批判性思维，是其保持学术创造力的文化密码；强调经史基础而又通晓时务，经世致用，更是千年学府永葆青春活力的文化底蕴；以考课促进教学，使得教养相资、教学相长的理念可以更加灵动活化。而所有这些，若能够加以创造性转化、创新性发展，都是今日大学教育可以利用的文化资源。

首先，立德树人是教育的根本，先培德后育才、德业与学业并重是通用的原则，修身养性、扩充见识、养德成器则是坚定德性的不二法门。至于如何立德，就要有今天百年未有之大变局的时代特色了。如此，则"传道以济斯民"的坚守，在新时代必能由古开新，结出硕果。这是古代书院进德之规的传承与创新。

其次，学术传统的传承与创新。朱张学统一直是千年学府的学术传统，也是历代学规高扬的旗帜。传承到二十世纪三十年代，其被写入湖南大学校歌，"承朱张之绪"，传唱至今，可谓与时俱进的绝妙强音。传统和现代融合，可以让我们的学术精神既有悠久历史的厚度，又有现代世界的活力。具备上述崇尚自由、不迷信权威、实事求是、质疑问难、追求真理等学术精神的千年学府，其屹立于今日世界大学之林而日新又新，自是题中之义。这是古代书院修业之道的传承与创新。

最后，重经史，强基础，而又考时势、通世务，由通经致用接引，可以创造性转化，担负起今日大学服务社会、引领社会的时代使命。以袁名曜为例，他"与欧人过从"而通西学，居院讲学，要求学生"穿穴经史""先器识而后文艺"，故而学生魏源面对清末变局，能够喊出"师夷长技以制夷"的时代强音①。沿此路径，依托扎实的学业基础，深入社会，了解社会，考察时势，必能创新学术，建功立业，造福人类，引领社会的进步与发展。

① 朱汉民、邓洪波撰：《岳麓书院史》，湖南教育出版社，2013年，第493-496页。

岳麓书院《读经六法》《读史六法》与当代的经典教育

肖永明①

　　王文清(1688—1779)，字廷鉴，号九溪，"文章品行，望重乡国"。他一生研经考史，著作宏富，与王夫之、王闿运、王先谦合称湖南"四王"。在乾隆年间，王文清两度担任岳麓书院山长共九年。在此期间，王文清先后作《岳麓书院学规》《岳麓书院学箴》，并总结出包括《读经六法》《读史六法》在内的读书法，为岳麓书院的教育传统增添了新的内容。《读经六法》《读史六法》作为清代岳麓学风的集中表达，意味着《岳麓书院学规》《岳麓书院学箴》的践行与落实，镌刻于岳麓书院讲堂上，一代又一代岳麓学子无不闻风兴起，深受感召，铸就了"近世纪湘学与日争光"的兴盛局面。

一、《读经六法》《读史六法》的基本内容

　　经史之学是古代书院教育的核心内容，王文清制定的《岳麓书院学规》就有"日讲经书三起，日看《纲目》数页"的要求。在书院教育家看来，学者为学所追求的是圣人之道，经书是圣贤之道的载体，需要通过深入研读经典，才能理解、把握经典中所蕴含的圣人之道。史书是辅翼经书的，读史可以增长见识、明白道理、获得智慧。研经读史的正确方法是什么，如何才能把握圣贤之道的精蕴、朝

----

　　① 作者简介：肖永明，湖南大学岳麓书院教授。

成圣成贤的目标迈进，是历代学者为学过程中所要考虑的重要问题。

王文清治学，博涉经史，勤于纂述，著述等身，如经学著述有《周礼会要》《仪礼分节句读》，史部著述有《考古源流》《典制大义考》等。《读经六法》《读史六法》是他在借鉴同时期硕儒名贤经验的基础上，结合自己研经读史的心得体会而总结出来的。

《读经六法》包括正义、通义、余义、疑义、异义、辨义六个方面。"正义"即历代学者对经典字词及名物制度确然无疑的训释、考订，对义理思想的准确诠解；"通义"即历代学者通过对经典内部不同篇章乃至不同经典的相互发明而形成的对经典融会贯通的理解；"余义"即根据历代学者的理解从经典中派生、引申、阐发出来的意；"疑义"即历代学者在训释、阐发经典的过程中，对经典及前人训解提出的质疑，这些质疑或有据可依，或于义可通，虽非定论，却不可轻忽；"异义"即历代学者因为立场、价值观念的差异在解经时提出的一些不同的观点；"辨义"即"辨正之义"，指历代儒者在训释经典的过程中驳正先儒旧说而提出的至当而不可移易的观点。在王文清看来，以上六个方面，是学者在研读经书过程中必须把握的内容。

《读史六法》包括记事实、玩书法、原治乱、考时势、论心术、取议论六个方面。"记事实"即了解史书所记载的制度设置、历史事件、人物活动、思想成果，把握历史事件发生的过程与结果，弄清其来龙去脉；"玩书法"即透过历史记载，深入体察历史记载的体例、原则，准确把握编撰者所持有的立场、价值取向；"原治乱"是指对历史过程进行反思，探寻历史盛衰治乱的缘由，总结经验教训；"考时势"即考察历史事件与人物活动所处的具体历史情境，分析当时社会基本格局和发展态势，从而对人与事有设身处地的理解；"论心术"是指探讨历史主体的动机、目的、意识、思路等，考察分析动机与结果之间的关系，寻找产生差异的原因；"取议论"即对历史书写者关于历史事件、人物的评论加以审视，联系具体历史背景加以比较、选择、去取，形成自己对于历史的判断。这六个方面，层层递进，环环相扣，完备有序。

二、《读经六法》《读史六法》的精神取向

《读经六法》《读史六法》虽然加起来只有短短的三十字，但是言简意赅，论述全面而精到，内涵丰富而深刻，其中所体现的，是岳麓书院教育基本的精神取向。

《读经六法》既强调扎实的基础，又强调把握经典的贯通性。弄清楚字词的确解，是准确理解经书文本的前提与基础。强调对"正义"的把握，以之作为学者的首要任务，所提倡的是一种实事求是的治学态度。

但读经是为了求道、明道，因此不能停留于训诂考订层面，而应该在此基础之上，整体、全面、系统地把握经典的思想脉络、内容主旨、精神实质。由此再强调把握"通义"，体现了重视贯通的取向。

经典有其本义，同时也会因为解释者社会文化背景、问题意识的不同而被引申、阐发出新的意义。《读经六法》要求学生了解历代儒者在不同的历史语境中对经书所作的引申、阐发。"余义"虽非正解，却依附经义而对事物之理有所发明，了解这些意义能启发思维，开阔思路，加深对经典意义开放性的理解。《读经六法》强调把握"余义"，体现了开放的态度。

研读经书，求道明理，所体现的是对经典的尊崇。但是《读经六法》并未因此要求学子迷信盲从经典，匍匐于经传之下，而是希望学子拓宽视野，全面了解历代学者对于经典的质疑（"疑义"）以及某些基于不同角度和立场的不同看法（"异义"）。通过"疑义""异义"与"正义""通义"的互勘比对，分析前人立异质疑之由，批驳错讹欺惑之说，从而印证"正义"之可信。这体现了强烈的卫道精神与批判意识。

了解"辨义"，通过梳理学者对先儒旧说的驳正，分析其辨证的理据，不仅可以对经典内涵有更为精准的理解，还能在学术史的整体脉络中把握学术的演进。学术的发展，是一代又一代学者薪火相传、不断推进的结果。对于前人

之说，既要充分尊重，又不能拘囿于成说、亦步亦趋，应该有推陈出新而求其确解的勇气。《读经六法》强调对"辨义"的了解，所培养的是一种学术史的眼光、学术演进的观念，体现出发展创新的精神。

在书院的学术训练中，读史是为了让学生在具体的社会历史进程中体会圣贤所谈的道理，将抽象的为人处世的原则、修齐治平的道理贯穿于具体历史人物、事件的分析之中，从而达到通晓世务的目的。清代李文炤《岳麓书院学规》称："学者欲通世务，必须看史。"①《读史六法》也正是围绕这一目标而展开的。

史书所记述的内容，往往涉及某一历史时段系列历史事件与人物活动、制度沿革、文化成果、对外关系等方面，这是历史展开的基本要素，也是我们了解历史的入手处。《读史六法》首列"记事实"，把涉及历史真伪的考实性认识作为读史的基础，贯穿了求真的原则。

史书的编撰，有其义例。历史叙述有其宗旨、义法、体例、修辞，是基于特定立场和角度，遵循某些原则进行的。作者在编撰、叙述过程中，必然立足自身视角，择取史料，创制体例，并以特定的笔法剖判人事，因此难免产生个人偏好。在这种情况下，历史编撰者所叙述的历史"事实"固然重要，但更重要的是了解和把握编撰者记述的方式、叙述的深层逻辑。"玩书法"的要求，所强调的是深入分析、考察史书编撰者的角度、立场、原则，为洞悉历史真相、发掘史学价值铺垫基础。

"原治乱"是中国史学的重要传统。史学的主要功能就是通过王朝兴替、历史盛衰，总结兴亡治乱之道，为现实提供借鉴，即所谓"以史为鉴，可以知兴替"。"原治乱"要求学生在读史书过程中，能够通过对历史事件与历史演变过程的梳理，进行由表及里、由历史事实到原因、由一时一事到长时段历史过程的分析，探寻治乱兴衰之由，总结历史经验教训，为现实和未来提供借鉴。

---

① 李文炤撰，赵载光点校：《李文炤集》，岳麓书社，2012 年，第 66 页。

这一要求，具有强烈的现实指向。

一个时期内各种因素、力量、状况构成了当时的客观形势和发展态势。"考时势"就是要深入历史情境之中，通过考察、分析当时各个方面、各个层次、各个环节、各种错综复杂的因素，把握时代的具体情势、发展趋势。这一要求，所强调的是对历史发展趋势与客观必然性的把握。

历史有其客观趋势，但历史主体的选择也会引发多种可能性。作为历史的主体，历史人物的动机、观念、欲望、情感倾向与思维方式都会影响历史事件的发生、进程、路径、结果。"论心术"要求学生结合历史的情势，通过人物的活动及其效果、影响，去分析其动机、目的与谋虑。如果说"考时势"主要是从历史的客观情势角度作出要求，那么，"论心术"所关注的则主要是历史活动主体的作用。这二者都是"原治乱"的必然要求。

史籍编撰者不仅会基于特定的立场，按照自身的原则去选择史料、解读史料、进行历史叙述，还会对所记史事和人物加以评述，阐明自己的观点。这些议论与编撰者价值立场、认识能力有关，带有主观性、个体性。"取议论"要求学生对于这些"议论"加以审慎的思考，并在此基础之上提出自己的判断与评价。这就意味着将史家的"议论"本身也作为审视对象，是对史家历史反思的再思考，堪称"读史"的最高境界。

三、《读经六法》《读史六法》蕴含当代经典教育的基本原则

经学与史学在中国传统文化中占有重要地位，弘扬中华优秀传统文化，经学与史学是核心内容。提出回应当代种种问题的原创性思想，都需要返本开新，回归经典，借助于经典的涵育，触摸我们民族的心灵，梳理民族精神历程，见证文明的发展，把握文明演进的脉络，最终贯通传统与现实。基于此，推动中华优秀传统文化的创造性转化和创新性发展，经典教育扮演着重要的角色。《读经六法》《读史六法》作为书院教育的经验总结，可以为新时代的经典

教育提供重要的借鉴与启示，我们可以由此总结出一套适用于新时代经典教育的原则。

第一，对待经典必须有求真、求是的态度。在经典阅读过程中，最为基础的工作就是了解经典的训释，准确把握文本意义（"正义"），了解经典所记载的事实（"记事实"），切忌没有文本依据的随意发挥、不顾事实的想象与臆测。离开这一原则，游谈无根，过度诠释，不但无益，反而增添纷乱，产生误导。

第二，阅读经典要有发展的眼光和开放的心态，不能画地为牢。经典本身及对经典的理解是一个发展的过程，历代学者总是基于学术传承与时代需求，驳正旧说，提出新解（"辨义"）。这些学术成果，助推学术新新不已的发展，弥足珍贵，决不能因为不合先儒旧说而加以排斥。同时，对经典的解释，要理性地看待质疑的声音（"疑义"）以及基于不同价值立场的观点（"异义"），切忌先入为主式的有意回避、视而不见，应当通过对质疑、否定声音的回应，实现自身学术的发展，把外部的质疑、否定，作为促使自我更新、发展的催化剂。

第三，经典教育应当高扬经世致用的精神，以回应现实问题为导向。通经目的在于致用。经学是中华文化的根与魂，当代中国核心价值观的培育、思维方式的塑造、文化主体性的确立、精神家园的建设，都是经学教育应当承担的重要使命；认识历史的目的在于指导现实，面向未来。"原治乱"，把握兴亡治乱之理，是为了给今天提供历史借鉴。"取议论"，无论我们如何选择、去取，所依照的是历史尺度还是道德尺度，尺度标准都必须在与当代现实问题的互动之中确立，其现实性不言而喻。

第四，要充分发挥主体的能动性。在经典学习过程中，要扎扎实实地进行知识的积累，但又不能止步于知识的了解、记诵、积累这一层面。应当充分发挥主体能动性，深入经典的世界，透过现象把握本质，透过具体文本把握抽象的理念、原则、规律、动机、思路。在《读史六法》中，玩书法、原治乱、考时势、论心术、取议论这五项都涉及主体能动性问题。发挥主体能动性，阅读经典才能增长智慧和见识，滋养自己的成长，否则，就如同清代学者叶燮所言，"胸中无识之人，即终日勤于学，而亦无益"①。

第五，要反对历史虚无主义。历史虚无主义的重要特点是以一种孤立化、碎片化的思维，脱离具体的社会历史环境来讨论历史事件与历史人物，悬置历史发展的整体脉络和过程，而将视野拘囿于历史的局部、片段、表面和枝节问题上，从而扭曲事实、臆断历史、消解历史认同。"考时势""论心术"与求"通义"的要求可谓对症孤立化、碎片化思维的良药。新时代的经典教育，应当让学习者在历史的大格局、大趋势、大背景下对历史事件的发生与发展有一个贯通性的理解，从而分析历史人物的动机与实际效果，抓住历史事件与人物的主流与本质，把握历史的主线，获得科学、理性的历史认识。

---

① 叶燮、薛雪、沈德潜撰，霍松林等校注：《原诗·一瓢诗话·说诗晬语》，人民文学出版社，1998年，第25页。

岳麓书院志趣养成教育对拔尖人才培养的现代借鉴

潘　彬①

"激发学术志趣和内在动力"是国家拔尖人才培养的重要导向。"人若志趣不远，心不在焉，虽学无成。"北宋思想家张载道出了志趣对于人生的重要意义。随着教育的发展，在当前高校人才培养过程中，内在学习动力已成为影响学生成长的主要因素之一。志趣的养成可以引导学生树立远大志向，为学生提供持久而稳定的内在学习动力。岳麓书院培养了一大批经邦济世之才，积累了丰富的志趣养成资源。我们通过发掘和梳理古代岳麓书院志趣培养趋向和养成方法，以岳麓书院本科生导师制为依托，构建今日岳麓书院志趣养成教育体系，探索拔尖人才培养的现代中国模式。

一、岳麓书院的志趣引领趋向

南宋大儒张栻在担任岳麓书院主教期间，曾作《潭州重修岳麓书院记》，揭示了较为成熟的书院办学宗旨。张栻曰："侯之为是举也，岂将使子群居佚谈，但为决科利禄计乎？抑岂使子习为言语文辞之工而已乎？盖欲成就人才，以传斯道而济斯民也。"②

---

① 作者简介：潘彬，湖南大学岳麓书院人才培养办主任，讲师。
② 张栻撰，杨世文点校：《张栻集》，中华书局，2015年，第900页。

在张栻的这番劝诫里，岳麓书院的学生不应该将时间精力花在群居佚谈上，士子求学并非为功名利禄与言语文辞技巧。岳麓书院兴学的最终目的是培养"传道济民"的人才。书院学子求道、传道的核心在于"仁"。张栻认为，"仁，人心也，率性立命，知天下而宰万物者也"①；仁是"圣贤所传之要"，书院学子需"从事焉，终吾身而后已"②。

大约同时期的另一大儒朱熹在任荆湖南路安抚使期间，重申了张栻的这一办学宗旨。他在《潭州委教授措置岳麓书院牒》中提到，在官学之外设置岳麓书院，是为那些不远千里来到潭州求学而又无所依靠的有志之士提供"优游肄业之地"。广大书院学子真正应该立志与究心之处，不在于举业，而在于圣人之学，应立志成为担当国家重任、具有责任感和使命感的人才。

张栻、朱熹两位大儒确定的书院办学志趣在此后一直得到认可和强调，弦歌不绝。元代吴澄在《岳麓书院重修记》中强调了张栻以"仁"为中心的为人之学，"仁，人心也。失此则无以为人"；指出"熟于记诵，工于辞章，优于进取"并不是书院的志趣，书院学生的志趣应该是"审问于人，慎思于己，明辨而笃行之"③。明代正德年间，陈凤梧在《兴复书院以崇正学事案验》中认为，书院学子要"不专事于举业"，应在儒学课程外有更高的志趣，"务要讲论性理治道，参读五经诸史，求实得于身心"④。

总之，张栻与朱熹为岳麓书院学子确立了高雅的求学志趣，即以圣贤为目标，通过在书院的学习，不断追求自我的完善，以期成为不为个人功名利禄之私所动、心怀天下，于社会、国家都有所用的综合性人才。

---

① 张栻撰，杨世文点校：《张栻集》，中华书局，2015 年，第 900 页。
② 张栻撰，杨世文点校：《张栻集》，中华书局，2015 年，第 901 页。
③ 吴道行、赵宁修撰，邓洪波、谢丰等点校：《岳麓书院志》，岳麓书社，2012 年，第 101 页。
④ 吴道行、赵宁修撰，邓洪波、谢丰等点校：《岳麓书院志》，岳麓书社，2012 年，第 75 页。

二、岳麓书院的志趣养成方法

"真正的精英教育应该帮助优秀学生成全自己的'志趣',从而使其中有人脱颖而出。"①岳麓书院一直坚持培养学生"传道""济民"的求学志向,注重引导学生树立远大的目标,激发持续的内在动力,培养严格治学的定力,经过千余年的传承创新,积累了丰富的志趣养成资源。

第一,营造良好的育人环境,涵养学生性情,志存高远。岳麓书院"择胜地,立精舍",为师生提供远离尘嚣的优美读书环境。罗典掌教期间,费心建设岳麓书院八景等园林景致,使"诸生沐国家雅化深仁,萃处名胜,优资廪,亲师取友而外,晨夕出入,会心不远,皆得蠲尘俗以亲雅意,略戈小而与大观,裨益良多矣"②。"务令学者陶泳其天趣,坚定其德性而明习于时务。晨起讲经义,暇则率生徒看山花,听田歌,徜徉亭台池坞之间"③,让学生在求学过程中得以与大自然融为一体,领会"天人合一"的境界。

明代弘治年间,长沙府同知杨茂元命画工将朱子在长沙的事迹绘为"紫阳遗迹",并为赞于后,制成石刻,置放于岳麓书院尊经阁,希望书院学子看到时,能够"兴起其尊贤、尚德之心,而思读其书以学其道"④。明代正德年间,陈凤梧在兴复岳麓书院时,曾将《白鹿洞书院教条》"大书,揭于壁间",希望学子可以"朝夕探讨服膺,庶于二先儒之教,为不负矣"⑤。今日岳麓书院仍然置有内容丰富、寓意深远的楹联、碑刻和匾额等,蕴含着丰富的治学做人的道理,如讲堂两壁嵌有朱熹手书的"忠孝廉节"和山长欧阳正焕书写的"整齐严

---

① 陆一、史静寰:《志趣:大学拔尖创新人才培养的基础》,《教育研究》,2014 年第 3 期。

② 欧阳厚均编,邓洪波、周郁等点校:《岳麓诗文钞》,岳麓书社,2009 年,第 506 页。

③ 严如煜撰,黄守红标点,朱树人校订:《严如煜集》,岳麓书社,2013 年,第 93 页。

④ 吴道行、赵宁修撰,邓洪波、谢丰等点校:《岳麓书院志》,岳麓书社,2012 年,第 83-84 页。

⑤ 吴道行、赵宁修撰,邓洪波、谢丰等点校:《岳麓书院志》,岳麓书社,2012 年,第 75 页。

肃",书院内仍存有"明伦堂""崇圣祠"等建筑。这些无一不昭示着一种崇高的志趣,激励着书院学子优入圣域。

第二,在教学过程中,注重因材施教,助推志趣养成。传统的书院教育特别强调尊重学生的个性,就其才性所近加以引导,充分发挥学生的潜力。① 朱熹非常重视根据学生的个性气质特点,因材施教,成就多样人才,"德行者,潜心体道,默契于中,笃志力行,不言而信者也。言语者,善为辞令者也。政事者,达于为国治民之事者也。文学者,学于《诗》《书》《礼》《乐》,而能言其意者也。盖夫子教人,使各因其所长以入于道"②。书院师长还善于主动发掘学生的志趣。清代湖南巡抚陈宏谋在制定的《岳麓书院条规》中,要求学生在读书时,"有嘉言善行,不拘长短偶句,各就心之所晓,意之所喜,随时录写",然后将它们"或贴之壁间,或书于简册"。这样,学生本人能"触目会心,展玩绅绎",老师也可以由此"觇其志趣"。

今日岳麓书院设立本科生导师制,让学生得以从游良师,"导师在与学生充分交流、了解学生个性特点、兴趣爱好、能力倾向的基础之上,利用不同场合、不同机会有针对性地给予学生指导"③。此外,岳麓书院每年还会邀请40余位海内外名师来院讲学,使得学生有亲近大师的机会,得以兴发其志向,激发其兴趣。

第三,在教学内容上,重视教授儒家经典,以理导人。通过研习儒家经典,尤其是经学典籍,学生"本之六经以发其蕴,泛观千载以极其变",进而拓宽视野,拓展格局,德进业广,树立"传道济民"之志。王文清在主教岳麓书院时,也格外重视经学教育,希望通过经学教育使学生成为满腹经纶、知书

① 肖永明、潘彬:《书院教育传统与现代大学教育的融合——岳麓书院实施本科生导师制的探索与思考》,《大学教育科学》,2017年第2期。

② 朱熹撰,朱杰人、严佐之、刘永翔主编:《朱子全书(修订本)》第6册,上海古籍出版社,安徽教育出版社,2010年,第87页。

③ 肖永明、潘彬:《书院教育传统与现代大学教育的融合——岳麓书院实施本科生导师制的探索与思考》,《大学教育科学》,2017年第2期。

达理、心胸开阔、志向远大的学者。今日岳麓书院每年举办新生入院第一讲，院长都会通过诠释《大学》《论语》等经典，引导学生超越个体局限，立天下国家之志。

第四，"学贵利行"，在课外活动方面，实施践履教育。岳麓书院在创院之初就有祭祀活动，在士人教化方面，"祭祀礼仪是重要的途径和方式，可以激发士人的道德使命感和社会责任感"①。岳麓书院为纪念儒家圣贤建立文庙，为纪念书院历史上的著名人物设立专祠。今日岳麓书院在人才培养过程中，同样重视习礼育人，每年组织"清明祭""端午祭"和"祭孔大典"等祭祀礼仪活动，纪念先贤，激发学生志趣，不忘圣贤之道。损友、闲谈可能会消磨一个人的志趣。书院师长教导学生在日常生活中拒交损友、珍惜光阴。清代山长王文清在制定的《岳麓书院学规》中谈道，"损友必须拒绝""不可闲谈废时"②。书院的《取友戒》，提醒学子"友则情意较密，其善恶所在，习染尤易"；要保持自己独立的志趣，"取友所以成德"③。清代嘉庆、道光时期的山长欧阳厚均也告诉大家，"逝者悠悠，不舍旦夕"，要珍惜"寸阴分阴"④。

三、岳麓书院志趣养成教育的现代启示

第一，引导学生养成与时代和社会宏观目标趋同的志趣。"拔尖人才教育不是培养抽离于时代的拔尖个体，环境与人协同互动才有可能造就拔尖人才，

① 肖永明：《儒学·书院·社会——社会文化史视野中的书院》，商务印书馆，2012年，第351页。
② 吴道行、赵宁修撰，邓洪波、谢丰等点校：《岳麓书院志》，岳麓书社，2012年，第559页。
③ 吴道行、赵宁修撰，邓洪波、谢丰等点校：《岳麓书院志》，岳麓书社，2012年，第563-564页。
④ 吴道行、赵宁修撰，邓洪波、谢丰等点校：《岳麓书院志》，岳麓书社，2012年，第562页。

因此拔尖人才教育必须对所处的大环境予以回应。"①岳麓书院注重引导学生树立"传道济民"的崇高志向，将个人价值追求与社会责任、国家战略需求和人类共同命运相关联。崇高的志趣可以激发学子持久稳定的求学动力。朱熹谈道："专在人自立志。既知这道理，办得坚固心，一味向前，何患不进!"②明确的志向能激发百折不挠的决心，提供踏实治学的定力。张栻在《孟子说》中指出："志者气之帅，所以帅其气者也。志在于此，则气随之矣。"从而"其志不摇，中正和平，通畅充裕，而德业日新焉"③。我国高校拔尖人才培养，应该避免过多地关注学生学术科研水平，而提供更多的环境支撑，让学生主动置身于时代和宏观社会环境中，结合自身个性特征，制定与之相匹配的职业生涯规划。

第二，注重"师生互动"的志趣养成方法。"学生学术志趣与师生人际互动因素尤其是与学生关系切近的学界领袖的榜样作用高度相关。"④师生密切而有效的互动，是学生志趣养成的重要方式。岳麓书院历来重视导师的言传身教，在朝夕相处中，学生受到老师高尚的道德修养、深邃的学术思想的感召和影响，在人格养成和志趣养成方面取得了一定成效。为推进拔尖人才志趣养成教育，岳麓书院积极探索实施本科生导师制。在制度层面，书院明确师生互选方式、互动频率和时间，要求师生定期提交交流记录；在交流方式上，导师可以组织开展形式多样、内容丰富而有趣的师门活动，如开展读书会、远足踏春、聚餐或者文体活动等，促进亲密无间的师生关系的形成；在指导方面，导师深入了解并尊重学生个性特征和个人志向，因材施教，进行个性化指导，促进学

---

① 阎琨、吴菡、张雨顾：《拔尖人才培养的要素、动态和系统视角：基于茨格勒理论》，《清华大学教育研究》，2021 年第 6 期。

② 朱熹撰，朱杰人、严佐之、刘永翔主编：《朱子全书（修订本）》第 6 册，上海古籍出版社、安徽教育出版社，2010 年，第 3657 页。

③ 张栻撰，杨世文点校：《张栻集》，中华书局，2015 年，第 360 页。

④ 陆一、史静寰：《拔尖创新人才培养中影响学术志趣的教育因素探析——以清华大学生命科学专业本科生为例》，《教育研究》，2015 年第 5 期。

生志趣的养成。

第三，构建良好的育人环境。岳麓书院的宁静和厚重，为学生"淡泊明志，宁静致远"提供了良好的氛围。岳麓书院围绕人才培养目标营造自然环境和人文环境的理念和方法，对现代大学建设有重要借鉴意义。首先，营造更为安静清雅的校园环境，并在楼宇和道路命名、校园景观设计、校史馆建设以及校园网络建设等方面，注重发掘校史和区域文化史方面的志趣养成资源。其次，重视校园周边环境建设。现代大学大多处于闹市，校内外商业气息过重，不利于学生踏实求学，需要高校和当地政府相关部门统筹规划，兼顾高校的育人功能和社会效用。再次，充分利用地方历史文化资源，设立课外教学基地，形成育人合力，拓展育人资源。此外，还可以组织各类纪念活动，纪念革命先烈和历史文化名人，通过特别的互动方式，激发学生的道德使命感和社会责任感。

第四，探索坚守中华文明传承的通识教育。"教育是帮助被教育的人，给他能发展自己的能力，完成他的人格，于人类文化上能尽一分子的责任。"①大学通识教育致力于学生的成人教育，是志趣养成教育有效的制度化渠道。岳麓书院重视古代经典教育，在学生自学和师生切磋问难中，将优秀传统文化内化于心、外化于行，以培养学生的完善人格、独立思考精神和探索能力等。在当今大学通识教育实施过程中，应该继续加大传统经典教育，尤其是要重视经典文本的深度学习，以古典文化涵育志向远大、志趣高尚的时代新人。

---

① 蔡元培：《教育独立议》，高平叔编，《蔡元培教育论著选》，人民教育出版社，1991年，第 377 页。

古代岳麓书院师生关系的构建及其现代转化

谢　丰①

　　荀子在《劝学》篇中阐述了建立良好师生关系对于教学的重要性，"学莫便乎近其人"，"学之经莫速乎好其人"。千余年来，岳麓书院在传承学术、造就人才的过程中，师生以道相交、以情相融，形成了富有特色的教育传统。分析古代岳麓书院师生关系的构建，可为当今高等学校思考如何改善师生关系、取得教育成效、实践"立德树人"重要宗旨提供借鉴。

一、修德进学：师生个人发展的共同目标

　　岳麓书院是人才培养的重要基地，千余年来，一直致力于培养传道济民、经世致用的人才。书院的师生具有为学修德的共同目标，一方面，重视提升人生境界和完善个人道德；另一方面，重视承担社会责任和实现以道治世的儒家理想。修德进学的共同目标将书院师生紧密地联系在一起。

　　首先，在品德学问方面，老师为学生树立榜样，学生被老师感召熏陶。岳麓书院作为湖南文化圣地，历代均有一批学行兼优的名师宿儒在此授徒讲学。宋初山长周式以行义著称，以至"鼓箧登堂者相继不绝"。康熙年间山长陈际

---

① 作者简介：谢丰，湖南大学岳麓书院党委副书记，副研究员。

鼎"道化所洽，能令人慕而从，从而服，服而思"①。乾隆元年(1736)，政府明确规定山长聘任"必选经明行修、足为多士模范"的学者②。书院老师丰富的人生阅历，对道德品行和学识的不断追求，往往感染并引发学生的敬慕之心，成为他们学习的榜样。山长欧阳厚均"与诸生文行交勉，道艺兼资"③。学生李元度回忆侍坐请益时，老师"所以启掖之者甚挚"④。欧阳厚均主教岳麓二十七年，培养了三千余名弟子，多以节义功名显。

其次，在日常教学中，老师注意引导学生立志、强调学行并进。老师督促学生遵从日常行为规范，在生活实践中修养品性、明理躬行，对于不良行为批评劝告、严厉禁止。康熙末年李文炤刚任山长，就申明如有"縻廪粟而耽棋牌"以及与人不敬不和以致"一言不合，怒气相加"者，必须立即清退出院，有"剧钱群饮，精令挥拳，牵引朋淫，暗工刀笔"等恶习，亦决不宽容。⑤

最后，在社会责任方面，师生道义砥砺，共同追求崇高理想。基于共同道义目标而非功利原因，师生之间建立的关系非常牢固，他们甚至拥有共同的精神气质、行为方式、价值取向，形成经世济民的政治或学术群体。在国家民族危难的关键时刻，师生们更会激发出同仇敌忾、爱国守义的斗争精神。如，在抗元战争中，岳麓师生乘城共守、共赴国难，共同谱写了舍生取义的壮丽篇章。⑥

①　吴道行、赵宁修撰，邓洪波、谢丰等点校：《岳麓书院志》，岳麓书社，2012 年，第630 页。
②　吴道行、赵宁修撰，邓洪波、谢丰等点校：《岳麓书院志》，岳麓书社，2012 年，第511 页。
③　欧阳厚均撰，方红姣点校：《欧阳厚均集》，岳麓书社，2013 年，第 184 页。
④　欧阳厚均撰，方红姣点校：《欧阳厚均集》，岳麓书社，2013 年，第 3 页。
⑤　李文炤撰，赵载光点校：《李文炤集》，岳麓书社，2012 年，第 65 页。
⑥　据《宋元学案》载："长沙之陷，岳麓诸生荷戈登陴，死者什九，惜死者姓名多不可考。山长辟谷举家自焚。"

二、近其人：师生之间的密切交流

在书院生活中，师生有很多的共同活动，既有固定程式、整齐肃穆的教学活动，也有登山临水、轻松愉快的闲暇时光，这些都在书院培养人才的重要过程之内。在这个过程中，育人方式灵活多样，老师随处提点启发，因材施教，因此形成了密切互动、别具一格的师生关系。

师生之间的平等讲论、共相切磋是书院日常教学活动中重要的方式之一。山长李文炤不仅在每日讲经时，与学生共同论疑辨难、反复推究，对学生的考课评定亦共同讨论，甚至自己从未示人的《正蒙》集解之作，也愿意拿出来与学生一起商讨。①

讲学之余，师生还常常在书院内外观赏四时美景，老师随处提点启发。罗典的学生严如熤称"晨起讲经义，暇则率生徒看山花，听田歌，徜徉亭台池坞之间，隐乌皮几生徒藉草茵花，先生随所触为指示"②。另一位学生周锷回忆"或罗坐花间，或侍立月下，或随行涧沼、墩径间，谈经道古，内而心性，外而身世之故，凡所欲闻者无不闻，而皆有以洽其意而餍其心"③。师生一同置身于优美的自然环境中，随处讲论，气氛融洽，一派和乐景象。

此外，师生还有其他很多共同的活动，比如，和到访书院的学者会见讲论，外出一同游学；考试后，师生们在文泉旁饮酒，在白鹤泉边品茗，吟诗作赋；老师带领学生在专祠或者文庙拜祭先贤；等等。在不同的时间以及空间场所中，学生有很多机会"近其人"。

在师生的这种密切互动中，老师对学生的志向、兴趣、个性、气质有深度了解，为因材施教的个性化指导创造了条件。学生也因为灵活多样的活动，在

---

① 李文炤撰，赵载光点校：《李文炤集》，岳麓书社，2012年，第65—66页。
② 严如熤撰，黄守红标点，朱树人校订：《严如熤集》，岳麓书社，2013年，第93页。
③ 罗汝怀：《湖南文征》，岳麓书社，2008年，第2562页。

从游问学、质疑问难的过程中受到老师言谈举止的影响，受到鼓舞和激励，得到启发和引导。年深日久，师生之间逐渐形成一致的价值认同。

三、好其人：师生之间的深厚情谊

岳麓书院师生之间形成以情感为纽带的教学共同体。在这个共同体中，老师视学生如子弟，对学生倾注情感与心血，关怀备至；学生在老师的呵护中陶然自乐，与老师建立了深厚的感情；甚至学生在离开书院之际，恋恋不舍，深感惆怅，离开书院多年之后，仍然牵挂书院的老师和书院的发展。

老师以满腔热情投入学生的培养之中，"弗懈兼勤，孜孜训迪"，多方面参与学生的成长。在师生交流过程中，老师能够细心觉察学生的心理变化，诚挚地分享人生的感悟。清代山长李文炤言辞恳切地告诫学生："子辈之龄皆在弱冠前后矣。如以为过时乎，则年富力强正在此际，不得谓之过也。如以为需时乎，则荏苒蹉跎不转盼而迟暮及之。失今不学而更何所需乎。"[1]鼓励他们珍惜时光，从眼前做起。拳拳之心，惓惓之意，殷殷之情，令学生感奋不已。

对老师而言，因为有了情感的投入，与学生的相处就成为人生的乐事。欧阳厚均晚年时曾说，"聊藉友朋之讲习，以消迟暮之居"，"每与讲艺论文，亦觉乐此不疲，孜孜忘倦"，"一堂之上，彬彬雅雅，每雍容进退，未尝不顾而乐之也"[2]。老师们时刻关注、欣赏着学生的成长与进步，为学生的点滴成就而感到快乐。罗典评点学生文章，"见一题各出机杼，无美不备，尝窃叹其补益智思过半不啻焉"[3]。欧阳厚均忍不住为学生的好文章击节赞赏，在十多年时间里，他还遴选学生的优秀论文，汇刻出版了四辑《岳麓课艺》。

岳麓书院师生的教学共同体，是以道义为基础、以情感为纽带而形成的。

---

① 李文炤撰，赵载光点校：《李文炤集》，岳麓书社，2012年，第59页。
② 欧阳厚均撰，方红姣点校：《欧阳厚均集》，岳麓书社，2013年，第183-184页。
③ 欧阳厚均编，邓洪波、周郁等点校：《岳麓诗文钞》，岳麓书社，2009年，第506页。

学生感受到一种超越俗事束缚、超越功利计较的氛围，体会到在老师带领下切磋学问、砥砺品行的书院生活的快乐，对书院老师产生了深刻的情感认同。乾隆时期曾就读于岳麓书院的贵州学政周锷曾感叹道："夫人役役于尘鞅中，得则喜失则忧，愈劳而愈不能遂，愈苦而愈不得休。视我辈得良师兼益友，游息暇豫耳目之前，人所苦于束缚而不易有此乐者，皆得因师之所有而共有之，其相去顾何如也。故地之有显不显，犹人之有遇有不遇也。"①

学生离开书院之际，总是惆怅不已，久久不忍离去。从严如熤离开书院时"与我心相亲，欲别频回首。迟回定行日，惆怅对离酒。去去违鳣席，寸心亦何有。师资忍暂远，庭有垂白母"②的诗句，我们就可以看到师生之间的深厚情谊。离开书院之后，严如熤常常念及老师，"拥比谈经人健否，何当重侍讲堂前"，"苦思风雨情相慰，绝恨关山道且长"。③ 学生们也常常怀念师友共读的时光，还时常会回到书院看望老师。欧阳厚均随身携带岳麓求学时的《同门齿谱》，"间一展阅，犹想见联步登堂，抠衣问字，依依如目前事也"④。

四、传统师生关系构建的现代转化

教育是一种关系性实践，通过人际交往影响学生成长。从现代高等教育师生关系疏离淡漠等实际问题出发，我们应当深入挖掘古代岳麓书院师生关系构建的时代价值，将其优秀理念与方法融通转化，为当代所用。

首先，良好师生关系的建立，需要以双方的共同目标为基础。在高校教学活动的开展过程中，明晰的共同目标，能够使师生两个主体在共同参与的教育活动中产生相互期待、形成心理契约，主动从中获得支持、相互成就、教学相长。要建立良好的师生关系，就应当使师生双方都明确认识到，教学活动既是

① 罗汝怀：《湖南文征》，岳麓书社，2008 年，第 2562 页。
② 严如熤撰，黄守红标点，朱树人校订：《严如熤集》，岳麓书社，2013 年，第 253 页。
③ 严如熤撰，黄守红标点，朱树人校订：《严如熤集》，岳麓书社，2013 年，第 368 页。
④ 欧阳厚均撰，方红姣点校：《欧阳厚均集》，岳麓书社，2013 年，第 183 页。

学生个人道德品行完善、志向旨趣培养、知识能力增长的重要途径，也是老师服务社会、实现个人理想价值的重要环节，使个体自我得到充分发展，双方目标是高度一致的。基于这一共同的目标，学生在知识追求、情感需求、人生目标设定，特别是品格塑造方面，会得到老师的正向支持与推动；学生和老师的交流、积极反馈，也会推动老师不断提高个人的德业水平与教学能力，将教育活动上升到个人价值与意义实现的高度。这种基于共同目标的良性互动，是建立牢固坚实的师生关系的基础。

其次，良好师生关系的建立，需要拓展师生相处的载体。师生关系的深入发展，依托于师生经常性、面对面的互动交流。只有通过密切的交流互动，老师才能对学生的个性特点、兴趣志向、气质习惯有深度了解，从而理解学生的内在需要，为开展因材施教、个性化指导创造条件和机会，更大程度地发挥老师在学生人格培养方面"身教"和"化育"的作用。

当代高校师生关系疏远、情感淡薄的根本原因，在于缺乏学生与老师相处的载体，老师投入的精力不足。2018年以来，教育部多次强调要"以本为本"、推进"四个回归"，反复强调老师的第一身份、第一职责，通过各种举措引导老师把精力投入学生身上。所以，高校需要拓展师生相处的载体，确立交流制度、营造交流环境、拓展交流空间、丰富交流内容与形式，使师生在课堂之外有更多相处机会。目前许多高校正在实行多种形式的导师制，开展师生从游活动等等，在拓展师生相处载体方面，取得了不少经验与成效。

最后，良好师生关系的建立，需要以情感为纽带。情感是心灵沟通的桥梁，要建立良好的师生关系，离不开双方的情感投入。师生之间的感情是需要培养的。老师不仅要以人格魅力、丰富的学识赢得学生的尊重与认同，而且要以满腔热情投入教学，亲近、关爱、理解学生，尊重他们的个性，关心他们的成长，欣赏他们的进步，真正走进学生的内心世界，以情感打动学生，激发其内在动力。老师的情感投入，最终会为学生所感受，他们会从心理上接纳老师，在内心产生对老师的亲近感、认同感、信任感，"亲其师信其道，尊其师奉其教，敬其师效其行"，在真挚情感的基础上建立起良好的师生关系。

　　总之，新时代高校应进一步借鉴古代岳麓书院师生关系构建的经验，明确师生个体充分发展的共同目标，形成共同的价值观和信念，通过频繁、多样的交流机会，以情感作为纽带，构建融洽紧密的师生关系。

岳麓书院隐性德育的现代启示

潘　彬①

　　面对当今百年未有之大变局，高校理应承袭立德树人的时代使命，乘势而为，培养知中国、爱中国，堪当民族复兴大任的时代新人。欲将德育工作提质创新，各高校须将显性德育与隐性德育并驾齐驱。当前，高校多已在思政课程教育等显性德育中取得硕果，但隐性德育的实效性仍不容乐观。千百年来，"作为儒家思想传承的基地，（岳麓）书院尤为重视生徒道德素养的培养，并把道德教育作为书院教育的核心"②。岳麓书院秉承培养"传道济民"之人才这一宗旨，将德育渗透到书院的自然与人文环境等各方面，对塑造学生正确的道德观与价值观、形成良好的行为规范的影响是无形的，于"润物细无声"中培养了一大批经世致用之才。本文拟梳理并剖析这种内隐、体验式的德育方法，旨在探索高校隐性德育模式和方法提供一定参考和借鉴。

一、岳麓书院的隐性德育

（一）德育隐于书院自然环境

　　一直以来，岳麓书院十分注重自然环境的育人作用。从整体区位来看，书

---

① 作者简介：潘彬，湖南大学岳麓书院人才培养办主任，讲师。
② 唐亚阳、吴增礼：《中国书院德育研究》，人民出版社，2014年，第41-42页。

院背靠岳麓山，前临湘江水，山水相融，泉洁林茂，营造出远离闹市、居静处幽的自然环境。在书院内部，锦鲤悠游于清池；鸟雀时而觅食于草地、时而飞掠于枝梢；林间还可偶遇拖着大尾巴的松鼠……南宋时期的山长张栻曾非常感慨地说：“为爱其山川之胜，栋宇之安，徘徊不忍去，以为会友讲习，诚莫此地宜也。”同时期的著名思想家朱熹亦曾指出：“若浑身都在闹场中，如何读书”，“用半日静坐，半日读书，如此一二年，何患不进”。① 自古以来，岳麓书院的山川之胜、环境之幽，为书院学子陶冶心性、求学问道提供了良好的自然条件。于今而言，学生们在这份清幽中所领会的“天地与我并生，而万物与我为一”的境界，更有利于培养其心性道德，使他们在人与自然的和谐共处中，更能体悟到个人价值融入社会价值、个体融入社会整体的意义。

书院既重视自然环境的选择，也未曾忽略内外周边的景观布局。清代山长罗典曾历时七年精心设计了柳塘烟晓、桃坞烘霞、风荷晚香、桐荫别径、花墩坐月、碧沼观鱼、竹林冬翠、曲涧鸣泉“书院八景”。这些极具特色的园林景观，背后也蕴含着丰富的德育内容。罗典在《癸卯同门齿录序》中诠释道：“洼则潴水栽荷，稍高及堆阜种竹，取其行根多而继增不息也；其陂池岸旁近湿，插柳或木芙蓉，取其易生也；山身旧多松，馀山右足斜平可十数亩，筑为圃，增植桃李，取其易实也；是外莳杂卉成行作丛生，如紫薇号百日红，山踯躅每一岁花再现，取其发荣齐而照烂靡已也。凡予所幸得与诸君子共周旋，此物此志，即将凭以自明，力不逮而心逮之。”②

这些被广泛种植于书院内外的草木，都有其道德教育的意义。荷“出淤泥而不染，濯清涟而不妖，中通外直，不蔓不枝，香远益清，亭亭净植”，是周敦颐眼中的花之君子；竹根系发达、生生不息，且正直挺拔、刚毅有节；松坚忍顽强、岁寒不凋；……即使是常见之柳、桃、李、木芙蓉、紫薇花等，亦有

① 朱熹：《朱子语类》卷一百一十六，朱杰人、严佐之、刘永翔主编，《朱子全书》第18册，上海古籍出版社、安徽教育出版社，2010年，第3674页。

② 欧阳厚均：《岳麓诗文钞》，岳麓书社，2009年，第505页。

值得师生们学习借鉴之处。书院的师生们在这些生机盎然的花草树木间闲暇漫步之时，焉能不对其所体现的君子人格心向往之？

（二）德育隐于书院人文建筑

荀子言："蓬生麻中，不扶而直；白沙在涅，与之俱黑。"环境对人的成长成才意义重大。除自然环境外，岳麓书院的人文建筑中也蕴含了丰富的德育资源。

书院建筑多悬挂或放置有内容丰富，且寓意深远的楹联、牌匾及碑刻，其蕴含有丰富的人生哲理，发人深省。如，书院讲堂的对联"是非审之于己，毁誉听之于人，得失安之于数，陟岳麓峰头，朗月清风，太极悠然可会；君亲恩何以酬，民物命何以立，圣贤道何以传，登赫曦台上，衡云湘水，斯文定有攸归"，上联教导学生要有独立的价值判断，尽力而为后不必计较得失成败；下联鼓励学生要有家国情怀，积极处世，奋力作为。又如，讲堂正面墙上铭刻的"整齐严肃"、讲堂内部镌刻的"忠孝廉节"等碑，前者是学生的日常行为准则，后者是儒家的最高道德标准，于无形中引导着学生养成良好的行为规范，培养其爱国、孝顺、清廉、正直的品格。再如，讲堂正前方所悬挂的"实事求是"匾额，引导着学生追求科学、崇尚真理，把握客观规律、认识事物本质。

在这些建筑布局中，非常值得一提的是讲堂内的学规碑。学规章程围绕书院人才培养目标而设置，通过树立准则、规范制度，使学习生活于书院的学生在思想观念和行为方式等方面有所精进，是书院德育最直接的体现。岳麓书院推行的第一个正式学规是朱熹的《朱子书院教条》，其明确指出教育的根本目标是为国育才，并提出"修身""处事""接物"之要，作为学生道德修养的准绳。清代李文炤制定的《岳麓书院学规》要求学生平时注重"立身、敦品、养性"。杨锡绂所订《岳麓书院学规》在"跋语"中指出，"古昔圣贤所以叫人为学之意，莫非使之讲明义理，以修其身，然后推己及人"，其核心内容是勉励学生树立远大志向、求仁和变化气质。山长王文清订立学规十八条，前十条都是从

"孝、忠、庄、俭、悌、义"六个方面对学生道德修养做出明确要求。陈宏谋任湖南巡抚期间颁行的《申明书院条规以励实学示》，对学生言行做出明确规定："诸生不得无故相聚游谈，有旷课业，更不得戏谑非诮，有伤雅道。"纵观岳麓书院历代学规，其核心都是立德树人，德育为先，且所规定之条目具体、明确、可操作性强。

（三）德育隐于书院历史先贤

"学莫便乎近其人"，师者的言行举止是最直接的隐性德育资源。"师也者，教之以事，而喻诸德者也。保也者，慎其身而辅翼之，而归诸道者也。"[1] 教师的品行水平直接关系到学生的道德修养程度。岳麓书院历史上有许多德才兼备的先贤，他们给书院的德育工作提供了丰富的资源。

山长（院长）作为书院师生的表率，其选聘历来受到重视。岳麓书院第一任山长周式，因"学行兼善，尤以行义著称"而得到宋真宗召见。掌教张栻，与朱熹、吕祖谦两人被世人合称为"东南三贤"。[2] 这些先贤不仅自身具备极高的道德素养，而且能"以德立身、以德立学、以德施教"，在传道授业解惑的过程中，特别重视学生品德的培养，将学生品格的养成作为教育的根本目的。周式等有功于书院者，现皆供奉于书院内"六君子堂"，此外，书院还设有祭祀朱熹、张栻的"崇道祠"。对先贤的祭祀，有利于增加学生对其高尚德行的了解，激发学生加强自身道德素质的培养。

书院培养的学生当中，也有许多为国为民的栋梁之材，他们一直是书院学子在治学、为人方面效法的榜样。比如明末清初三大家之一的王夫之，清代两江总督陶澍、启蒙思想家魏源，清代"中兴三将"曾国藩、左宗棠、胡林翼，第一任驻外大使郭嵩焘，维新运动领袖唐才常、沈荩，以及教育家杨昌济等

---

① 《礼记·文王世子》，夏剑钦主编：《十三经今注今译》下册，岳麓书社，1994 年，第 1915 页。

② 肖永明、潘彬：《书院教育传统与现代大学教育的融合——岳麓书院实施本科生导师制的探索与思考》，《大学教育科学》，2016 年第 3 期。

人，他们都有"天下兴亡，匹夫有责"的担当意识，心系天下、忧国忧民，能够凭借自己的才学为国家振兴、为社会进步尽自己的一份力量。他们的事迹，体现出书院"成就人材，以传道而济斯民"这一教育目标的实现，也有利于鼓舞更多后世学子致力为学、经世致用、报效祖国、服务人民。

（四）德育隐于书院特色活动

所谓"不学《诗》，无以言；不学《礼》，无以立"①。礼从古至今都有着非常重要的社会教化功能。在古代书院培养、教育士人及进行社会教化活动的过程中，祭祀礼仪是重要的途径和方式，可以激发士人的道德使命感和社会责任感。②

岳麓书院在创院之初就有祭祀活动③，到清乾隆年间，祭祀规制已经相当成熟。《公襄祀典呈词》描绘道："岳麓为钟灵胜地，书院本习礼名区，旧建圣庙，并置群祠。大成崇修庙貌，设四配十哲，而礼器攸隆；两庑森列宫墙，合先贤诸儒，而仪文祗率。文昌高阁，黍稷维馨；魁星危楼，苹藻是荐。二程氏理学修明，建亭而享祀不废；六君子经营缔造，升堂而俎豆维虔。渊源道脉，朱张祠奉以明禋；流寓遗踪，道乡台将其右享受。"从文中可见，书院设置了文庙和专祠，作为祭祀的主要场所，祭祀的对象既包括先圣先贤先儒，还包括名宦乡贤，以勉励生徒见贤思齐。

此外，课外游学也是岳麓书院重要的道德教育环节。岳麓师生常常观赏书院内外四时美景，老师随处提点启发。如罗典的学生严如熤描绘这一场景时写道："晨起讲经义，暇则率生徒看山花，听田歌，徜徉亭台池坞之间，隐乌皮几生徒藉草茵花，先生随所触为指示。"④如此丰富的游学实践，可以帮助学生

---

① 朱熹：《四书章句集注》，中华书局，2011年，第162页。

② 肖永明：《儒学·书院·社会：社会文化史视野中的书院》，商务印书馆，2011年，第351、359页。

③ 陈谷嘉、邓洪波：《中国书院制度研究》，浙江教育出版社，1997年，第585-594页。

④ 严如熤撰，黄守红标点，朱树人校订：《严如熤集》，岳麓书社，2013年，第93页。

增长见闻，完善知识结构。

（五）德育隐于课程教学内容

张栻认为，要使学生回到善良本真的状态，就要通过"致知"来实现："然所谓讲学者，宁有他求哉？致其知而已。知者吾所固有也。本之六经以发其蕴，泛观千载以极其变，即事即物，身亲格之。超然会夫大宗，则德进业广，有其地矣。"①

张栻把儒家经典"六经"作为主要教学内容，其中所蕴含的"义理"，能启发学生恢复善的本性。山长李文炤在《岳麓书院学规》中明确道："四书为六经之精华，乃读书之本务。"王文清在主教岳麓书院时，也格外重视经学教育，他认为，"日月不灭，万古六经。囊括万有，韬孕经纶。史书廿二，纲目星陈。如何不学，长夜迷津"。书院所选儒家经典，均蕴含着为人处世的根本原则和治国安邦的经验，希望学生在研习品读中能够领悟精髓，内化于心，最终获得返本归真的理想人格。

二、岳麓书院隐性德育的现代借鉴

（一）以志导人，引导学生树立远大志向

岳麓书院注重引导学生养成君子品格，培养"经世致用"的才能。张栻在《潭州重建岳麓书院记》中明确指出重修书院讲学，"岂特使子习为言语文辞之工而已乎？盖欲成就人材，以传道而济斯民也"②。为培养"传道济民"之才，通过千年传承实践，岳麓书院建构了较为完备的德育体系，培养了一大批济世

---

① 张栻撰，杨世文点校：《南轩集》卷十五，《张栻集》第三册，中华书局，2015年，第987页。

② 吴道行：《重修岳麓书院图志》卷8，赵宁等修纂，邓洪波、谢丰等点校，《岳麓书院志》，岳麓书社，2012年，第97页。

安邦之才。在育人理念上，要传承"传道济民"的育人思想，要求学生将个人价值追求与社会责任、国家战略需求和人类共同命运相关联。在育人目标上，要致力于引导学生超越个体，树立远大志向，立天下国家之志。在育人方法上，要注重培养学生掌握"致知力行"的学习方法，鼓励学生在更广阔的平台和更长远的时间维度实现人生价值。

（二）以德育人，发挥教师德性的表率作用

"学高为师，德高为范"，师德表率是高校隐性德育的重要渠道和方法。在教师选聘和管理中，高校可借鉴古代书院的选拔标准，优先考察教师德行修养，品德不达标的绝不录用；在日常管理过程中，对师德的考察也应该从严要求。其次，可推行本科生导师制，充分保障师生之间的密切互动，培养良好的师生关系。在与导师的密切接触交流中，学生对人生与社会、历史与现实的关系将有更为深刻的理解；有了导师的引领，学生能够及时确立人生的目标，形成相对成熟且正确的价值观念，在人格养成方面打下坚实的基础；同时也可以进一步增强对专业的认知与兴趣，尽可能早地开始自己的学术研究之路。

（三）以文化人，打造探索式德育实践课程

传承斯文是当代教育的重要使命，各地丰富的历史文化资源为当代高校提供了得天独厚的德育资源。各高校可深入发掘这一宝库，彰显文化魅力，接续古代圣贤"以文化人"的教化之道，让青年学子耳濡目染，以道义相高，以儒者自期，担起历史重任，成为"传道济民"的现代人才。同时也要充分发挥学生的自主性和能动性，积极探索"中华传统文化+"系列德育实践课程，借鉴古代"游学"方式，践行"读万卷书，行万里路"，组织师生前往历史文化资源丰富的地区开展实地考察，引导学生进一步了解中国历史与传统文化。此外，开设"历史文化资源调查"等相关项目亦十分重要。以项目方式，鼓励学生实地调研家乡的历史文化资源，查找历史文献与档案，开展口述史调查活动，思考

历史文化资源在现代社会的意义。总而言之，高校德育意在通过各类德育实践活动，让学生贴近现实社会，紧扣国家文化软实力建设和文化繁荣发展新需求，使学生对我国当代的发展有更好的理解，使学生能将所学的知识转化为推进中华民族伟大复兴的力量，激发学生文化自信与文化传承的历史使命感。

（四）以礼育人，构建体验式德育践履体系

在千余年办学历史中，岳麓书院积累了丰富的习礼育人资源。在当代人才培养过程中，充分发掘这一资源，有助于以传承发展传统文化为切入点，将社会主义核心价值观贯穿教书育人的全过程，探索习礼育人体系。与本科生导师制相结合，在新生开学、导师选定之后以及毕业之时，分别举行隆重的入学礼、拜师礼和谢师礼，于仪式中诵读《论语》《大学》《师说》选段，引导学生尊师重教，也提醒老师不忘师道尊严。在清明节、端午节、孔子诞辰等特殊时间节点，沿用古礼，组织纪念先圣先贤活动。挖掘和弘扬传统书院礼仪教育传统以及"礼容"之学，使之与现代大学教育制度高度融合，构建习礼育人体系，引导学生以先圣先贤的道德、学问和人品为学习楷模，规范自身言行，在学习与生活中不断提升自我，从而完成立德树人根本任务。

高校德育是个系统工程，需要始终坚持立德树人这一根本任务，结合不同学校和专业实际，不断从制度和实践层面开展探索。传承千年的岳麓书院，将道德品行教育贯穿人才培养全过程，因时因势因地制宜地开展德育教育，积累了丰富的德育资源，形成了具有书院特色且颇有成效的隐性思政教育。《光明日报》曾刊文对此给予肯定："岳麓书院的学生有一种独特的精神气质。"①希望我们的探索可以为当今高校德育工作提供一定的启发和借鉴。

---

① 《弘扬传统文化，不负时代重托，不负青春韶华》，《光明日报》，2020 年 9 月 23 日第 7 版。

论岳麓书院在传统文化中的地位和影响

陈仁仁①

2020 年 9 月 17 日，习近平总书记考察调研湖南大学岳麓书院并发表重要讲话。他表示，对岳麓书院一直心存牵挂，并且对岳麓书院在传统文化中的地位和影响，很有感触。习近平总书记对岳麓书院的牵挂其实就是对传统文化和教育之传承的牵挂。岳麓书院传承千年，历经七毁七建，表现出顽强的生命力。这种生命力就源于对教育和文化的坚守。当我们了解了岳麓书院在传统文化中的地位和影响以及它所承载的精神，就能明白为什么它值得坚守。对此，我们可以从教育、学术和社会政治三个方面来理解。这三个方面相辅相成，以其内在精神的一贯性，支撑着岳麓书院走过千年的风雨历程而历久弥新。

一、高等学府，书院之首：岳麓书院在教育史上的地位和影响

书院源起于唐代私人读书治学的书斋和官方整理典籍的衙门，最初只是私人或官方的藏书、读书机构，并不具备教育的功能。书院教育功能的产生是应了社会士子的需求，即为参加科举考试做准备。于是书院成为中国古代一种独特的文化教育组织，实行一千多年，为传统社会和国家培养人才、发展学术和文化，推动文明进步，发挥了巨大的作用。

---

① 作者简介：陈仁仁，湖南大学岳麓书院教授。

从总体上说，书院的性质介于官学与私学之间。直到清代乾隆年间，依然将"书院"与"学校"这两种教育机构相对并称。乾隆元年（1736）所颁《训饬直省书院师生》中说："书院之制，所以导进人材，广学校所不及。"学校属于官学，书院不是。但书院也有官办和民办之别。不过"官办书院不等同于官学，民办书院也不等同于私学"①。官学是指由政府创办并管辖的学校，被纳入统一的国家学制系统，学校的管理者由官方委派，办学经费也由政府提供。北宋前期八十多年，"官办书院和私立书院旗鼓相当"②。官办的书院若不进入统一的国家学制，也不能称为官学。民办的书院通过官方的支持和认可，亦有可能进入国家学制而成为地方官学。所以，书院乃介于官学与私学、官办与民办之间，并且往往在不同历史时期可能属于不同性质的教育机构。比如，江西庐山的白鹿洞书院，最初是唐代贞元年间诗人李渤和其兄李涉的隐居读书之所，五代十国时期的南唐政府将其纳入官学，称"庐山国学"或"白鹿国庠"，有中央官学的性质。但是北宋攻灭南唐后，却并没有接管这所学校，于是它成为私学，并改称"白鹿洞书院"。太平兴国年间，白鹿洞书院洞主明起申请朝廷接管获准，于是它又恢复了官办性质。很多书院在历史发展过程中都有着这样的起起落落和性质的转换，而岳麓书院在历史上则一直是湖南地区的最高学府，介乎官学与私学之间，而又能得到官方的支持，并且有着高于地方官学的地位，成为全国书院的典范。

岳麓书院的前身是僧人办学。南宋时期岳麓书院副山长欧阳守道曾撰文指出："书院乃寺地，有二僧，一名智璇，一名某，念唐末五季湖南偏僻，风化陵夷，习俗暴恶，思见儒者之道，乃割地建屋，以居士类。"③所以，岳麓书院源于私学。北宋开宝九年（976），湖南安抚使兼潭州（治所在今长沙市内）知州朱洞在二僧办学的基础上"因袭增拓"正式创建岳麓书院，于是岳麓书院成为

① 邓洪波：《中国书院史》，武汉大学出版社，2012年，第238页。
② 袁征：《宋代书院的兴衰——兼论中国古代书院教育的发展》，《学术研究》，1995年第6期。
③ 欧阳厚均编，邓洪波、周郁等点校：《岳麓诗文钞》，岳麓书社，2009年，第558页。

官办书院。官方的支持，对于确立岳麓书院在天下书院中的地位起着重要的作用，其中尤以两事最为关键。一是宋真宗召见岳麓书院山长周式，并且封官、颁书、赐额；二是最早实施三舍法，进入"潭州三学"系统的顶层。

南宋时期岳麓书院掌教张栻于《宋岳麓书院记》中载："山长周式以行义著。祥符八年，召见便殿，拜国子学主簿，使归教授，诏以岳麓书院名，增赐中秘书。于是书院之称始闻天下，鼓箧登堂者相继不绝。"①周式是岳麓书院历史上第一位见于史志的山长。他兴学岳麓的事迹引起了最高统治者的注意，并受到最高层次的嘉奖，从而使岳麓书院开始闻名天下。皇帝接见岳麓书院山长并拜为国家最高教育行政机构国子监官员，颁书赐额，"这是整个宋代书院史上唯一的特例"②，极大地提升了岳麓书院在天下书院中的地位。此后历代都有为岳麓书院山长赐官，或由中央委任山长的情形，直到清末岳麓书院最后一位山长王先谦，他曾任国子监祭酒。至于历代皇帝为岳麓书院颁书赐额更是常事，比如康熙赐匾"学达性天"，乾隆赐匾"道南正脉"，这都表示岳麓书院在历史上一直受到最高层的认可。

从制度上奠定岳麓书院在教育史上之地位的则是三舍法的实施和"潭州三学"的确立。三舍法是王安石教育改革的一项具体内容，其法分太学生员为外舍、内舍、上舍三等，初入学者为外舍生，通过一定年限的学习和考试，选拔优秀者升为内舍生，继而升为上舍生。③宋哲宗于元符二年（1099）令诸州推行三舍法，岳麓书院是最早一批的试行者之一。明代崇祯年间所编《岳麓书院志》记载："宋潭士目居学读书为重，岳麓书院外，于湘江西岸复建湘西书院。州学生试，积分高等升湘西书院生，又分高等升岳麓书院生，潭人号为三学

---

① 吴道行、赵宁修撰，邓洪波、谢丰等点校：《岳麓书院志》，岳麓书社，2012 年，第96 页。

② 吴道行、赵宁修撰，邓洪波、谢丰等点校：《岳麓书院志》，岳麓书社，2012 年，第5 页。

③ 脱脱等：《宋史》，中华书局，1985 年，第3657 页。

生。"①在三学中，岳麓书院处于最高一级，高居于地方官学州学之上。这样，"潭州三学"就成了岳麓书院最终在制度上确立其湖南最高学府地位的重要标志。"潭州三学"的教育体制一直保持到南宋末年。元明数百年，"潭州三学"的体制虽然不复存在，但岳麓书院的地位丝毫没有改变。这次学制改革中，很多当时的著名书院就没这么幸运了：有的改为地方官学，如应天府书院、石鼓书院在景祐年间分别被改为应天府学、衡州州学；有的湮没无闻，如嵩阳、茅山、徂徕等书院；有的最终停废，如皇庆末年的白鹿洞书院。

岳麓书院之所以能得到官方的高度肯定，取得高于州县官学的地位，从根本上来看是因为它很早就形成了完备的书院规制，拥有很高的教学水平和教育质量。早在咸平二年（999），岳麓书院创立不过二十几年，经过潭州知州李允则的努力，岳麓书院就已经形成了讲学、藏书、祭祀和学田这四大基本规制②，也渐渐形成了由山长、副山长、堂长、讲书、讲书执事、司录、学录等构成的山长负责制的完备的教学管理体系。经过南宋时期张栻和朱熹等大学者的经营，岳麓书院更是吸引了四方学子前来求学，鼎盛时，学子达千人之多，以至有"道林（寺）三百众，书院一千徒"的时谚。不少读书人甚至以"终生不得卒业岳麓"为恨。于是，岳麓书院便成为全国书院争相效法的榜样。如，江西万载县张岩书院即号称东仿白鹿洞西效岳麓而重建，并告诫诸生要"尊信"而"从事"于朱熹、张栻两位理学大师在白鹿、岳麓两书院的"成规绪论"③。书院在元代向北方推广时，亦以岳麓书院为典范。元代学者王旭在《中和书院记》中说："书院之事盛于南国，而北方未之有。"中和书院即仿效岳麓、石鼓、白鹿洞等书院的形胜与规制而建，并希望它能像岳麓等书院一样，"称于天下，名于后世，以惠学者于无穷"④。宋元时期岳麓书院之盛，影响之大，由

① 吴道行、赵宁修撰，邓洪波、谢丰等点校：《岳麓书院志》，岳麓书社，2012 年，第 256 页。
② 朱汉民、邓洪波撰：《岳麓书院史》，湖南大学出版社，2017 年，第 562 页。
③ 李修生：《全元文》卷八四三，凤凰出版社，1998 年，第 507 页。
④ 吴道行、赵宁修撰，邓洪波、谢丰等点校：《岳麓书院志》，岳麓书社，2012 年，第 8 页。

此可见一斑。

据邓洪波统计，中国历史上存在过的书院有 8802 所①，而最著名的有"三书院""四书院""五书院"等种种说法。其中"三书院"说各家所指高度一致，从来就指岳麓、石鼓和白鹿洞。"五书院"说见于南宋学者吕大中《宋大事记讲义》，指嵩阳、石鼓、岳麓、应天府、白鹿洞五所书院②。"四书院"说则众说纷纭，计有范成大、吕祖谦、王应麟、马端临等诸家之说，诸家所指虽然不同，但岳麓书院都在其中。无论天下"三书院""四书院"还是"五书院"说，得到公认的唯有岳麓书院一家而已。可见，岳麓书院当之无愧为"天下书院之首"③。

二、湖南一派，当时最盛：岳麓书院在学术史上的地位和影响

岳麓书院是湖湘学派的基地，它在中国学术史上的地位和影响首先是由湖湘学派决定的。湖湘学派是理学南传之后最先成熟起来的一个学派，而由胡安国开其端。

南宋后期著名理学家真德秀曾梳理理学南传最重要的两派，即湖湘学与闽学。他说："二程之学，龟山得之，而南传之豫章罗氏，罗氏传之延平李氏，李氏传之朱氏，此其一派也。上蔡传之武夷胡氏，胡氏传其子五峰，五峰传之南轩张氏，此又一派也。"④也就是说，湖湘学是由二程高弟、有"洛学之魁"之称的谢良佐传给胡安国，胡安国传其子胡宏，胡宏传张栻；闽学是由二程高弟杨时传罗从彦，罗从彦传李侗，李侗传朱熹。可见，理学南传有两个关键人

---

① 邓洪波：《中国书院史》，武汉大学出版社，2012 年，第 669 页。

② 李安仁、王大韶、李扬华编，邓洪波、刘文莉点校：《石鼓书院志》，岳麓书社，2009 年，第 265 页。

③ 邓洪波：《中国书院史》，武汉大学出版社，2012 年，第 95 页。

④ 吴道行、赵宁修撰，邓洪波、谢丰等点校：《岳麓书院志》，岳麓书社，2012 年，第 15-16 页。

物，一是杨时，一是胡安国。《宋元学案》评价胡安国的理学南传之功与杨时几乎相同，其云："南渡昌明洛学之功，文定几侔于龟山。"①不过关于胡安国对谢良佐是否执弟子礼有不同意见，也有认为他传杨时之学，杨时还曾在湖南浏阳担任过地方官。全祖望则认为胡安国是通过读《二程遗书》私淑二程而大成，与二程的弟子谢良佐、杨时、游酢是师友关系。他说："私淑洛学而大成者，胡文定公其人也。文定从谢、杨、游三先生以求学统，而其言曰'三先生义兼师友，然吾之自得于《遗书》者为多'。"②胡安国师承关系存在分歧，亦表明胡安国没有门户之见，而是博采众长。胡安国不但自己无常师，而且还把儿子胡宏送到杨时门下学习，后来又送到另一程门弟子侯仲良门下学习，所以胡宏虽然卒传其父之学，但也是兼采了诸家之长。这也是后来湖湘学派乃至其影响下的湖湘文化的一个重要特征。

北宋崇宁年间，胡安国曾提举湖南学事，后遭陷害而落职。南宋建炎年间，胡安国为避战乱，携子居荆门，后移居湖南衡山一带，创办碧泉书堂、文定书堂，开堂讲学，士子风从，渐渐在此形成了一个理学研究和传播中心。门弟子中以胡宏在学术上的造诣为最深。《宋元学案》称："绍兴诸儒，所造莫出五峰之上。其所作《知言》，东莱以为过于《正蒙》，卒开湖湘之学统。"③于是在理学南传过程中，湖湘学派率先正式形成和成熟起来。现代新儒家代表人物牟宗三分宋明理学为三系，五峰、蕺山为一系，象山、阳明为一系，伊川、朱子为一系，并且视胡宏(五峰)为理学南传后"第一个消化者"，为宋明理学之"大宗"，直承濂溪、横渠、明道之学，由易庸而回归论孟。而伊川到朱子一系则是"别子为宗，而忘其初也"④。

胡宏曾经上书秦桧，提出兴复岳麓书院，并自乞为山长。遗憾的是，秦桧因此前胡宏拒绝过出仕而不允。绍兴末年，胡宏逝世后，最得师传的弟子张栻

---

① 黄宗羲撰，全祖望补修：《宋元学案》，中华书局，1986 年，第 1170 页。
② 黄宗羲撰，全祖望补修：《宋元学案》，中华书局，1986 年，第 1170 页。
③ 黄宗羲撰，全祖望补修：《宋元学案》，中华书局，1986 年，第 1366 页。
④ 牟宗三：《心体与性体》第一册，联经出版社，2003 年，第 49 页。

筑长沙城南书院传其师说。乾道年间，张栻被聘主教岳麓书院七年，受业者千人，岳麓书院遂成为湖湘学派的中心，也成为南宋初年闻名天下的理学重镇。黄宗羲在《宋元学案》中指出："湖南一派，在当时为最盛，然大端发露，无从容不迫气象。自南轩出，而与考亭相讲究，去短集长，其言语之过者裁之归于平正。"①张栻是湖湘学派的集大成者，弟子众多，他使得湖湘学派形成了一种独立的气象而走向完善。

乾道三年（1167），朱熹千里迢迢从福建崇安到访岳麓书院，与张栻论学两月余，史称"朱张会讲"，开中国书院会讲之先河。八年后乃有吕祖谦邀约的朱熹和陆九渊兄弟的"鹅湖之会"，又六年后乃有朱熹邀陆九渊的白鹿洞书院讲"义利之辨"。朱熹最喜论学，并且对学术论敌批评甚多，哪怕是对好友吕祖谦也毫不客气，唯独对张栻敬佩有加。在当时，朱熹与张栻、吕祖谦并称"东南三贤"。虽然朱熹比张栻还年长三岁，但他到岳麓书院确实是带着疑问、抱着请教的心态来的。朱熹在《中和旧说序》中说："余蚤从延平李先生学受《中庸》之书，求喜怒哀乐未发之旨未达，而先生没。余窃自悼其不敏，若穷人之无归。闻张钦夫得衡山胡氏学，则往从而问焉。"②当时还有学者抱着学派偏见，劝他不要去岳麓。

朱熹来到岳麓书院后，受到了张栻的热情接待。其间他写信告诉曹晋叔："荷敬夫（按即张栻）爱予甚笃，相与讲明其所未闻，日有问学之益，至幸至幸。敬夫学问愈高，所见卓然，议论出人意表。近读其《语》说，不觉心中洒然，诚可叹服。"③朱熹毫不掩饰对张栻学问的敬佩之情，说："昔我抱冰炭，

---

① 黄宗羲撰，全祖望补修：《宋元学案》，中华书局，1986 年，第 1611 页。
② 朱熹撰，朱杰人、严佐之、刘永翔主编：《朱子全书》，上海古籍出版社、安徽教育出版社，2002 年，第 3634 页。
③ 朱熹撰，朱杰人、严佐之、刘永翔主编：《朱子全书》，上海古籍出版社、安徽教育出版社，2002 年，第 1089 页。

从君识乾坤。始知太极蕴，要眇难名论。"①"敬夫所见，超诣卓然，非所可及。"②张栻在当时学术界的影响之大，由此可见一斑。而张栻的影响，就代表着湖湘学派以及岳麓书院在当时学术界的影响。可惜的是，张栻年寿不永，以至全祖望感叹："向使南轩得永其年，所造更不知如何也。"③

朱张会讲对于张栻学问也大有助益。《宋史》载："张栻之学，亦出程氏，既见朱熹，相与博约又大进焉。"④这也是发端于岳麓书院的会讲作为一种学术研究方式的意义所在。它使会讲各方深入探讨学问，共进于道。元代学者吴澄说："自此之后，岳麓之为岳麓，非前之岳麓矣，地以人而重也。"⑤明代学者李棠为长沙府益阳县《龙洲书院志》作序说，朱熹、张栻"讲道于岳麓之间，湖南道学一时为天下宗，书院之兴，于斯为盛。自理学大著，渊源不绝，先圣之道，赖以不坠"⑥。岳麓书院因朱张会讲而在学术上臻于鼎盛，甚至被视为天下道学之宗。

除了朱熹，历代几乎所有重要的学术流派的学者都曾在岳麓书院传播、交流和激荡自己的理论。南宋事功学派代表人物陈傅良来此讲过学。明代王阳明曾抱着崇敬的心情来岳麓书院凭吊朱张遗迹，阳明后学纷纷来岳麓讲学。当明末王学末流流弊滋生时，岳麓书院又和东林书院相呼应，复兴"正学"。高世泰等东林学派学者来到岳麓书院传播学说，并盛赞岳麓维持"道南一脉"之功。清乾嘉以来，曾任岳麓书院山长十余年的王文清是开乾嘉朴学、汉学之先声的重要人物。他在康熙年间就"拔起穷乡，独治朴学"，当时朴学尚是"俗士不为

---

① 朱熹撰，朱杰人、严佐之、刘永翔主编：《朱子全书》，上海古籍出版社、安徽教育出版社，2002 年，第 387 页。
② 朱熹撰，朱杰人、严佐之、刘永翔主编：《朱子全书》，上海古籍出版社、安徽教育出版社，2002 年，第 1871 页。
③ 黄宗羲撰，全祖望补修：《宋元学案》，中华书局，1986 年，第 1609 页。
④ 脱脱等：《宋史》，中华书局，1985 年，第 12710 页。
⑤ 吴道行、赵宁修撰，邓洪波、谢丰等点校：《岳麓书院志》，岳麓书社，2012 年，第 419 页。
⑥ 罗汝怀：《湖南文征》，岳麓书社，2008 年，第 676-677 页。

之学"，而王文清淹贯群籍，卓然为一代鸿儒，其间里乃表为"经学之乡"，他"掌教岳麓，五膺征召，其名最显"①。后来历任山长旷敏本、欧阳正焕、罗典、袁名曜、王先谦等皆为汉学大师，从而使岳麓书院成为一个重要的汉学研究基地。

由此可见，岳麓书院自南宋以来，一直是全国学术的重镇。它不只是湖湘学派的思想形成、完善、传播和发展的基地，也是历代主要学术流派和思想传承、传播和发展的基地。它在中国学术史上的地位和影响是不容小觑的。进一步从岳麓书院的教育教学方式及在国家教育体制中的地位来看，它在一定程度上已经具备了今天的"大学"甚至"研究院"性质，因而它比十一世纪西方最早开始出现的"大学"都还要早近百年，理应在世界高等教育史上拥有重要地位。

三、胸怀天下，经世致用：岳麓书院在社会政治史上的地位和影响

马积高曾为岳麓书院撰联："治无古今，育才是急，莫漫观四海潮流，千秋讲院；学有因革，通变为雄，试忖度朱张意气，毛蔡风神。"此联目前悬于岳麓书院大门两侧壁上。治理国家和社会，无论古今，均以人才为第一要务。书院是培养人才的地方，所以不可漫观小看。清嘉庆年间岳麓书院山长袁名曜与学生张中阶共撰的那副颇为霸气的大门联"惟楚有材，于斯为盛"，着眼点亦在"人才"。"于斯为盛"语出《论语·泰伯》，其云："舜有臣五人而天下治。武王曰：'予有乱臣十人。'孔子曰：'才难，不其然乎？唐虞之际，于斯为盛。'"朱子注曰："唐虞，尧舜有天下之号。际，交会之间。言周室人才之多，惟唐虞之际，乃盛于此。降自夏商，皆不能及，然犹但有此数人尔，是才之难得也。"②武王时代号称人才鼎盛，只有唐尧虞舜之际可与相比，夏商皆不足论，而由尧舜至武王相隔千年，所谓人才鼎盛亦不过数人而已，所以孔子感叹

---

① 钱基博、李肖聃：《近百年湖南学风·湘学略》，岳麓书社，1985 年，第 105 页。
② 朱熹：《四书章句集注》，中华书局，1983 年，第 107–108 页。

"人才难得"。这些人才都是贤臣，经世之才。岳麓书院大门联，可谓兼具时空二义：空间义，指楚地人才众多，而岳麓书院尤为兴盛；时间义，指楚地和岳麓书院的人才今时尤比古时多。岳麓书院对于社会政治的影响，正是通过它所培养的众多经世之才而实现的。清代中后期至近代，岳麓书院培养的人才喷涌而出，蔚为奇观。

岳麓书院培养了极大影响中国社会政治的四大人才群体。一是嘉道年间以陶澍、贺长龄、贺熙龄、魏源等为代表的经世派人才群体；二是咸同年间以曾国藩、左宗棠、胡林翼、罗泽南、郭嵩焘等为代表的湘军集团和洋务派人才群体；三是戊戌变法时期以谭嗣同、唐才常、沈荩、熊希龄等为代表的维新派人才群体；四是五四新文化运动以后以毛泽东、蔡和森、邓中夏等为代表的无产阶级革命家人才群体。以上所述每一时期的这些人才群体，都是他们各自所处的那个时代的核心，是改造国家和社会的先锋人物。没有他们的引领，那个时代将往何处去是难以设想的，所以说他们极大地影响了整个中国的社会政治走向。鉴于岳麓书院及其所培养的人才具有重大的社会政治影响力，它应该在近代以来的中国社会政治史上占有重要的地位。

关于书院与社会政治之间的关系，古代学者已有非常明确的认识。清雍正十一年(1733)，学者程廷祚在《钟山书院碑记》中说："教之兴也，上躬行以倡，下励志以率，近者悦服，远者观感，此学校之有益政治而化民成俗，其用斯隆也……方今大化翔洽，岳牧以下，俱实心导率，宇内蒸蒸然向仁慕义，书院之兴，以助政治，奚可缓也？"[1]秦懋绅甚至认为："书院之兴，可以为政治之本。"[2]书院之助政治，甚至可以为政治之本，主要是通过它所培养的人才实现的。在中国古代的社会结构中，存在着一个特殊的数量庞大的士人阶层，他们是参与社会政治的重要力量，书院培养的人才是构成士人阶层这支力量的重

---

① 程廷祚：《青溪集》卷八，新文丰出版公司，1988 年，第 760 页

② 秦懋绅：《郭邑侯修建敬一书院记》，《安徽盱眙县志稿》卷五，光绪十七年刊本，《中国方志丛书：华中第 93 号》，成文出版社，1985 年，第 320 页。

要来源。士人阶层与社会各阶层有着密切的联系，这是这一阶层的一个重要特点。"动态地看，士人阶层与其他社会阶层之间并无不可逾越的鸿沟……静态地看，士人们与其他阶层均保持着密切的接触与交流，彼此之间存在着千丝万缕的联系，其思想观念具有较强的辐射性与影响力……上可影响国家的大政方针，下可影响民间风教。"①一个社会如果没有沟通各阶层的力量，就会使各阶层固化，失去活力，并且难以使社会形成一个整体，从而社会无法有序运行。

士人阶层中入仕进入官僚系统的那部分人对社会政治的影响尤其直接和显著。儒释道三大文化主流唯有儒家最主张积极入世，主张改造世道人心，营造和谐社会，所以儒学最得统治阶层的欢迎，官方需要用儒家的价值理念来武装士人和影响社会。士人要想进入管理阶层，就要学习儒学的知识和理念，并通过科举或其他途径获得选拔。入仕是古代读书人一个最基本的目标和出路，但入仕的目的却因人而异，有的只是为了个人的功名利禄而已，有的则是想通过入仕来实现自己的社会政治理想，推动社会的文明进步。前者不足论，眼界只在一己之利益上，当官入仕有了俸禄，未必愿意费心费力办实事，这是人的私心所致。人都有私心，但后者能够以公心来克制私心，把社会公利置于更高的位置，为了推动社会进步，可以放下个人私利，甚至可以献出自己的生命。上述岳麓书院在近代培养的四大人才群体中的代表人物，每一位都是经世之才，都建立了巨大事功。他们无不有着高远的志向和理想，无不为了国家和人民的利益，历尽艰辛，甚至献出自己的生命。比如，谭嗣同甘愿为变法牺牲；郭嵩焘担任驻外公使开眼看世界，提出向西方学习，即使背负骂名，也不放弃自己的主张；青年毛泽东在读书时与同学约定"三不谈"，不谈金钱、不谈家庭琐事、不谈男女问题，只谈国家大事，被同学称为"身无分文，心忧天下"。这些创下伟业的岳麓学子、经世之才，无一不是胸怀天下者。这又是岳麓书院的一大魅力，所育之才，既能经世致用，亦能超越一己之私，胸怀天下。

---

① 肖永明：《儒学·书院·社会：社会文化史视野中的书院》，商务印书馆，2018年，第287-288页。

四、余论：岳麓书院精神的内在一贯性

岳麓书院在中国地方教育史、学术史及社会政治史上发挥了它重要的影响，赢得了它应有的地位。这三个方面属于不同领域，但实际上相辅相成，相互影响和促进。岳麓书院首先是一个教育机构，其任务以人才培养为先。书院，尤其是著名书院，多由学者创办或者维护、经营，学者之本在于学术研究，很自然地就会把自己的学术研究成果渗透到教育教学之中，激起受教者更多的思考，引导他们主动学习，从而取得良好的教学效果。

书院的会讲既是学者之间进行学问研究的一种方式，同时也是教学的一种方式。它可以带动学生跟老师们一同思考学术问题，而不是简单机械地接受知识。清代大学者岳麓书院山长王文清手定的《岳麓书院学规》扬弃了朱子《白鹿洞书院揭示》只谈五教之目和修身、处事、接物之要，而兼谈具体的学习方法和学问之道，教导学生学习要有疑问，并要想办法解决问题。由他提出并刊刻于岳麓书院讲堂壁上的"读经六法"（正义、通义、余义、疑义、异义、辨义）和"读史六法"（记事实、玩书法、原治乱、考时势、论心术、取议论），也都是在教育学生以做学问的态度来学习。书院教学以学生自学为主，老师主要起到监督、点拨、释疑和引导的作用，这颇有利于培养学生的自主学习态度和学习能力，正是以学术研究为基础的书院教育教学之优胜处。

为何岳麓书院培养了那么多经世之才，能在所有书院中以此独放异彩？同样的岳麓书院，同样的教育，又为何这类人才主要出现在清代中晚期，而不是此前各代？其一，湖湘文化和湖湘学派以重践履、务实学、经世致用为主要特征，所以容易出经世之才；其二，学术和思想的影响力需要时间积累、沉淀，才能慢慢深入人心，形成文化氛围，从而产生实际效果，所以湖湘经世之才的集中出现在后世。广义的湖湘文化在湖湘学派之前，就已经具备了关注社会现实这一特点。谪湘文人屈原和贾谊的社会关怀、悲悯意识和理想情结，为湖湘

文化奠定了关注现实的基调。直到张栻在与朱熹合作的《登岳麓赫曦台联句》中依然还在高声吟唱"怀古壮士志，忧时君子心"。从某种意义上说，湖湘学派是为湖湘文化作理论上的思考和论证，为它奠定思想和理论的基础。湖湘学派的开创者胡安国积三十余年功力研治《春秋》学，殚精竭虑，终于撰成《春秋传》进呈御览，宋高宗称赞他"深得圣人之旨，非诸儒所及也"①。胡安国认为《春秋》是"百王之法度，万世之准绳……不学是经，而处大事、决大疑能不惑者，鲜矣"②。可见，胡安国之研究《春秋》乃是要为现实的经世治国活动提供理论上的指导，这为湖湘学派开启了"通经致用"之端。可是，到了胡宏却大谈形而上的性本体论，似乎离现实越来越远，实际上他这是要进一步从哲学上来奠定经世之学更深的思想基础。他用"性"来涵摄天、道、物，以及理和心等，不使道物相割裂，不使理、心成为空洞的本体。他说："道不能无物而自道，物不能无道而自物。道之有物，犹风之有动，犹水之有流也……"③这其实是以形上形下为一体不分，欲使人"即形而下者而发无声无臭之妙，使学者验端倪之不远，而造高深之无极，体用该备，可举而行"④，也可以说是理论与实践相结合的哲学基础。张栻从胡宏受仁学，将仁学发展到伦理学领域。张栻在《岳麓书院记》中提出来的"成就人才，以传道而济斯民"⑤的教育宗旨，其所谓"传道"即是传胡宏所强调的儒家仁学，就是要使百姓挺立自己的道德主体，同时又要在日用伦常中实现崇高的仁德。这种"内圣"与"外王"的贯通，避免了理学和心学"空谈心性"之弊。湖湘文化之重视社会现实，重视事功和经世致用其实都是建立在这种理论和思想的基础之上的。

　　湖湘文化在现代还产生了一个重大的思想成果，那就是"实事求是"的思

---

① 李心传：《建炎以来系年要录》卷一零九，中华书局，1988 年，第 1774 页。
② 胡安国：《春秋传》，岳麓书社，2011 年，第 2 页。
③ 胡宏撰，吴仁华点校：《胡宏集》，中华书局，1987 年，第 4 页。
④ 张栻：《张栻全集》，长春出版社，1999 年，第 755-756 页。
⑤ 吴道行、赵宁修撰，邓洪波、谢丰等点校：《岳麓书院志》，岳麓书社，2012 年，第 97 页。

想方法。"实事求是"语出《汉书·河间献王刘德传》，原本指一种治学态度和方法。1917 年湖南公立工业高等专门学校在岳麓书院办学时，校长宾步程将其题为校训，悬于书院讲堂前，亦是勉励学生从事实出发，崇尚科学、追求真理。青年毛泽东多次寓居于此，后来对此作了新的哲学诠释，使之成为党的思想路线。毛泽东考察湖南农民运动，撰成《湖南农民运动考察报告》，以了解中国现实，确定革命战略，这就是"实事求是"思想路线的早期成功实践。革命后来的成功，亦是得益于这一思想路线的贯彻。由此可见，湖湘文化为湖湘学派中的"经世致用"精神奠定了理论和思想的基石。在这样一种文化特质的影响下，湖湘士人之建立大事功从而极大地影响社会政治不是偶然的，而是理论和现实的必然。

可见，岳麓书院在教育史、学术史和社会政治史三方面的地位和影响，是有其内在精神之一贯性的。由此培养出的人才绝非单纯的技术人才之可比，而是体用兼备、内圣外王，能以深厚的思想文化底蕴指导实践，从而成就个人与时代伟业的经世之才。

古代书院教育的理念与方法

肖永明①

书院萌芽、肇始于唐代，定型、兴盛于宋代，普及于明清，最终在清末因学制改革而从制度层面退出历史舞台。在千余年中，众多儒家士人立足书院讲学授徒、读书著述、藏书刻书，致力于文化传承、研究、创造、积累与传播，深刻地影响了中国社会。

一、古代教育的制度创新与书院的精神特质

书院的性质不同于官学，区别于国家教育体系内的各类学校，办学具有相当大的灵活性，经济来源主要依靠民间捐助。具体而言，书院制度在几个方面的创新性非常明显。书院有自主聘任名师宿儒担任山长和教师的选聘制度，既可以保证书院师资的学术水准，又能使书院在学术风格上体现自己的特色；书院有学生择师而从、自由流动的生徒管理制度，体现了在教学中对学生主体性、自主性的尊重，这是官学所无法比拟的优势。书院有鼓励师生切磋砥砺、质疑问难的教学制度，与强调统一、重视灌输的官学教育形成鲜明对照，蕴含着催生学术创见的怀疑与批判精神；书院有邀请不同学派、不同思想观点的学者同堂讲学、互相论辩以及面向社会公众开放的会讲制度，克服了官学教育的

① 作者简介：肖永明，湖南大学岳麓书院教授。

僵化与封闭，使书院以一种兼容开放的崭新姿态崛起于当时社会，承担起创新学术、教化民众的社会责任。可以说，书院制度是儒家士人秉承儒家的教育理想，基于对当时教育弊病的反思而探索出的一条教育发展新路径。这一创新使书院具备了超越当时其他办学形式的独特魅力，在不同历史时期焕发出强大生命力，促进了中国文化教育事业的发展。

作为教育制度创新的产物，书院在漫长的发展历程中形成了自身独特的思想观念、价值追求、文化传统、教育理念、办学风格，逐渐积淀、凝聚为一种具有特定内涵的精神，这就是书院精神。虽然不同时代、不同书院的书院精神各有异同，但总体而言，书院精神可以包括如下几个方面的内容：第一，以"成人之道"为主旨，重视人格养成的人文精神。从朱熹的《白鹿洞书院揭示》到众多书院的学规、书院记等各类文献中，我们可以看到书院对人格修养、品德养成的高度强调。第二，担当天下、传道济民、教化社会的经世精神。书院要培养的，是具有高度文化使命感和社会责任感、具备致君泽民能力的经世之才，而不是汲汲于功名利禄的、"天崩地解，落然无与我事"的陋儒。第三，穷本探源、极深研几、实事求是的探索精神。书院士人穷理尽性，关注对大本大原问题的探究，致力于深入的理论探讨，努力为重建秩序、安顿人心奠定坚实的理论基础。第四，不囿成说、不断超越、与时偕行、引领学术思潮的创新精神。书院独特的氛围，自由的学风，激发了士人的创新意识。宋代以后中国思想史上的几次学术创新，都是与书院相联系的。第五，有教无类、自由讲学、兼容并包的开放精神。许多书院招收学生不拘一格，没有出身、地域限制。同时邀请不同学派的学者讲学论辩，包容、接纳不同的学术观点。第六，鼓励学生自主学习、师生之间质疑问难的自主精神。书院在尊重师道的同时，尊重学生主观能动性，将老师视为学生求学问道的同路人，师生之间平等交流。疑难之处，师生互相探讨论辩，学生的自主性得到充分体现。

二、书院教育的理念与方法

书院最为核心的功能和主要目标是人才培养，提出的立德为先、修身为本、经世致用的教育理念，体现了与以科举功名为目标的"俗学"分野，抓住了教育的本质。在宋代前期，由于国家对人才需求的迅速扩大而官学不振，书院教育定位于从数量上补充学校教育的不足，但办学模式上仍趋同于官学，衡量书院办学成就的标准也主要是学生在科举考试中的表现。但是到南宋时期，在士人学子越发热衷于科举功名，追求功利之风日益炽盛的情况下，不少有识之士对当时教育的弊病进行了理性而深刻的反思。朱熹曾说："熹窃观古昔圣贤所以教人为学之意，莫非使之讲明义理，以修其身，然后推以及人，非徒欲其务记览、为词章，以钓声名取利禄而已也。"朱熹基于儒家的教育理想，思考教育的宗旨，指出教育的目的应当是明理修身、经纶世务，而不是谋取功名利禄。当时主教岳麓书院的大儒张栻也在《潭州重修岳麓书院记》一文针砭时弊，对学子殷殷劝勉："侯之为是举也，岂将使子群居佚谈，但为决科利禄计乎？抑岂使子习为言语文辞之工而已乎？盖欲成就人才，以传斯道而济斯民也。"①明确提出了以"成就人才，传道济民"为导向的教育宗旨与目标。这些教育理念的提出，重塑了书院教育的灵魂，提升了中国古代教育的品质，使书院教育得以回归根本，面貌焕然一新。

围绕人才培养目标，书院实施了一系列的颇具特色的教育方法。首先，书院注重在尊师重道基础上构建密切的师生关系。书院先贤致力于恢复儒学的师道传统，强调师道对于人才培养的重要意义："后世之人才所以不古如者，以夫师道之不立故也。"立师道，则要求老师自身学行高深，使学生能够就近取譬，以老师为楷模。所以，书院总是选聘经明行修的硕儒名师担任山长、掌

---

① 张栻撰，杨世文点校：《张栻集》，中华书局，2015 年，第 900 页。

教，让学生"慕而从，从而服，服而思"，产生仰慕与向往。在此基础之上，书院先贤努力构建密切的师生关系。书院师生以道相交、密切互动、教学相长，师生之间感情笃厚。在这种师生关系中，老师不仅深度了解学生的志趣个性，因材施教，还经常和学生分享学习经验与人生感悟，以学生的点滴进步为乐。岳麓书院山长欧阳厚均"与诸生文行交勉，道艺兼资"，见到学生彬彬有礼，雅雅得体，雍容进退，欣慰不已。学生则视老师为良师益友，对老师其人与其所传之学都会产生深刻的认同，由此产生了"亲其师信其道，尊其师奉其教，敬其师效其行"的效果，形成了持久的学习兴趣和动力。

其次，书院实施灵活多样的教学方式。书院强调学生以自学为主，反复思考之后，可以与同学商讨，仍有疑难，则与教师一同讨论。教师则定期讲授，释疑解惑，引导学生进一步思考。日常教学活动之外，参加书院的会讲活动，聆听、参与不同观点的论辩交锋，也是书院生徒学习的重要方式。此外，书院还会在春秋二季、每月朔望祭祀先圣先贤，师生共同参加，在进退周旋之中学习礼仪，涵养性情。教学的地点，也不拘一格，可以是在讲堂之内，也可以是在室外乃至书院之外的各种空间、场所。在许多书院史料中，都可以看到书院师生共同徜徉于山林泉石之间，随处讲论，随机提点启发。南宋乾道三年（1167），朱熹曾经率弟子从武夷山前往岳麓书院论学，而后又与张栻率众弟子登临南岳。王阳明也经常带领弟子登山临水，其弟子甚至认为，王阳明"点化同志，多得之登游山水间"。清代岳麓书院山长罗典"晨起讲经义，暇则率生徒看山花，听田歌，徜徉亭台池坞之间"①，"随所触为指示"。众生徒"或罗坐花间，或侍立月下，或随行涧沼、墩径间，谈经道古，内而心性，外而身世之故，凡所欲闻者无不闻，而皆有以洽其意而餍其心"②。这些极具画面感的叙述，生动呈现出书院教学方式的灵活性。

再次，书院鼓励师生之间质疑问难，切磋论辩。朱熹等书院先贤提倡教师

---

① 严如煜撰，黄守红标点，朱树人校订：《严如煜集》，岳麓书社，2013 年，第 93 页。

② 罗汝怀：《湖南文征》，岳麓书社，2008 年，第 2562 页。

鼓励学生读书应当有质疑的精神："读书无疑者须教有疑，有疑者却要无疑，到这里方是长进。"他与张栻在岳麓书院讨论"中和"之义，"三日夜不能合"。在长期的学术交往中，二人相互切磋质疑，决不苟同："有我之所是，而兄以为非；亦有兄之所然，而我之所议。"从《朱子语类》中我们可以看到，朱熹与弟子门人有长期而深入的切磋讨论。宋儒吕祖谦在《丽泽书院规约》中称："凡有所疑，专置册记录。同志异时相会，各出所习及所疑，互相商榷，仍手书名于册后。"于清康熙末年上任岳麓书院山长的李文炤在所订的《岳麓书院学规》中，多处要求学生质疑辨难：每日讲经书时，"端坐辨难，有不明处，反复推详。"碰上老师不明白的，就记录下来，"以待四方高明者共相质证，不可蓄疑于胸中也"。每月作文，若对老师批改之处有疑惑，"即携原卷相商，以求至是"。对于老师的著作，学生若有疑问，"即与之以相商焉"。到乾隆年间岳麓书院山长王文清在所订的《岳麓书院学规》中更明确鼓励学生"疑误定要力争"。陈宏谋所订《岳麓书院条规》规定，上堂讲书时，诸生若有疑问，可以随时"登堂质问"。这种对独立思考精神的鼓励、对批判性思维的重视，是培养创造性的重要方式。

最后，重视环境育人。书院先贤意识到优美的自然环境、良好的人文环境对于人才成长的作用，不仅在创建书院时往往选择远离尘嚣、清幽宜人之地，而且总是在书院中营建各种园林景致，为师生提供优雅的读书环境。如乾隆年间罗典掌教岳麓书院期间，曾经辟隙地作园池，并取竹子"其行根多而继增不息""易生""易实"之寓意，选种松竹、桃李、紫薇、荷花等卉木加以点饰，建设"书院八景"。希望书院学生能够"晨夕出入，会心不远，皆得蠲尘俗以亲雅意，略戈小而与大观"，在幽雅的环境中陶冶性情，涵养气质。对人文环境的营造，书院先贤尤为措意。从书院建筑的布局、形制、规格，到亭台楼阁、斋舍、景观的命名，到各类匾额、碑刻、楹联、画像的具体内容，都蕴含着丰富的儒家精神价值，其目的就是营造浓厚的文化氛围，让学生藏修游息，在无形中受到熏染和影响。如明代弘治年间岳麓书院绘朱子"紫阳遗迹"并勒石置于尊经阁，希望各位生徒能够"兴起其尊贤、尚德之心，而思读其书，以学其道"。在壁上大书《白鹿洞书院教条》，以便于生徒朝夕探讨服膺，不负先儒之教。

三、书院教育传统的借鉴意义

书院教育高度重视人格修养、品德养成，强调"立品为重""立德为先"，把品德修养作为人才培养的第一要务，追求"求道""求学"统一。这一价值导向对于纠正当前人才培养过程中重知识传授而轻道德情操培养、人格养成，人才评价过程中重学业成绩、科研成果而轻思想品德表现的偏向，落实立德树人根本任务具有重要意义。

书院教育批评以科举功名为鹄的的个人功利主义，强调传道济民、经世致用的教育宗旨，以天下为己任，在国家、社会的广阔视野之中定位人生的价值与意义。这有助于我们反思当前教育中片面追求升学率而忽视人的全面发展、重应试技巧而轻综合素质培养、重学生自我成才设计而轻社会责任感与家国情怀养成的弊病。

书院教育强调学生自主学习，教师只是作为引路人适时点拨启发；鼓励学生对教学内容质疑问难，师生之间、学生之间就疑难之处加以商讨辨析；同时也以兼容开放的态度，邀请不同学派学者讲学论辩。这是对学生主体性的充分肯定，对批判性思维的提倡。借鉴这一做法，有助于克服目前教育中存在的教师满堂灌输，学生积极性、主动性及深入探究的动力不足的问题，培养锻炼学生对不同观点的辨别能力，激发学生的独立思考能力与创造力。

书院教育重视在尊师重道基础上建构密切的师生关系，强调教师以品行、学问为学生树立楷模，师生之间交流互动频繁，感情笃厚。在此基础之上，教师根据学生气质、禀赋、兴趣进行个性化指导。今天，师德师风建设面临诸多新挑战，规模化办学条件下也出现了师生之间交流互动减少、因材施教原则难以贯彻等问题，在这种情况下，古代书院教育的历史经验尤其值得借鉴。

礼育思想在高校文化育人中的价值与实践

——以湖南大学岳麓书院"习礼育人"项目为中心

孙建平　潘　彬①

中国素有"礼仪之邦"之称。传统中国社会是一个礼制社会，对"礼"推崇备至，认为其具有"经国家、定社稷、序民人、利后嗣"②的作用。礼育即"以礼育人"。在中国古代教育制度中，礼育是极其重要的内容和手段，形成了中华优秀传统文化中体系化的礼仪教育思想。以湖南大学岳麓书院"习礼育人"项目实践为基础，研究和践行中国传统礼育思想，为当代高校的文化育人工作提供更为丰富的思想源泉、理论依据和实践指导，具有重要意义。

一、传统礼育思想的核心文化功能

中国传统礼育思想发端于孔子，孔子将礼排在"六艺"的首位，可见其对礼育的重视。此后，经孔门弟子、孟子、荀子及后世诸儒的不断完善，逐渐形成了中国独特的礼育思想体系，其核心文化功能大致有如下三方面。

第一，礼育具有道德教化和行为规范的作用。礼最早是敬神祈福活动中的

---

① 作者简介：孙建平，湖南大学岳麓书院副研究员；潘彬，湖南大学岳麓书院人才培养办主任，讲师。

② 杨伯峻：《春秋左传注》，中华书局，1981年，第76页。

程序规范，而后发展成规范人们日常行为的准则。当社会文明发展到一定的程度，丛林法则就不再适用于人类，必须构建更加适合人们和平共处的新法则，这种法则就是"礼"。国家出现后，礼就逐渐成为国家对国民进行行为规范、道德教化的工具。《周易·贲》云："观乎天文以察时变，观乎人文以化成天下。"先秦儒家更是将德治、礼治置于法治之上，认为"道之以政，齐之以刑，民免而无耻；道之以德，齐之以礼，有耻且格"①。用礼育来教化国民，是历代王朝用来引导社会风气、规范社会秩序、实现国家治理的手段和途径，并且在方方面面影响着人们的日常行为和思想观念。礼育在中国古代国家政治治理、社会秩序维护和国民道德教化中发挥了重要的作用，对中国古代社会产生了深远影响。②

第二，礼育是培养国民君子品格的重要途径。君子品格的培养即是人格教育，传统礼育思想的核心要义之一就是注重培养人的君子品格。儒家思想认为，用礼的规范约束好自己的言行，才有君子之风，方为君子之道。君子品格中最基础的属性就是守礼，这就是孔子所言的"不学礼，无以立"，学礼、守礼，方能修身养性、完善君子品格。江又明先生指出："孔子、孟子、荀子及孔子弟子们深入研究和探索礼的精神内涵和价值功用，将'仁、德、中庸、和'等理念进行深入、全面的表达和诠释，使儒家礼仪思想中对'君子人格'的追求逐渐成为士大夫为官做人的根本准则，促进了中国礼治时代的到来。"③因此，习礼、遵礼不仅是君子品格的外在体现，也是内在的君子品格的培养路径。

第三，礼育是构建人与社会和谐关系的良方。礼育的作用包括协调各种关系，既包括让个体身心和谐，也包括协调人际关系，还包括协调人与自然的关系。首先，礼育是个人的修身养性之道。知礼、习礼、守礼的过程，就是加强

---

① 杨伯峻：《论语译注》，中华书局，1985 年，第 12 页。
② 刘旭东：《法治的社会面向与礼治的规范功能》，《原道》，2018 年第 2 期。
③ 江又明：《传统礼仪文化的精神意蕴及当代价值》，《思想建设》，2019 年第 5 期。

自身教育、自身修养的过程。曾国藩曾言："古之君子之所以尽其心养其性者，不可得而见，其修身、齐家、治国、平天下，一秉乎礼。"①其次，礼育能协调人际关系。在人与人的相处过程中，若能推己及人、谦恭有礼、互相尊重，则不仅可以促进人际关系和谐，还能促进不同地区之间、不同国家之间的关系和谐。最后，礼育能促进人与自然的和谐相处，达到天人合一的境界。自觉遵守礼仪的人，自然是对礼心怀敬畏的人，进而能对天地间万事万物都心存敬畏。②

二、传统礼育思想的现代育人意义

文化育人工作是当代高校的重要任务。习近平总书记在全国高校思想政治工作会议上的讲话指出："要更加注重以文化人以文育人……广泛开展文明校园创建，……开展形式多样、健康向上、格调高雅的校园文化活动。"要落实文化育人，就必须深入开展中华优秀传统文化教育活动，以坚定文化自信、培育大学精神、涵育师生品行、引领社会风尚。

当前，高校开展传统文化教育活动还面临着传统文化基础薄弱的困境。首先，近代文化断层现象造成当代人对中国传统文化认知的基础不牢固。自晚清以来，随着西学东渐的浪潮，中国遭遇三千年未有之大变局，政治、经济、文化等都面临一系列危机与挑战。自二十世纪初以来出现的各种文化运动，加速了中国传统的割裂和文化的断层，包括传统礼制和礼育思想在内的优秀传统文化受到空前严厉的批判而日渐式微。传统文化的严重断层现象，使今天的人们普遍缺少系统扎实的中国传统文化知识，存在对中国优秀传统文化内涵、价值与意义的认识和理解不足的情况。诚如陈戍国先生所言："久而久之，除了仇

---

① 曾国藩：《曾国藩全集·诗文》，岳麓书社，2015 年，第 358 页。
② 郑玄注，陈戍国点校：《周礼·仪礼·礼记》，岳麓书社，2006 年版，第 427 页。

视，人们与社会生活中的礼制传统之间，只剩下隔膜与陌生，竟不知其为何物了。"①其次，当代多元价值观造成今人对中国传统文化的认同感不强。当代中国正处在高速发展的现代化进程中。现代科技、市场经济和资本运营等带来经济高速增长、物质财富快速积累的同时，也出现了新的价值、道德和信仰危机。价值多元背景下的道德失范，以及功利主义、历史虚无主义、文化虚无主义的泛滥，导致人们对民族文化、民族精神、民族传统等缺乏认同和自信。最后，当前社会上存在传统文化教育缺失带来的诸多问题。在个人层面，修养的缺乏，对功利、物欲的追求，造成人格缺陷、道德滑坡、心灵无处安顿。在社会层面，礼教缺位、人心不古，造成人与人之间出现严重的信任危机，利益纷争频繁，人际关系紧张。在国家层面，道德与法律出现关系失衡，"泛法律化"盛行，道德的约束力下降。在人与自然方面，缺乏对自然的敬畏之心，出现生态破坏、环境污染、人与动物不能和谐相处等现象。

接续中华传统、重拾人文精神、重建价值体系已成为有识之士的共同呼声，高校文化育人工作的重要意义也日益凸显。高校在实施人才培养的过程中，为解决如何落实立德树人根本任务、如何培养兼具价值理性与工具理性的现代人才、如何助推全社会文明程度的提高等重大理论与现实问题，非常有必要回到传统文化中来汲取智慧、找寻启示、获得借鉴。继承传统礼育思想并予以创造性转化和创新性发展，开展高校习礼育人活动，以弘扬高雅文化、加强学生道德修养、培养学生健全人格、实现对学生的价值引领，从而有力推进高校的文化传承创新与精神文明建设，是非常值得探索的高校文化育人路径。

三、岳麓书院对传统礼育思想的践行

湖南大学岳麓书院创建于北宋开宝九年（976），是湖湘文化的策源地，办

---

① 陈戍国：《中国礼文学史（先秦秦汉卷）》，湖南大学出版社，2012年，第17页。

学历史已延绵千余年，具有优良的礼育传统。南宋时期掌教岳麓书院的湖湘学派奠基人张栻，便认为士大夫担负着礼之兴废的重任，他主张从人事之礼中体认天理，强调以礼作为培养士人、养成风俗的重要手段。张栻终其一生都在学礼，对礼始终保持着谦虚谨慎的态度，其传道、济民、修己的礼学思想对南宋地方精英的形成有重要的引领作用。① 清乾隆年间担任岳麓书院山长的大儒王文清，曾于公元1748年手订《岳麓书院学规》，其中"时常省问父母""朔望恭谒圣贤""气习各矫偏处""举止整齐严肃""行坐必依齿序""痛戒讦短毁长"等条目，均关乎礼教，包含了守礼、执敬、修身、慎独等多方面的礼育要求。岳麓书院设有用于讲学的讲堂、用于祭祀孔子及其门人的文庙，还设有屈子祠、濂溪祠、船山祠等多座专祠，历史上常举行各种讲学和祭祀活动，礼仪教育活动非常频繁。由此可见，习礼育人正是岳麓书院传统的人才培养方式之一。

近年来，湖南大学岳麓书院充分发挥底蕴深厚的传统书院文化优势，立足当代大学的教育理念与模式，积极传承和发展中国古代传统书院的礼育思想和传统，创新思路与方法，积极构建"三全育人"体制和文化育人机制，发掘利用学校人文学科的师资力量，开设传统文化通识课程，组织开设"岳麓书院讲坛"系列讲座，加强礼仪文化教育，创造性地主办"三祭""三礼"活动，组织学生对传统礼仪进行研究、学习、践行和展示的活动，育人效果非常显著。

一是研究礼仪。组织师生围绕传统礼文化内涵、文化价值、传承方式、教育理念等方面进行深入调查研究。组建礼学领域科研团队，以十多项国家级重大、重点项目为依托，出版《中国礼制史》《中国礼文学史》等高水平、重量级学术专著20余部，撰写了国内专门研究孔庙祭祀制度及礼乐文明的博士学位论文《孔庙祭祀研究》，组织本科生开展礼制调研并完成调研报告《浏阳文庙古乐礼原真性与独特性辨析与当代保护》，还主办多场礼学学术研讨会。研究活动让大学生深入了解了传统礼仪精神理念，探索礼学、礼制、礼仪教育等相关

---

① 殷慧、郭超：《张栻传道、济民、修己——张栻礼学思想析论》，《湖南大学学报（社会科学版）》，2015年，第11期。

问题，深入思考传统礼仪文明对当前精神文明建设的引领和示范作用。二是学习礼仪。加快对研究成果的转化，通过课程教学、主题讲座、工作坊等方式，组织和号召广大师生学习礼文化知识、感知礼文化内涵。推出了以传统礼乐精神为基础、促进传统礼乐现代化转化的现代礼仪系列课程及教材，在"岳麓讲坛"和"岳麓书院讲坛"中开设三十多场礼专题系列讲座，持续推广及引导学生遵从《岳麓书院学规》，让学生深入了解和学习礼仪文化知识。三是践行礼仪。组织和开展一系列传统礼仪与现代礼仪相结合的特色活动，传习礼仪文化，做到习礼育人。利用入学季、表彰季、毕业季"三季育人"模式，组织入学礼、拜师礼、谢师礼等"三礼"活动；利用传统节日组织开展清明节祭祀张栻等岳麓先贤、孔子诞辰日祭祀孔子等圣贤大儒、端午节祭祀屈原的"三祭活动"；在岳麓书院讲堂及湖南大学礼堂等重要场地，演示传统成人礼、拜师礼等礼仪内容二十余场。践行礼仪的活动提高了大学生对传统文化、传统礼仪的接受度和亲近感。四是展示礼仪。利用多种场所、平台，线上与线下相结合的方式展示礼仪文化，推广习礼育人成果。岳麓书院设有"书院祭祀"展厅，展示祭祀礼仪场景，宣扬礼仪文化；在戏曲进校园、传统文化进校园、赫曦台国乐节等系列主题活动中，引导学生主动参与礼仪活动的宣讲及演示；打造"互联网+礼仪文化"传播方式，利用网络主流媒体推出祭孔大典、赫曦台国乐节等专题内容，搭建专题礼仪文化讲座网上直播平台，多途径向学生展示及传播礼仪文化。此外，还在学生园区、教学区等区域张贴礼仪宣传海报，展示中华礼仪文化之美。

湖南大学岳麓书院习礼育人践行活动取得了很好的成效。近年来，在以"三礼""三祭"为核心的习礼育人系列活动，以及全球华人国学大典、岳麓书院讲坛等外延习礼活动中，有数以十万计的湖南大学师生以各种方式参与其中。系列活动深受师生的喜爱，礼仪活动被学生誉为"触及灵魂的精神洗礼"，众多活动还出现"一座难求"现象。大学生或担任礼仪活动执事，或研习古代礼仪文化，或参与祭祀仪式、经典诵读、传统游艺等活动，或上入学礼"开学

第一课"，或体验拜师、谢师礼仪，从知、情、意、行四个环节受到传统礼仪文化的影响和熏陶，提高了国学文化素养，开拓了国学文化视野，增强了文化自信心与认同感，密切了师生关系、同学关系，习礼育人活动在学生的身体力行过程中达到了最佳效果。湖南大学习礼育人相关成果还入选了 2019 年度教育思政工作精品项目和第五届"礼敬中华优秀传统文化"十佳示范项目。

湖南大学岳麓书院习礼育人项目的成功原因，主要体现在以下四个方面。

一是注重传统礼仪的现代转化。学校、学院和老师非常重视古代书院传统与现代大学教育的结合，注重传统礼仪的现代转化。在具体实践过程中，并不墨守成规，而是邀请校内研究礼学的专家学者，结合礼学课题研究成果，对传统礼仪进行转化和发展，使古礼与时俱进，体现现代高校特色。如在拜师礼、祭孔大典、祭屈典礼活动中，变古代跪拜礼为现代鞠躬礼，并且简化了原本非常烦琐的礼仪规范，增设了学生喜欢的经典诵读、诗词交流、书画表演以及投壶、射箭等传统游艺活动，使之更贴近于当代高校师生的观念，学生对古礼仪式的接受度、兴趣度得到提高，增强了习礼育人项目对学生的吸引力。

二是将礼仪文化教育融入教书育人的全过程。湖南大学岳麓书院注重挖掘和弘扬古代书院传统礼育思想，使之与现代大学教育制度高度融合，利用入学季、表彰季、毕业季"三季育人"，从学生入学到毕业，从传统节日到重大庆典、仪式，从课堂（讲座）教学到实践礼乐活动，都会相应地开展礼仪活动，将礼仪文化教育融入教书育人的各个环节和各个阶段。同时，书院始终以立德树人为根本宗旨，学生始终是活动的主要对象及参与主体。在礼仪活动中，坚持采取公开招募、集中培训的形式在全校范围内选拔祭祀执事或者礼仪活动主持人，指导学生会、学生社团组织开展礼仪活动，体现了对学生学习礼仪、践行礼仪的自觉性培养。

三是创新传播模式，提高参与度、扩大辐射面、增强影响力。湖南大学岳麓书院积极与国内外主流媒体开展合作，并充分利用校内微信、微博、网站等新媒体平台，搭建"互联网+礼育"传播平台，对全球华人国学大典、祭孔大典、岳麓书院讲坛等活动进行全球网络直播及图文宣传，学生参与度高，活动辐射面广，线下受众超过 10 万人次，线上浏览量累计超过 2000 万次。

四是注重传统礼仪文化教育的制度化、体系化。制定《湖南大学文化建设实施纲要(2014—2026 年)》《湖南大学中华优秀传统文化教育实施意见》等文件，给予习礼育人项目制度保障和政策支持。同时通过学术研究、课程建设、公益讲座、特色活动等多种形式，将研究、学习、践行和展示四方面有机融合，使传统礼仪活动成为学生接受并喜爱的文化修养活动，进而将礼仪文化教育融入校园文化建设的整体进程中，实现了传统礼仪文化教育的体系化。

四、高校习礼育人的主要原则和措施

湖南大学岳麓书院习礼育人项目的成功实施，正是将中国传统礼育思想与当代高校文化育人工作实践相结合的典型案例，为高校立德树人和文化育人工作提供了新范式。当代高校因地制宜开展习礼育人活动，应坚持三大原则。

一是扎根中国、立足传统的原则。文化是一个国家、一个民族的灵魂，中华民族五千年延绵不断、生生不息，其力量源泉就是博大精深的优秀传统文化。习近平总书记在中共中央政治局第十八次集体学习时的讲话中指出："中华传统文化源远流长、博大精深，中华民族形成和发展过程中产生的各种思想文化，记载了中华民族在长期奋斗中开展的精神活动、进行的理性思维、创造的文化成果，反映了中华民族的精神追求，其中最核心的内容已经成为中华民族最基本的文化基因。"中国的传统礼育思想，凝聚了古人的政治智慧和教育智慧。传统礼仪对今人的影响仍然无处不在，我们生活之中的各种礼仪和风俗，仍广泛保留着中国传统礼仪的理念和痕迹，这是我们必须要正视的中国国情。彭林先生曾明确指出："礼仪是民族成员的相处之道，是民族文化个性的突出表现，是展示民族文化与历史的窗口。"①我们只有立足传统，扎根中国大地，深耕传统礼育思想文化，才能找到适合中华民族的现代礼育思想，才能真正增强当代大学生对中国文化的认同感和自信心。

二是立足立德树人、把握传统礼育精神实质的原则。当代教育的根本任务就是立德树人。国无德不兴，人无德不立，传统礼育思想的实质就是德育。唐君毅先生认为："故礼乐之教育乃自然地陶养人之道德性情之教育。"②《礼记》把礼的形式称为"数"，把礼的精神称为"义"。相较于学习传统礼仪的具体礼节，我们更重要的是要学习和继承传统礼仪的理念和精神。正如陈来先生所言："中华礼仪变化的只是一般的形式，而思想理念、基本精神内涵没有变。或者说，中华民族传承的优秀基因密码没有变。可以说，几千年来，中国文化培养了一种'礼教精神'，是超越了具体仪节的普遍精神。"③我们今天实行礼育，一定不能舍本逐末，而应更多留意传统礼育思想对立德树人、社会教化的积极意义，从而把重心放在对传统礼育思想中蕴含的思想理念、基本精神的把握和继承上。

三是立足学生主体地位、提高广大学生接受度和认同度的原则。礼仪文化是中国传统社会教育的核心内容，但传统礼仪纷繁复杂，历朝历代又各自有不同的礼仪规范，学习的门槛太高，难度太大，不免让人望而却步。此外，古代纲常伦理中对人的思想自由、人格独立产生压制的副作用，也致使包括大学生在内的当代人对传统礼仪仍然心存抵触，缺乏认同感。因此，如何将传统礼仪进行现代转换，是我们必须解决的问题。我们应该坚决反对复古思想和复古实践，提倡对传统礼仪进行创造性转化、创新性发展。只有实现传统礼仪的现代转换，不断增强其亲和力和针对性，使之适合现代人的生活方式，礼仪活动才能获得大学生的认同和喜爱，才会让他们更有兴趣和动力去学习、践行传统礼

---

① 彭林：《传统礼仪与当代文明》，《浙江社会科学》，2017 年第 10 期，第 64 页。

② 唐君毅：《中国文化之精神价值》，江苏教育出版社，2005 年，第 153 页。

③ 陈来：《中华文明的核心价值》，生活·读书·新知三联书店，2015 年，第 45 页。

仪，真正体现教育活动中教师主导和学生主体相结合的原则。

运用传统礼育精神实施习礼育人，在坚持上述三大原则的前提下，还需要注意从以下方面采取措施。一是加强顶层设计和制度建设。要牢牢把握立德树人根本任务，强化"大思政"理念，整合资源，凝聚力量，着力推进一体化习礼育人体系建设，构建全员、全程、全方位习礼育人的体制。制定出台关于习礼育人的实施办法和规章制度，完善和创新传统礼育思想与文化育人相结合的工作机制，从制度、政策、方式等方面促进现代高校对中华优秀传统礼育思想的传承和发展。二是加强传统礼仪的现代转化研究。充分发挥本地区、本校的特色文化资源和学科专业优势，在对传统礼仪、传统礼育思想充分研究的基础上，结合时代要求进行正确取舍和合理转化，以古人之规矩，开自己之生面，创造性地设计出符合现代实际、为学生和社会大众所接受的礼仪教育和实践活动。三是加强礼育课程建设。选修课程与必修课程结合，开设礼仪文化的选修课程与必修课程，打造若干精品课程。专业课程与通识课程结合，对于文史社科类学生，开设专业性较强的礼仪文化课程；对于理工类学生，开设基础性较强的礼仪文化课程。同时在思想政治理论课教学中融入礼仪文化，提升学生的文化素养，增强学生对传统文化的认同感，涵养学生的君子品性，陶冶学生的道德情操。四是加强师资队伍建设。教师是育人工作的主导力量，要发挥好传道、授业、解惑的作用，就必须不断提升教师自身的素养。在习礼育人工作中，教师的文化素养、职业道德素养、个人修养对学生具有极大的示范性，是决定习礼育人实效的关键因素。因此，需要高度重视师资队伍的建设，采取有效措施提高教师的传统文化素养和人格修养，为实施习礼育人活动提供师资保障。五是因地制宜设计特色习礼、践礼活动。当前，高校普遍存在传统礼仪文化躬行践履途径短缺的问题，需要组织和开展一系列传统礼仪与现代礼仪相结合的特色活动，并充分发掘文化讲坛功能、完善文化社团建设，打造系列品牌特色活动，提高活动的关注度和吸引力，拓宽学习礼仪、践行礼仪的途径，促进礼仪教育活动的常态化、生活化。结合校园文化建设和园区建设，加强对礼仪活动和礼仪知识的宣传展示，提高习礼育人活动的影响力。六是创新传播模式。现代社会进入了互联网信息时代，要争取活动效应的最大化，就需要建设和完善"互联网+礼育"的传播模式。以活动直播、讲座直播、文创产品、文艺作品等为载体，依托主流媒体和自媒体，搭建网络传播平台，扩大传播范围，面向全体学生及社会大众展示、宣传、普及中国传统礼育精神、礼仪知识及礼仪规范等，使中华传统礼育文化释放更大能量。

最后需要指出的是，古人之礼仪虽然并不直接适用于现代社会，但古礼的德育精神和理念仍非常值得我们今天借鉴，古代礼仪活动对大众的示范作用、教育功能，我们今天仍然需要认真总结和学习。因此，从传统礼育思想中汲取智慧，开展习礼育人活动，切实提高德育工作水平，增强大学生的文化自信，提升人才培养质量，是高校文化育人工作的实践方向。

从传统书院制度中汲取文化滋养①

邓洪波②

2020 年 9 月，习近平总书记考察调研湖南大学岳麓书院时，鼓励青年学子不负时代重托，不负青春韶华，为实现第二个百年奋斗目标、实现中华民族伟大复兴的中国梦奉献自己的智慧和力量。书院制度是我国传统教育发展的产物，对我国教育、学术和文化事业的发展以及中华文明的传承和延续作出了重要贡献。坚持走中国特色社会主义教育发展道路，建设高质量教育体系，需要结合新的时代条件，对书院制度文化进行创造性转化、创新性发展。

书院是读书人围绕书籍进行文化积累、研究、创造与传播的文化教育组织。书院的诞生既得益于以造纸术、印刷术为代表的传统科学技术的长足进步，又与唐宋科举社会形成后兴文重教的社会风气密不可分。经过千余年的发展，书院在清代几乎遍布全国，形成多种类型和等级的书院，以满足各社会群体的多层次文化教育需求。书院制度具有公平性、开放性和公益性等特征。

书院制度推崇"成人"理念，强调人格教育的重要性。"成人"理念源于孔子，他认为"成人"应该具备智慧、德性、意志、才艺等多方面素质，其中德性最为重要。书院成为这一教育理念的重要载体。在《白鹿洞书院揭示》中，朱熹认为，教人为学在于讲明义理，以修其身，然后推己及人；为学方法则是

---

① 刊于《人民日报》2021 年 04 月 22 日。
② 作者简介：邓洪波，湖南大学岳麓书院教授。

博学之、审问之、慎思之、明辨之、笃行之；学生在学习文化知识以外，从修身、处世、接物等方面进行道德的体悟与践行。《礼记·学记》提出藏修息游的学习方式，强调学习与息游结合，有张有弛。一些书院选址在风景秀丽的名山下大川旁，既有正课学习，又有课外活动与自习，让学生感受求知的乐趣。可见，书院的道德教育并非单向的说教、灌输，而是重在引导学生自我体悟、躬行实践，让他们在学习、起居、行止中接受春风化雨、润物无声式的道德教育。这对于新时代落实立德树人根本任务，构建德智体美劳全面培养的教育体系，培养更多德智体美劳全面发展的社会主义建设者和接班人，具有启发意义。

书院倡导"传道济民"的教育宗旨，注重培养学生的家国情怀。传道济民，即通过弘扬中华优秀传统文化之"道"促进爱民利民，强调爱国爱家、关心时事、尊重文化、学以致用、以民为本。我国历史上很多忠贞义士都受过书院教育熏陶。民族英雄文天祥早年在江西白鹭洲书院跟随名儒欧阳守道求"有益于世用"之学，这对其一生产生了重要影响。受张栻"盖欲成就人才，以传道而济斯民也"教育宗旨的影响，当南宋朝廷面临严重政治危机之时，岳麓书院师生心系家国，积极投身于经世济民的活动中。书院制度所蕴含的"经世济民"的价值取向和精神内涵，是中华优秀传统文化的重要内容。深入挖掘其时代价值，有助于我们从中汲取营养和智慧，承继文化基因，不断增强中华民族的归属感、认同感、尊严感、荣誉感，让爱国主义精神牢牢扎根。

书院制度具有包容性，为学术创新和文化交流提供了空间。书院山长多为名师大儒，倡导合乎传统人文教育理念的教学方法与教育制度。书院的会讲制度为不同学派提供交流的平台，学术大师可自主到各书院讲学，如朱熹、张栻在岳麓书院的"朱张会讲"，朱熹、陆九渊在鹅湖书院的"鹅湖之会"，在争论辩难中将学术发展推向新的高度。因此，一些书院成为新兴学术思潮的大本营。程朱理学、陆王心学、乾嘉汉学等学派的发展，都离不开书院制度的创新学风和宽松环境。这可以为当今的学术研究和创新提供有益启示。文化包容是中国书院制度走向世界的一个重要原因。从明代开始，书院制度移植到朝鲜、日本、越南、马来西亚、新加坡乃至欧美，成为当地了解、接受中华文化的窗口，并融入当地的文化传统，至今仍在发挥作用，有力促进了中外文化交流。这对于构建更加开放的国际人才交流合作机制、进一步增强我国文化软实力具有一定参考意义。

理念赓续与制度革新

——从古代书院视角看现代高校书院制改革

陈　岘　张夏彤①

一、问题缘起：现代高校书院制改革的背景与发展

中国高校的书院制改革起步于二十世纪末。众所周知，出于经济建设和社会发展的需要，在中华人民共和国成立后的数十年中，中国高等教育的主要目标是培养各行业，尤其是理工农医等行业内直接针对社会建设的应用型人才。因此，这一时期中国高等教育体制显现出以专业化人才培养为导向的主要特征。不可否认，这一机制在特定历史时期发挥了重要作用，为中国社会发展培养出了一大批实用性人才。然而，这种过于专业化的人才培养模式也会造成学生知识结构局限、难以全面发展等局面。因此在改革开放之后，这一大体基于苏联人才培养模式的高等教育体制，便逐渐暴露出难以赶上时代发展速度的问题。

新时期的中国社会发展提出了对综合性、复合型人才的需求，传统教育体制在多项对知识基础、人文积淀、综合判断和可迁移学习能力要求较高的领域，缺乏有效的人才培养机制。因此，为培养出适应新时期中国社会发展所需的专业能力强、文化素质高的人才，从二十世纪九十年代开始，国家大力提倡

---

① 作者简介：陈岘，湖南大学岳麓书院教授；张夏彤，湖南大学岳麓书院2023级博士生。

文化素质教育。各高校也在素质教育、通识教育等新理念的指导下，纷纷展开了诸如修订教学计划、实行学分制等人才培养模式的改革和探索，并取得了较大的进展。在这些高校改革措施中，书院制改革便是浓墨重彩的一笔。

我们需要注意的是，中国高校近年来的书院制改革虽均有"书院"之名，但各高校在实践中所采用的类型和具体制度设计，存在着非常大的差别。毕竟在中国和西方的教育传统中，都存在名为"书院"的教育制度与机构，并且历史都非常悠久。因此在现代中国高校书院制改革中，诞生了多种不同的高校书院模式：

其一，部分高校主要借鉴了西方住宿学院制的西方书院制度。这类制度最早起源于英国的剑桥大学和牛津大学。后来，美国的哈佛大学、耶鲁大学等高校也延续了这种做法。而在我国高校的书院制改革中，以西安交通大学为代表的数所高校，在融合自身学生管理模式和住宿学院制度的基础上，通过设置正式的通识教育课程，将学生宿舍这一管理平台升级为独立的学生培养体系，形成了新型的书院制。①

其二，将高校中某一学院或系所的下属机构设置为书院。例如北京师范大学设立的学而书院、西北农林科技大学设立的右任书院等，此类书院并非独立的系统②，而是采用小规模培养精英人才的模式，主要针对能力突出的精英人才而设。

其三，与通识教育模式紧密结合的书院。例如复旦大学设立的志德、克卿、腾飞、任重和希德等书院。这类书院，既通过加强通识教育，整体上提高学生综合能力，又将学生的学习与生活紧密结合，在一定程度上改变了固有的高校人才培养模式。

其四，基于中国古代的书院实体，实现古代书院教育职能的现代转化。以

---

① 李会春：《通识教育理论、方法及中国实践》，中国科学技术大学出版社，2018年，第68-71页。

② 李会春：《通识教育理论、方法及中国实践》，中国科学技术大学出版社，2018年，第85页。

湖南大学岳麓书院为例，一方面接续北宋开宝九年(976)以来的教育传统，保有与承用御书楼、文庙、讲堂等历史遗迹，并在教学育人中，延续古代书院的三礼、三祭等仪式。另一方面，也将岳麓书院衔接到现代大学教育体制中，承担了湖南大学哲学、历史学等学科的教学、科研、人才培养职能。

除此之外，还有很多高校、学者通过与社会力量、网络平台的合作，建立了多种独立于高等教育体系之外的书院，例如生活教育模式书院、民间书院或线上书院，用以实现文化传播、学术交流、公益培训、人才培养等多种职能。①

由此可见，我国高校的书院制改革存在多种模式，各种书院模式之间也存在一定程度的交叉和重合。徐松伟等学者认为，我国现代大学书院是在效仿英美住宿学院制的基础上，汲取中国传统书院的精髓，整合和构建的新型学生教育培养组织。② 令人欣喜的是，在我国各高校近年来对书院制改革的探索实践中，古代书院的育人理念开始逐渐被重视和发掘；书院制改革的实践也逐渐从以借鉴西方为主，转而更多地从古代书院制度中汲取营养。各高校在进行书院制改革的过程中，纷纷开设传统文化类的通识课程，以期让学生能在专业学习之外，更多地接触和了解中华优秀传统文化，在树立文化自信的同时，得到更为综合、全面的发展。在这一人才培养方式改革的过程中，各高校也越发意识到人格教育的重要性，开始重视培养具备智慧与德行等多方面素质的"成人"，而这种意识，便与中国古代书院制度推崇课业、德业并重的理念两相契合了。

二、古代书院育人理念对现代高校书院制改革的借鉴意义

在中国古代书院的教育实践中，存在诸多可被现代高校书院制改革借鉴的

---

① 刘海燕、陈晓斌：《中国大学三种书院教育模式讨论》，《大学教育科学》，2018年第2期。
② 徐松伟、刘兵勇、许贝贝：《新时期我国高校书院制建设现状与思考》，《思想政治课研究》，2018年第6期。

育人理念。而这些育人理念的产生，归根到底源自书院产生的历史背景。在中国古代教育体系中，官学和私学分别是官方和民间的教育组织形式。官学只取官家子弟为教育对象，实为统治阶层官吏培养的教育体系；私学则是创自孔子，与官学并列的民间教育组织形式。书院相较于官学和私学特色鲜明，我们可以将之视为官学与私学结合的产物。一方面，书院制度吸取了历代官学系统中具有积极意义的办学传统；另一方面，它又是直接对传统私学的继承与发展。① 在书院制产生之初，书院就向下层平民子弟开放，其直接目的就是向无政治权力的普通人民普及文化，以期提高民众的文化素养，为下层学子提供一条以文化改变命运的人生路径。因此，不同于官学以入仕为直接目的，也不同于私学较强的随意性和较大的差异性，书院在人才培养上一直有着自己独特的目标和理念。

朱熹手定的"朱子教条"，亦即《白鹿洞学规》，堪称中国古代书院教育中最具代表性的育人理念，其内容包含五教、为学、修身、处事、接物五个方面：

五教之目，即父子有亲、君臣有义、夫妇有别、长幼有序、朋友有信；为学之序，即博学之、审问之、谨思之、明辨之、笃行之；修身之要，即言忠信，行笃敬，惩忿窒欲，迁善改过；处事之要，即正其义不谋其利，明其道不计其功；接物之要，即己所不欲，勿施于人，行有不得，反求诸己。②

"朱子教条"中的主要内容并非朱熹创作，而是摘自《论语》《孟子》等儒学经典。朱熹通过对这些经典文本的化用，将儒家伦理规范的基本要求融入学生在书院修习的过程之中。

乾隆年间岳麓书院山长王文清制定的十八条《岳麓书院学规》，在对学生的学习做出要求的同时，也对学生的行为举止和品行修养做出了严格、具体的规范性要求。比如在日常行为方面要做到"举止整齐严肃""服食宜从素简""行

① 陈谷嘉、邓洪波编：《中国书院制度研究》，浙江教育出版社，1997年，第429页。
② 朱熹：《晦庵先生朱文公文集》卷74，四部丛刊景明嘉靖本。

坐必依齿序",在品行修养方面要做到"外事毫不可干""痛戒讦短毁长""损友必须拒绝",等等。以上教条不仅讲明为学之序,更重要的是明确个人成长过程中的自我素质要求,以及与社会互动过程中的处事接物原则。显然,古代书院对人才培养的要求,不仅体现在知识水平上,更对道德品行、人格修养有着明确的培养理念与目标。

除明确的学规以外,古代书院对学子品德培养的理念渗透在书院教育的方方面面。如同现代高校中随处可见的劝诫学生们努力学习的标语一样,中国古代书院中也随处可见劝导学子的对联,这些对联旨在耳濡目染间使学生养成良好的道德品行。以岳麓书院为例,岳麓书院中立有众多石碑、匾额和楹联。其中,张栻所撰的《岳麓书院记》,至今仍被放置在岳麓书院讲堂的中央,一方面时刻提醒学子注意言行举止,在饮食起居的生活实践中培养自己的求仁之心;另一方面,也让学子在日常课业之余,不忘"传道济民"的经世情怀。再如江西友教书院中所题写的对联:"志于道,据于德,依于仁,而后游于艺;修其身,齐其家,治其国,必先正其心。"也是化用《论语》与《大学》中的名句,提醒学子要将道德仁义的培养置于读书学习之前。这些石碑、匾额、对联无一不将书院的精神融入学生的生活中,为学生营造出浓郁的品德培养氛围。

当然,日常生活中耳濡目染的熏陶不具有强制性,为保证学生培养的效果,在对学生具体行为的监督方面,古代书院也有着完备的考核制度,建立起包括招生入学考试、学业考课、德业考课三类内容的考核体系。其中的德业考课,便是对学生个人德行修养进行定期评定的考核机制。如南京明道书院《明道书院规程》中的一条学规便明确规定:"诸生德业修否,置簿书之,掌于直学,参考黜陟。"①德业考课不但成了一项常规制度,其重要性更是与学业考课等同。

由此可见,中国古代书院的学规制度对学生德行品性的教育非常重视,对

---

① 周应合:《建康志》卷 29,清文渊阁四库全书本。

德业的要求丝毫不亚于学业要求。甚至在有些书院的规定中，德行不佳者将失去在书院学习的资格。如吕祖谦在《丽泽书院学约》中便规定，如果学生在道德品行方面出现了"亲在别居、亲没不葬、因丧婚娶、宗族讼财、侵扰公私、喧噪场屋、游荡不检"等问题，便当令其退学。① 也就是说，学业不好尚可通过勤奋学习进行弥补，但如果德业不佳，就将面临被直接退学的严厉处罚。

制度的构建源于对理念的重视，正是因为中国古代儒者的育人理念重视学生的道德品行修养，才使得德业考核在古代书院的学规制度中被强化，而这正是现代中国高校教育中所欠缺的内容。过于强调专业化的高等教育的确提高了专业人才培养的效率，但不可否认，专业化的高等教育在很大程度上忽略了对学生道德品行的培养。所以在国家和社会不断发展进步的今天，专业化人才数量众多但综合素质出现短板的问题就暴露得越发明显。

除基本的德业考课外，在中国古代书院的人才培养模式中，还有诸多可供借鉴的理念。其中，南宋时期张栻在岳麓书院提出的"传道济民"理念便颇具代表性：

> 侯之为是举也，岂将使子群居佚谈，但为决科利禄计乎？抑岂使子习为言语文辞之工而已乎？盖欲成就人才，以传斯道而济斯民也。②

张栻认为，学子们在书院读书求学的目的，既不应是为了功名利禄，也不应是为了雕琢言语文辞，而应以成为可以传道济民的人才为目的。陈谷嘉、邓洪波认为，此模式下培养出的人才，通过修身、齐家、治国、平天下的渐次培育成长，不仅有"致君泽民"的品德，更有"民为邦本，本固邦宁"的儒生本质。③ 于是，在此育人理念下成长起来的一批书院学子，并不纯粹以科举仕途

---

① 吕祖谦：《东莱集》别集卷5，民国续金华丛书本。
② 张栻撰，杨世文点校：《张栻集》，中华书局，2015年，第900页。
③ 陈谷嘉、邓洪波编：《中国书院制度研究》，浙江教育出版社，1997年，第467—469页。

为自己的人生目标，而是热衷办学，孜孜不倦地向平民阶层传播知识、文化与品格。如钟震创办湘潭主一书院、钟如愚主持衡山南岳书院、曹集主教白鹿洞书院等等。作为曾长期在书院修习的儒生，他们并不热衷科举利禄之路，而是致力于创办书院、投身教育。

统而言之，中国古代书院的人才培养理念在以下三点上尤为突出：一是个人品德修养；二是传播知识和发展文化的文人自觉；三是知识分子的家国情怀。在古代书院的教育实践中，儒学底色非常突出。各层级的书院均最为重视对儒者气质、士大夫精神的培养，将孔子"士不可以不弘毅"的育人精神，贯彻到"格物致知""传道济民""民胞物与"等理念中，至少在唐至清时期，奠定了中国文化的基本精神，培育了一代代儒家英才。相比较而言，现代的高等教育由于过度导向专业化、职业化，只注重人才培养的效率，过于重视与学生成长进步、个人职业发展直接相关的具体领域的专业知识，却并未从根本上考虑学生在将来进入社会之后，在各行各业的工作岗位上作为独立的个体所需要的个人综合素质和能力。

客观而论，这一现象的存在，与数十年前囿于经济、社会状况而设定的中国高等教育人才培养目标有着直接关系。虽然中国高等教育在近年来取得长足的发展与进步，但显然还是无法完全满足在当前社会经济、文化发展水平下社会对新型人才的需求。面对这一问题，中国古代书院着重强调综合素养的育人理念便可资借鉴。现代高等教育对书院制改革的最大期许，就是培育既能够适应时代发展节奏，又能够从中国文化传承与发展的视角引领中国社会发展的时代人才。所谓时代人才，首先要兼具良好的知识储备与综合素养。不但要具备足够全面的基本知识储备，还要具备包括逻辑思维能力、判断力、理解力在内的良好的可迁移学习能力。其次，能够对中国传统文化有基本的认识和理解，并对现代中国教育理念的形成及相关问题有准确判断。最后，要兼具国家意识和现代视野，既能够站在时代的高度分析、理解有关中国传统与现代教育的问题，又具备国际关怀和人类命运共同体的意识。

中国古代书院重视人才全面发展，关注学生品行发展与精神追求的育人理念到今天仍具有借鉴意义，是现代高校书院制改革中可尝试融入人才培养过程的基本精神。虽然当代的人才培育理念不可避免地带有强烈的时代特征，但其根本目标和精神底色，仍然延续中国古代"成人"培育的格局，我们可以将之视作古代书院育人理念的现代发展。因此，无论是知识与人格、家国情怀还是社会视野，都完全可以超越时间跨度，实现古今育人理念的贯通。在这一能够贯通古今的教育理念赓续之外，时代进步所导致的制度变化也绝对不能忽视。虽然古代书院制留给了我们宝贵的文化遗产，但在现代及未来人才的培养中，我们也必须突破其历史局限，打造更适应现代中国社会发展的新型书院制度。

三、古代书院制在现代高校书院制改革中的局限性与革新

虽然中国书院的产生和存在并不纯粹以科举入仕为根本精神，但我们也不能否认，书院制之所以能够在千余年的时间中稳定延续，实与其直接作用于科举应试的功能密不可分。中国古代的书院制是处于官学和私学之间的教育机构，虽没有官学直接为官场培育、输送储备官吏的目的和压力，但也明显区别于相对松散、自由的私学。正如前文所强调的那样，书院设有严格的考核制度，而在这样的考核制度下所筛选出来的精英学子，也会在很大程度上经过了科举训练，为官学提供人才。

这种趋势随着社会经济文化的发展，以及社会风气对为官入仕的追捧，在书院制的发展历史上也在不断加强。明清时期的书院办学精神，便在一定程度上发生了改变。比如明代书院虽然反对院生过分沉迷科举、辞章、记诵，但并不反对书院学生走读书应试之路。邓洪波教授就指出，这一时期的书院制，一方面仍旧重视学生对儒家经籍中所包含之哲理的内省与感悟，但另一方面也注

重科举的成绩，试图让学生做到"应举业"和"尊德性"的统一。① 这一时期的书院学规中，便会明确提出对科举的要求。如嘉靖年间湖南长沙惜阴书院的学规便提道：

> 夫士之仕也，犹农夫之耕也。农夫不能舍耒耜以为力穑之具，而冀其有收，士岂可以舍举业取仕？②

惜阴书院学规明确指出，应举入仕是书院学生的本职所在，非但不该被舍弃，反而应该全力以赴。无独有偶，明万历年间，萧继忠在湖北问津书院学规中也专门制定了关于"制举"的规条：

> 制举业为先资之言，正所以发挥圣贤道理，每会必出所肄业，共为衡量，匪独以中主司程度，亦以觇同学邃养。③

问津书院学规不但同样强调了科举考试对书院学生的重要性，更将之与儒家圣贤之道相结合，认为应举入仕理当成为书院学子实践儒学工夫论的正途。

对于兼具知识、视野与情怀的"成人"培育虽然是古代书院育人理念的最高目标，但毕竟难度高、见效慢，难以在短时间内对社会产生直接影响。相比于此，直接面向科举考试的教育内容不但可操作性强，效果也更为显著，所以，书院与科举之间建立起的联系也越来越密切。也正因如此，在 1905 年清政府取消科举考试后，书院制度也很快在全国范围内终结，成为历史。甚至有些学者认为，在此之前的很长一段时间内，书院已经在某种程度上成了科举考

---

① 邓洪波、宗尧：《明代书院教育及其对现代大学的启示》，《大学教育科学》，2018 年第 5 期。

② 邓洪波：《湖南书院史稿》，湖南教育出版社，2013 年，第 655 页。

③ 邓洪波：《中国书院学规》，湖南大学出版社，2000 年，第 166-167 页。

试的附庸,与人文精神渐行渐远了。① 现代高校书院制改革的探索,自然也不再需要有这样一种形式上的桎梏,其教育理念也不再是纯粹的儒学底色,而是融合了古今中西的多种理念,以重点培养学生可迁移的学习能力和综合素养为目标。换言之,现代高校书院制改革的目的,也不再是培养具体的哪一知识领域的人才,而是为未来中国社会的发展发现和培养具有创造力的优秀人才,以及能够在各类岗位上做出实际贡献的社会中坚力量。

中国古代书院制除后期有过度导向科举的倾向外,其所面向的学生规模以及由此产生的学生管理制度,也与如今的高校学生管理和培养有着较大差距。古代一段时间内虽然书院制在人才培养中起到了中流砥柱的作用,但平心而论,其规模相当有限,省级书院每年的正课生员往往只能在一省之中招收数十人。以岳麓书院为例,在乾隆五十年(1785)时,岳麓书院进行生员扩招,但作为湖南省最高学府,在扩招之后也只有 68 名正课生。② 虽然书院有时也额外收取少量游学之士,但住院生名额非常珍贵,总数极其有限。如此规模的招生数量,即便在教育向下层民众开放的条件下,也只能起到对顶尖精英人才的培养效果,而无力进一步向下普及。这种人才培养模式下的人才产出数量,在古代农耕经济的背景下,尚可基本满足国家治理和社会发展的需要,但显然无法应对经济飞速发展背景下现代社会的人才需要。

相比之下,如今的高等教育体制虽然仍旧存在若干弊病,但在规模上已经达到每年覆盖数百万人的水准。如岳麓书院现在所属的湖南大学,其全日制在校生数量已达 37000 余人,学生规模与历史上确不可同日而语。而学生规模的悬殊所带来的是教育组织和学生管理的差异。中国古代书院在教育组织形式上,将学习与生活相结合,学生不但在书院学习,也在书院吃住。书院的教师也大多在书院住宿、生活,师生的课业与生活关系非常密切。但目前中国各高

---

① 李兵、刘海峰:《科举:不只是考试》,上海教育出版社,2018 年,第 320–322 页。
② 朱汉民、邓洪波:《岳麓书院史》,湖南教育出版社,2017 年,第 359 页。

校的学生人数众多，且绝大多数学生的住宿、教学管理都是按照所属专业或院系进行划分，承担教学任务的教师与承担学生管理的行政人员岗位区分明显，因而非常容易出现师生关系疏离的情况。在这种情况下，古代书院的教育组织和学生管理制度从根本上来说便难以实现。因此，现代高校在进行书院制改革时，只能退而求其次，将提供专业教育的学院与提供通识教育的书院相区分，学生则分属两院，接受双方管理。

虽然师生关系的逐渐疏离是现代高校教育中的一个痛点，但我们也必须考虑到现代社会与古代社会的形态差异。如果刻意追求与古代书院类似的管理效果或师生关系，难免会给学生带来专业学习之外的负担和压力，适得其反。但如果在设置书院制改革目标时，能够看到当前现实状况与历史情境之间的差异，制定符合现状的改革目标，或可更顺利地推动书院制改革的徐徐展开。仍旧以岳麓书院为例，岳麓书院在高校书院制改革的实践中，以本科生导师制为切入点，为每位学生配备了学业导师、学术兴趣导师、生活导师和班级导师（简称班导师）。导师对学生的学习、生活、思想进行全方位引导，既实现老师与学生之间的平等对话、双向交流，又从制度上保证了师生相处的时间，从而利于形成融洽和谐的师生关系，提高人才培养的质量。虽然这种尝试与古代书院的管理机制间仍旧有着极大的差异，但事实上，也是一种将古代书院育人理念与现代大学制度相融合的探索性尝试。

客观而论，近年来我国高校探索的书院制改革，其根本目的是带动整个中国高等教育的发展，相比于古代书院制，其影响范围要大得多。所以，现代高校的书院制改革，绝无可能简单照搬古代书院制的教育形式，而应在充分考量现代高等教育发展形态、管理模式、人才培育目标的基础上，既吸收古代书院育人理念的基本精神，又建立起兼具体量与效率的现代书院制度。

四、小结

中国现代高校书院制改革的主要目的，是结合中国优秀传统文化中的育人理念，以及欧美高校在书院制和通识教育实践中累积的经验、教训，构建出更适应中国社会发展的教育理念与形态，使学生在掌握专业知识的同时，能够全面提高个人素质，育成健全人格，形成更健全的知识体系，以及对中国与世界的全面认识。然而，现代高校与古代书院无论在历史背景还是学习内容上，都有着显著的区别，这决定了现代高校书院制改革不可能建立起如古代书院一样的教育制度，也很难完全复刻古代师生之间的学习氛围，这是高校书院制改革应有的预设。因此，在现代高校的书院制改革实践中，必须充分考虑当代中国社会的发展现状，以及现阶段我国高等教育的发展水平，区分可以从古代书院中借鉴和吸取的有益教育理念，以及现代高校已无法复刻的古代书院制度形式。如果不充分考虑当代中国社会的发展现状和高等教育发展水平而盲目复刻古代书院制，现代高校书院制改革将很容易陷入形式化的桎梏。

从古代书院的视角来看，现代高校书院制的改革，其所呈现出的形式多样性、理念多元性是值得肯定的。因此，书院制改革的探索既不该照搬西方，也不必拘泥古制，只要能够对人才培育、社会发展做出积极贡献，便是值得肯定的。高校书院制改革的核心任务，是提高学生的综合素质，即便达不到像古代书院中德育与智育并重的程度，也要在学生心里种下一颗提高个人德行修养的种子。而要达成这一目标，中国现行的各种各样的书院模式都有一个亟待解决的问题，那就是如何根据书院的定位和学生的特点，精准确定本书院人才培养的目标。然后再根据这一目标，提炼出相应的书院精神。就如历史上的岳麓书院以"成就人才，传道济民"为精神，并世代将这一精神贯穿于学生培养过程的各个环节之中。

人文素养的综合提升，离不开对中国传统文化的学习、理解和继承。因此，中国高校书院制改革中的通识教育，也应该发展出不同于西方的、具有自身特色的、与传统文化相结合的课程体系。如此，以传统文化为根、以书院精神为魂、以系列特色课程灌溉，才能使高校学生人文精神培养的大树枝繁叶茂。在这一过程中，我们必须找到中国文化的基本精神与能推动现代社会发展进步的科学素养之间的平衡点，在接续文化根魂的基础上，利用书院制改革的尝试与探索，既借鉴古代书院教育传统，从中汲取智慧、获得资源，又能返本开新，生长出适应时代与未来的枝叶，最终培养出具有深厚文化底蕴的高素质、高质量人才。

·岳麓书院与新时代人才培养·学业导师

新文科建设背景下历史学本科生人才培养需要"守正"[①]

潘　彬　邓国军[②]

新文科建设，主要是适应新时代哲学社会科学发展的新要求，推进哲学社会科学与新一轮科技革命和产业变革交叉融合。加强新文科建设，要把握新时代哲学社会科学发展的新要求，培育新时代中国特色、中国风格、中国气派的新文化，培养新时代哲学社会科学家，推动哲学社会科学与新一轮科技革命和产业变革交叉融合，形成哲学社会科学的中国学派。在此背景下，历史学本科生人才培养模式需要创新，但创新的前提是"守正"。

一、新时代历史学学科特点决定了历史学本科生人才培养需要"守正"

传统的历史学科在百年未有之大变局下面临着新的发展，尤其是随着历史学科新材料的不断发现，催生了环境史、医疗史、社会史、精神史等新的学科方向，这些新的学科方向与当前新文科建设的跨学科目标完美契合。此外，传统的政治史、思想史、文化史以及历史文献学等史学基础方向也已经走出了仅仅依靠传世文献的研究路径，走上了传世文献、出土文献以及历史理论并重的

① 本文是湖南省教育厅优秀青年项目（21B0024）成果。
② 作者简介：潘彬，岳麓书院人才培养办主任，讲师；邓国军，湖南大学岳麓书院副教授。

研究路径。这些发生在史学领域里的新变化对历史学本科生人才培养目标提出了新的要求，拓宽本科生的知识视野，培养跨学科、综合性史学研究才人，似乎成了当前本科生人才培养的主流趋势。不过，在新文科背景下，更应当重视本科生的史学基础。试想如果没有扎实的史学基础、严谨的史学研究方法、较强的史料阅读能力，何谈与其他学科的融合贯通，何以将史学知识与当前的社会问题加以紧密结合？事实上，无论是环境史、医疗史、社会史、精神史等史学新型方向，还是政治史、思想史、文化史等史学传统方向，都需要扎实的史学功底。因此，当前历史学本科生人才培养，需要"守正"，需要坚持传统的史学培养路径，唯有如此，才不至于使本科生人才培养陷入"空中楼阁"的境地。当然，笔者并不反对"新文科"建设，跨学科有利于催生新的知识增长点，拓宽史学研究者的学术视野，在史学研究中也值得重视和提倡。但是，它更适合高年级，尤其是硕博士生人才培养。

二、新时代历史学本科生人才培养需要"守正"

岳麓书院历史学本科生人才培养基本目标是培养能适应国家经济社会文化发展需要，能继续深造或在国家机关、新闻出版、文化教育、文博档案及各类企事业单位从事研究、管理等工作的复合型人才。这一目标基本涵盖了当前历史学本科生就业的所有方向，当然不包括升学，继续深造。事实上，从目前本科生的就业形式来看，绝大多数学生选择继续深造，只有极少数学生选择了就业，这一现象的存在并不等于说本科生培养出了问题，而是新时代市场对高素质人才的需要使然。这种新的人才与市场的供需关系，使得历史学本科生就业更加艰难，社会、市场对历史学本科生具备的史学素养的要求也更高。这些史学素养归根结底可分解为"笔杆子"和"嘴皮子"两大基本能力。"笔杆子"要求历史学本科生具有扎实的理论基础素养、广博的历史知识、深厚的人文素养、敏锐的问题意识以及优秀的文笔写作能力，"嘴皮子"要求本科生具有严密的逻辑思维能力、清晰的表达能力。"笔杆子"和"嘴皮子"背后都需要学生有丰富的知识储备和严谨的学术训练。基于此，笔者认为面对新时代市场需求，历史学本科生人才培养还需要"守正"，注重基本史学能力的培养。

即便是升学，也当如此。当前考研环境发生巨大的变化，竞争激烈，上岸率整体偏低。仔细分析，不难发现，当前考研竞争最核心的还是学生的基本的史学能力，而非其他。

三、对当前岳麓书院历史学本科生人才培养中一些现象的思考

成功的人才培养模式，应该既要使优秀的学生更优秀，也要使绝大多数学生有一个好的出路。即在人才培养中，我们不仅要关注到学生个人的成长，更要关注到整体的进步。这些年，岳麓书院本科生导师制在历史学人才培养中确实起到了积极的作用，让学生更早地进入史学研究领域，找准自己的研究方向。但是本科生导师制的弊端随着学生人数的增加也逐渐凸显，本科生往往以师门为基本的单位活动，导致了班级认同的淡漠，同班同学交流极少，只知其人、不知其名的现象经常出现。另外，本科生导师制重点强调导师的个性化培养，重点关注开学和毕业就业环节，中间跟踪环节相对放松，学院、学业导师、班导师、学工部门之间也没有形成合理的分工和良好的联动。基于此，笔者建议学院、学业导师、班导师、学工部门进行合理的分工与良性互动。学院层面要做好统筹规划，完善评奖评优体系，从制度层面完善本科生全过程培养；学工层面做好平时的日常管理，尤其是注重学生心理疏导、品德教育以及规矩意识的培养；班导师和学工部门联动，以班级为单位开展活动，优化班级学风、增强班级凝聚力，使每位学生都能有集体荣誉感，在集体成长中实现个人的进步；学业导师重点关注引导学生养成良好的阅读习惯、建构相对完整的知识体系、发掘学生的学术兴趣点，全方位为学生的学习提供帮助和指引。此外，反对家长过多地参与和影响日常教学秩序。

总之，历史学本科人才培养应遵循历史学自身的规律。新文科建设背景下，岳麓书院本科生人才培养，在坚持自己特色的同时，也要回头照顾到历史学本科生人才培养的一般路径，在关照学生个性发展的同时注重班级整体培养质量的提升。

岳麓书院导师制下本科新生的学业困惑与应对策略

石　珹①

　　长期以来，"四维导师制"是湖南大学岳麓书院本科生人才培养工作的一大特色。在本科生进入大学、逐步成长和规划未来的过程中，"四维导师制"通过学业、生活、兴趣等多个方面的引导，覆盖班级、师门、个人的不同层面，涉及班导师、学业导师、学术兴趣导师和同辈生活导师等诸多身份，在一种综合关照下，为每一名本科生四年的大学生活提供系统而切实的帮助。而在这所有过程中，如何帮助刚刚进入大学，尚未完全实现由高中生向大学生身份转换的年轻学子又快又好地适应人生的崭新阶段，是一个首要而基础的问题。下文仅就笔者个人在参与书院导师工作中，碰到的新生困惑和笔者所采取的应对策略简单谈谈，作为一种总结与反思提出，供大家批评指正。偶尔涉及其他相关的问题，也将一并论述。

　　作为过来人我们都知道，虽然真正的大学生活要等到九月报到后开始，但自从高考志愿落定的那一刻起，大部分的新生以及他们的家人，都会满怀憧憬，开始为大学生活做准备。但因为社会对于大学，特别是专业教育和学习的认识，往往比较模糊乃至存在误解，故在开学前的暑假里，书院通常会安排一次线上班会，主要内容是班导师向新生介绍专业情况，并提出学习心态方面的预备建议。笔者和同事孙庆娟老师一起担任 2023 级人文科学试验班导师，在

---

① 作者简介：石珹，湖南大学岳麓书院助理教授。

当年暑假的线上班会中，我们分工合作，孙老师着重介绍了哲学学科的专业情况，而笔者则以"略谈本科生涯的起点"为题，一方面围绕自己相对熟悉的中文和历史专业情况，向学生们讲解他们大致的学科分支和学习内容；另一方面，针对新生的生活，提出了适应转变、做好准备、放开思维、保持心态等四点建议。

笔者重点提及，过好未来大学四年的生活，需要独立、自主、理性、开放的精神。独立自主，要求学生们及时转变身份，适应从被人安排，到自主规划的学习生活的变化。同时，大学是创新求知的前沿阵地，保持理性和开放心态，合理地怀疑和批判，是独立思考探索未知的重要前提。针对近些年大学生就业的普遍焦虑，笔者也特意谈到，大学是一种专业教育，而非职业技能训练。大家未来四年将学习到的是一整套专门性认识世界、分析世界和改造世界的知识、观念与思维方式。较好地掌握专业思维，不仅有助于提升我们认识和分析各种自然社会现象的能力，是人的全面发展的反映，也可以帮助我们在将来很快地适应社会上诸多职业的要求。换句话说，专业教育是一种更高层次的培养，它与职业技能训练不仅不矛盾，反而处于上位，对后者发挥着促进作用。当然，毕业之后，你选择什么样的职业，有赖于你的规划，以及如何把实现目标过程化。在这期间，特别是在有困难和迷茫的时候，专注、决心和毅力非常重要。大家需要拥有一种定力，能够穿透纷繁复杂的表象世界，回溯本心，知道自己坚持的目标和方向是什么。最后，回到具体的学术训练方面，笔者告诉大家，就人文专业而言，最基础的专业训练，不外乎阅读与写作。而在岳麓书院，学习的重中之重，还是中国古代的那些经典。因此，识读繁体字是基础中的基础，大家一定要在较短的时间内熟练掌握。

以上谈到了一些相对宏观的内容。虽然不指望准大学生们有任何的"深刻领悟"，但从笔者的预期来说，还是希望能够促进他们对学业和人生的一些思考。然而事实是，班会过后，笔者未能接到和预期相符的反馈，一部分好学主动的学生，倒是比较关注如何识读繁体字，以及入学宜读何书等具体的学习问题。这说明，学生对学业的关注，更聚焦于他们熟悉且可以触及的范围。故从短期来看，笔者发言的大部分内容有落空之嫌。对准大学生的引导，应在具体层面准备得更多更充分一些。当然，笔者相信，自己的工作不至于全是无用功。宏观的提醒，在具备了可以结合的实践经验后，也必然能收获反馈。因此，第一次班会部分内容的效果，仍然有待长期观察。

其实，准大学生对于具体问题的关注，还和他们既往的学习模式有关系。现在的中小学教育，已经和二十多年前，笔者所经历的有了较大差别。越来越多的学校（尤其是中学）将优秀生源汇聚在一起，按照高度标准化的统一模式进行培养，目的在于充分高效地应对最终的升学考试（特别是高考）。在这样的模式中，学校和家长将方方面面的事务安排好后，学生往往只需要做坚决的执行者——努力学习。我们毫不怀疑通过高考，进入"985大学"的学生的学习态度与能力，但既往的学习模式，让他们缺少主动规划学业的动力，相对过去而言，也让他们对高度自由与多元的大学生活感到迷茫。

在开学的头一两个月里，笔者所接触的学生有不少都表现出茫然无措的状态。他们有的希望大学老师依然能保持中小学老师收集、批改作业的频次，以便他们能及时接收学习反馈；有的则表现为在无课的时间段里无所事事；有的希望能获得应考技巧的点拨；还有不止一位学生相当坚定地要求学院主动组织晚自习，并进行监管。对于这样的情况，笔者采取的方式是，首先通过各种渠道，反复多次地告诉他们，在大学阶段，自主安排学业是必要而合理的。同时，结合他们的具体情况，在最初阶段给予一定的引导。例如，笔者担任2023级历史学专业两位学生的学业导师，刚开始的相互熟悉阶段，笔者会根据他们之前的阅读经历、兴趣点以及专业上的困惑，收集相关信息。两位学生同时反映他们想要了解专业的历史学研究到底是什么，于是笔者便要求他们用两周的时间阅读英国历史学家约翰·H. 阿诺德的《历史之源》。这本书篇幅不长，却对历史学的内涵、方法和规范有着比较好的阐述，同时在叙述中引入对西方历史学研究经典的介绍，所以阅读起来，虽有一定的理论难度，但又不失趣味。两位学生坚持啃完后，笔者又带着他们逐章讨论了其中的疑难，使得他们对于专业历史学是什么，多少能够获得一个相对初步的印象。此外，设置每周一个下午的固定读书活动，每次按上下半场两部分执行。上半场，依托黄永年先生《古文献学四讲》中的相关内容，笔者为学生讲授"目录学"，使他们能够较快地熟悉中国古代的四部典籍和相应的版本，作为史料学课程的补充。下半场，选读一些适合新生入门的文史研究经典著作或论文，比如严耕望先生的《治史三书》、田余庆先生的《论轮台诏》等，帮助学生逐渐明晰史学研究的基本规范和方法路径。以上内容都要求学生先预读，然后在笔者讲解后，提出疑问进行讨论。笔者还单独用一个下午的时间，教他们熟悉各种电子资源，知道如何快速获取电子书。经过这样的引导，再结合课程学习等其他训练，半个学期后，笔者明显感到两位学生渐渐具备了在专业学习方面自主探索的能力，也开始对一些学术领域产生兴趣。

刚开学，班导师和学生因为新鲜感和种种入学活动的安排，联系是比较密切的。但随着时间的推进，老师和学生都投入繁忙的工作和学习中，这时班导师和班级学生的联系容易被忽略。对此，笔者做了两件事。一是从家中清出了一部分书籍的副本和学术刊物，拍照发在班级群里，免费赠送给感兴趣的学生。这些书，或是如方诗铭《中国历史纪年表》那样的实用工具书，或是如钱穆《国史大纲》那样的经典著作，或是如杜泽逊《文献学概要》那样的通行教材，或是《中国史研究动态》《中国经学》那样的重要学术刊物，均适宜初入学的本科生阅读使用。消息入群后，学生们都相当积极，书刊很快被一抢而空。借着赠书的机会，笔者也把这些图书的内容意义、阅读方法做了简单交代。通过一个简单的网络渠道，加强了师生的联系，也激发了学生们学习的热情。

另外一件事，是大一上学期笔者与肖永明院长合上 2023 级人文班的"《大学》《中庸》研读"课程，笔者负责后半段的教学。进入期末时段，学生们身心逐渐疲惫，又背负着考试的压力。笔者于是联系班长，利用自由报名的形式，约请部分学生在课后喝咖啡聊天，一次五位学生，时间一小时，咖啡笔者买单，话题随意，但为了沟通更有效率，要求提前稍做准备。这样的活动进行了几次，大家都很踊跃。借此机会，笔者也听到了很多学生的心声，并从自己的角度提了一些建议。比如有些学生大一上学期的状态在努力学习和休闲放松之间摇摆，他们一方面对放松时的自己感到不满，但又无法从始至终保持高昂的学习热情。其实这样的困惑，仍然是由缺乏自主规划引起的。所以笔者一方面肯定学生的自省态度，另一方面则鼓励学生思考自己的人生目标。笔者告诉学生，虽然专业学习很重要，但在这之外，仍然有方方面面的事物值得我们去学习和探索。具体哪些要成为你的选择，则取决于你的人生目标和规划。只要你有明细的规划，且保持在正确的方向上，你的生活里不必全被专业学习填满，关键是你对生活是否感到充实满意。同时，在学习之暇的放松与娱乐也很重要，人生不可能永远按照高三的节奏来。

而另有几位学生在大一就对未来做学术研究表现出强烈的意愿，且已有了非常明确的关注领域，但他们身上背负的压力却有些大。对此，笔者以过来人的身份告诉他们，学术研究是一个培养周期很长，淘汰率很高的行当。一开始有非常明确的目标很好，但也要对目标保持适度的弹性。"风物长宜放眼量"，人未来的道路如何走，也需要一定运气与机遇的加成。努力过了，将来有变化，也正常，人生不必过于执着。同时，笔者也提醒他们，要走学术道路，在本科打基础的阶段，应该把视野放宽，尽量接触人文社科的各个分支门类。多元的知识与丰富的理论，决定着学者的研究水平。

还有一些学生向笔者倾诉了来自家庭的压力。笔者鼓励他们在不耽误学业的情况下，尽早自立，以期用一种更加平等的态度与家人沟通。经过这样的咖啡交流，师生之间的关系被迅速拉近了，较好地弥补了学期中师生接触较少的问题。其间同学之间也有融洽的沟通，对于班级同学的关系也有明显的促进作用。笔者认为，在可行的前提下，这样的师生茶（咖啡）话会，甚至可以不限于大一新生，而是作为一种常规工作方式在全部本科生中推广。

总体而言，书院的本科生教育包括诸多内容，"四维导师制"更是一种系统的人才培养模式。以上只是笔者作为一名新进不久的教师，以班导师和学业导师的身份参与大一新生培养的一些粗浅经验。缺漏和不足之处是必然存在的，这些还需要在以后的工作中不断完善。

本科生导师制助力提升大学生学习的参与感与主动性

单敏捷①

尊重学生个性，注重综合素质发展，培养人格独立、具有批判性思维的人才，是当代高校教育的题中之义。一方面，高校教育应注意管理的边界感，尊重学生的个人空间，尽量避免对学生学习方式、兴趣爱好、发展方向等方面的不必要干预，为学生自我探索更加适合个人的发展道路提供更为宽松、宽容的外部环境；另一方面，大学生也应接受系统的、严格的专业化训练，在训练与学习实践中不断积累专业知识，提升专业技能，深化思维层次与思想深度，沉淀灵魂的厚度。在尊重学生独立发展与确保学生得到足够专业训练之间找到平衡，并非一件易事，而本科生导师制可以帮助解决这一问题。

本科生导师制是岳麓书院本科生教育的一大特色。书院的教师们对于所指导的本科生，无不倾注了大量的心力。在本科生导师制的框架下，教师能够与学生保持较为频繁及具有深度的接触交流，从而能更为熟悉学生的基本状况，以便更好地反思、调整教学思路，提升教学质量。同时，教师可以更多根据学生的不同情况，因材施教。在书院工作数年，笔者指导的第一批本科生即将毕业，几年下来，笔者对本科生导师制也有了一些不成熟的思考，并略微积累了一点经验，这里简单谈一下自己的感想，以供同人批评！

书院的本科生刚入学时，都会根据自己的喜好与规划选择学业导师，并与

---

① 作者简介：单敏捷，湖南大学岳麓书院助理教授。

导师定期保持联络，交流学习状况。由此，学生在进入大学之初，便可在学业上得到更为专业且具体的指导，包括对学科整体概况的了解、对未来学业的大致规划、做好学科入门的准备工作等等。许多教师开设有师门读书班，或一周一次，或两周一次，阅读讨论古籍原典或现当代学术名著，这是学生接受专业训练的重要部分。当然，理论上这种模式也可能会存在一些问题。因为每位教师的研究领域都是较为有限的，这是现代学术的特点导致的，而本科生教育还应注重其通识性，其中难免会产生一些矛盾之处。不过，实际上这并不是太大的问题。第一，学院从整体上设计了较完备的课程体系，确保学生的学术视野足够开阔；第二，由于书院绝大部分教师都在担任本科生导师，学生如果另有感兴趣的学术方向，也可以参加非自己导师的读书班，对此，导师们大多是较为鼓励的。另外，导师们在指导本科生时，一般不会将指导内容限定在一个较局限的领域，而是会有意在自己较为了解的学术范围基础上进行拓展，并且更注重学术基础的夯实。

为了帮助学生获得更多专业训练的机会，笔者主要在两个方面做了一些工作。首先是组织读书会。笔者之前带学生读过《汉书》《史记》，以培养学生阅读、分析史籍原典的能力，还组织过《东晋门阀政治》等经典学术著作的阅读讨论，帮助学生更多了解现当代学术研究。经过这几年的摸索，笔者选择直接深度阅读、分析经典史学著作来帮助学生成长，原因主要有以下三点：一是可以了解学术史及学术研究现状，大概掌握学术研究的方法；二是可以通过阅读名家作品，学习他们提出问题、分析史料和解决问题的方法与思路；三是经典学术著作较之史籍原典，具有更为明确的问题意识，更能带动学生进行深入思考，也便于展开讨论。目前，笔者在秦汉魏晋南北朝史领域选择了八位名家的八部代表作品，尽量涵盖不同时代、不同话题、不同类型的研究，每个学期阅读、讨论其中的两种，需要两年时间走完一轮。学生自大一下学期开始参加读书会，至大三上学期结束，两年读书会足以掌握基本的专业技能以及专业的学术思维方式。同时，又可以留出大一上学期让学生更好地熟悉大学的学习节奏，积累必要的基础知识，也不影响学生大三下学期开始为毕业以后的人生道路选择做准备。经过这两年的学习，学生或以后读研读博，已经具备了初步进行独立学术研究的能力；或走出校园参加工作，这些学习、思考过程中的所得，也足以让学生终身受益。

在笔者的设想中，读书会应注重学生的参与感与主动性。读书会的材料选择上，史籍原典与经典学术著作是各有优劣的，笔者之所以选择后者，是因为后者更能调动学生参与到思考与讨论之中。以往读书会阅读原典时，因为许多学生对史籍不够熟悉，且尚未形成较成熟的学术思维方式，同时史料本身的问题指向性不够明确，教师又要顾及读书会的整体进度，故而不少学生不知如何提出问题，也不太敢参与讨论，经常变成教师讲学生听，仍旧近似于满堂灌。选择经典学术著作，虽然无法对史料进行细读，学生难以近距离感知史籍，却可以更为主动地参与到思考与讨论中。即便有些学生尚不清楚如何提出问题，也不太敢当众发言，教师仍可在读书会上不断引导提问，乃至采用苏格拉底式的提问方式，推动学生更多参与进来。笔者曾对学生讲，大家不要担心提出的问题太简单，甚至是幼稚荒谬的，也不要怕发表的观点不够完美，甚至是有问题有错误的，这些反而都是应该鼓励的，因为有错误才是正常的，只追求正确是不可取、不正常的，暴露错误、解决错误，才是我们进步的契机。读书会的学习，只是一个引子，借此打开学生的学术视野，激起大家的求知欲、探索欲，从而更加主动地探索、学习，在这一过程中找到自己真正的兴趣方向，提升自己的学术能力与思维层次。当学生具备了独立思考的意识，培养独立的人格才不是无源之水。

读书会之外，笔者还给自己定下任务，在四年之内，至少要给自己指导的每个学生认真修改两次论文，分别是大一大二刚入门时一次，大三大四已经有了一定学术基础后一次。两次修改都应是通篇逐字逐句修改，要把其中暴露的问题悉数找出。这两次修改不是在电子文档上做好批注发给学生，而是和学生当面修改，一边修改，一边讨论。第一次论文修改主要针对学生思维方式、逻辑意识、学术规范、语法句法等方面的问题。此次修改后，学生写出的论文应文句流畅、思路清晰、表意清楚，文章具备一定的可读性。第二次修改则应更注重学术拓展方面，朝着提升逻辑严密度、增加思维深度乃至力求学术创新的方向努力。学术能力最终是要通过论文写作来体现的，即便不从事学术研究，指导学生认真完成论文写作，也是提升学生思维能力、训练批判性思维的必要途径。

以上是笔者对本科生导师制的一些实践总结和粗浅的想法。笔者最为注重的是，应当给学生提供一个平台，形成一套完整的机制（而非仅仅通过口头劝说），来鼓励大家更加主动地去学习、去思考，勇于表达自己，同时又能自觉地以专业的精神和严谨的态度进行自我约束。笔者在实践过程中还有很多问题远远谈不上已经解决，还应当继续探索努力。

数字人文背景下导师制的跨学科实践①

战蓓蓓②

随着信息技术的飞速发展和人文研究的不断深化，数字人文作为新兴的跨学科领域，正逐渐崭露头角，成为学术研究的新焦点。作为中国传统学府的杰出代表，岳麓书院凭借其独特的四维导师制，在培养学生综合素质和推动跨学科融合方面展现了显著优势。本文旨在探讨数字人文背景下，岳麓书院本科生导师制在跨学科实践及新文科建设中的实际应用与深远价值。

笔者负责湖南省普通高等学校教学改革研究项目"'数字人文'创新人才培养与跨学科导师制研究"，旨在探索数字人文人才培养的新途径。此项目着重于拓展现有学科分野下学生的学科视野，特别是人文学科学生的视野，以提升他们进行学科融合的能力。

与传统项目制教学方式迥异，数字人文的跨学科融合极度依赖跨学科的导师合作。项目制教学往往局限于短期项目完成和特定技能培养，而跨学科导师合作则更加注重长期知识融合和创新能力的培养。这种合作模式不仅促进了不同学科间的知识交流和技术创新，还孕育了具备跨学科背景和拥有更广阔视野的人才。

在推进学科间联合攻关时，必须深刻认识到不同学科在研究目标、方法、

---

① 本文由湖南省科技创新计划（2022WZ1038）资助。
② 作者简介：战蓓蓓，湖南大学岳麓书院副教授。

提问路径和方向，乃至对具体词汇的理解上可能存在的显著差异。从长远视角看，学科融合的前提是不同学科经过合作实践与磨合，形成有效沟通与交流的良性机制。跨学科的导师团队结合多样化的教学形式，为构建这种机制提供了新思路。笔者依托教改项目及相关科研项目，和信息科学与工程学院、建筑与规划学院的同事们展开了深入的跨学科教学与研究合作。

一、输出与互动：同信息科学与工程学院的合作教学实践

笔者与湖南大学信息科学与工程学院（下称：信科院）的合作主要分为两个方向：可视化及知识管理。可视化方面是笔者最早参与指导的跨学科合作，合作方为湖南大学微软学生俱乐部及其指导老师肖晟副教授。笔者向该团队介绍了数字人文领域及 CBDB（中国古典文献资源导航系统）等与中国史相关的数字人文项目。微软学生俱乐部本身也是一个跨学科的学生团队，由计算机相关专业的学生承担技术开发，设计专业学生进行可视化创意。第一次合作尝试是基于 CBDB 数据库，由微软学生俱乐部开发了一个多元交互界面。该界面主要是以时间为轴，逐年显示人物，并用颜色来区别人物的不同性别；在交互方面，设计了拖动时间轴和关键词搜索（年份、人物姓名）两种方式。通过该项目，微软学生俱乐部第一次接触到人文数据，并在了解到数据的复杂性后设计开发了更便于人文学者使用的界面。

在此之后，作为跨学科合作的导师肖晟老师和笔者联合向微软学生俱乐部发布了十个数字人文小项目，这十个项目旨在体现基于学科交融的项目的多样性与差异性，其中包括以史学学术兴趣为导向，基于 CBDB 数据库，以丧服服制为线索的人物亲缘关系可视化，以及在带时间轴的地图上显示不同时期的社会机构（佛寺、道观及书院）的项目，也有从俱乐部团队兴趣出发的，带有娱乐性质的好运符箓（逢考必过等），及以《诗经》音韵为基础自动生成色彩图像等尝试性项目。本次开发采用了黑客马拉松的组织形式：在信科院的一间中型

教室，十个项目的学生团队连续数日同时进行开发，指导老师和负责主管项目的高年级学生现场答疑。极客马拉松在各个小组之间产生了互相监督和互相促进的作用，开发过程中所产生的具体问题也能比较及时地得到指导，这是一种值得借鉴的数字人文开发和培训方式。此外，为了更好地配合项目开发，笔者也邀请了人文学科的同事，为微软学生俱乐部小组成员进行培训。譬如为了开发好运符箓，笔者邀请了道教研究的同事与一位访问学生，介绍了道教符箓的相关背景知识，并提供了相关文献供学生们学习参考。培训与项目配合开展进行的方式也带来了良好的效果，使得非人文专业的学生以项目开发为目的，较为主动地学习了相关人文知识。本次合作产生了一篇由本科生团队共同发表的会议论文。

与微软学生俱乐部的合作可以说是笔者在数字人文上的一次试水，是寻找跨学科合作切入点、合作教学科研方式的一次尝试。此外，本次合作一定程度上也促进了人文学科对其他学科的输出与影响。然而这次合作也暴露了笔者对整体需求的估计不足：可视化强调的是视觉与交互的设计与实现，其基本假设是数据已经存在，对应的需求是进一步的挖掘、提炼乃至展示及互动设计，而数字人文初始阶段首先还是需要一定的数据采集与初步加工，这部分需要与其他不同专长的团队开展合作。

所以，现阶段与信科院的合作重心转移到了书院知识图谱的开发与生产上，主要是和信科院的彭鹏副教授团队，从书院知识实体挖掘、关系挖掘到知识图谱构建、可视化等方面进行合作。在此次合作中，一方面通过共同阅读资料等方式加强信科院师生团队对相关历史背景的掌握，另一方面也注意针对历史系师生开展提升数字素养及数字技能的培训及讲座。双方互相协商与切磋的合作形式，使得共同建设的知识图谱在历史和知识管理方面都具备相当的专业价值。人文团队向信科院团队提供知识图谱数据结构的思路线索，信科院团队向人文团队提供用数字技术思考历史资料的角度与方法。目前来看，本次合作对双方来说都有值得深入研究的方面，是笔者在人文与信息学科融合教研中的一个新尝试。

二、交叉与定位：同建筑与规划学院的合作教学实践

20世纪80年代初开始修复岳麓书院时，主持修复工作的便是建筑系的杨慎初教授，他同时也是岳麓书院文化研究所首任所长，故岳麓书院和建筑与规划学院（下称：建筑院）本身渊源颇深。建筑院对岳麓书院的建筑情况掌握比较全面，对其建筑的历史演变也有较大兴趣。在策划2016级（2021年毕业）建筑史本科生的毕业设计时，笔者就与湖南大学建筑院肖灿教授团队合作，把"岳麓书院历史建筑虚拟复原"作为五位本科生的毕业设计题目，主要复原清中晚期和20世纪20年代左右的岳麓书院及周边建筑群，最终生成了这些建筑的平面、立面、剖面图，以及三维模型和动画演示。"岳麓书院历史建筑虚拟复原"是两个院系此类合作的初次尝试，采用书院师生搜集与整理相关历史文献、图片资料，建筑院师生进行具体建模和虚拟复原的分工合作方式。

项目开始初期，首先由岳麓书院团队选定了复原时间点，书院团队根据历史发展以及所掌握的资料情况，选定了清中期与20世纪20年代作为两个代表时期。第一个时间点关系到岳麓书院在清代的官学化。清雍正十一年（1733）朝廷颁上谕明令兴建省会书院，岳麓书院遂成为湖南省之省会书院。第二个时间点关系到岳麓书院的现代化改制。省立湖南大学于1926年2月1日宣告成立，并于3月9日举办了开学典礼。成为省会书院是岳麓书院进入近代的重要前奏，而自清末起的教育改制直至省立湖南大学的成立，即是中国整体教育现代化的一部分，又与湖南当地近代化发展紧密联系，极具历史研究价值。

在选定的两个时间点上，搜集了大量的文献和图片资料后，双方合作磨合中的第一个问题浮出水面：关于时间点的确定。书院团队最初倾向于将时间点定在一个相对明确的历史时期，然而在实际项目执行中，发现历史建筑的细节往往存在于不同时期的文献或图片中，甚至有些建筑形制的信息并不存在或者非常模糊。这些问题在第一个时间点上尤为明显，其复原的主要参考资料为嘉

庆《善化县志》学校志中的岳麓书院图，该图比较清晰地展现了岳麓书院主体建筑在该时期的布局。然而对建筑复原建模而言，无论在尺度上，还是在建筑开间数以及部分建筑具体的构造形制上，都需要更加精准的信息。所以岳麓书院团队后来又在《岳麓志合集》中搜集整理了清代不同时期的岳麓书院形制及书院的修缮清单等多种文献，作为支撑建筑院团队进行虚拟建模的补充历史材料。也就是说，并不存在在某个明确的时间点上能够体现建筑全景细节的历史资料，虚拟复原最终依赖的是不同来源信息的整合及推测，所以项目后期将第一个时间点模糊化为清中晚期。

第二个问题是研究旨趣与方法上的分野。在本项目中，岳麓书院建筑的历史发展与演变是两个团队共同的兴趣所在，然而在项目推进过程中，不同学科在学术旨趣和方法上的区别也非常明显地凸显了出来。例如，在民国老照片中，岳麓书院文昌阁后有一栋不起眼的建筑，根据位置来看可能为书院因藏有皇帝赐书而名"御书楼"的藏书楼，但是却苦于缺乏直接证据。直到后来在历史系师生所提供的文献资料中，查到民国时期御书楼确为二层三间硬山，前出单檐披廊，这才解决了这个疑问。在合作过程中，建筑院团队多有"几开间""几根柱子""墙的色彩"之类的问题，此类问题有时候较难找到相关史料，也有一些因散落在史料中而被忽视的问题，例如佃户的情况描述、斋舍管理、游记、维修记录。在文献资料缺乏的情况下，建筑院师生往往会寻找湖南地方相近时代的建筑作为参照，这也是历史系师生较为陌生的研究方式，在这些方面，历史系师生可以说是打开了眼界和思路。

同时，第二个问题也为历史系团队带来了后续的第三个问题：其自身的定位与目标。随着项目的推进，虚拟建筑复原越来越聚焦于各种具体细节上，历史系团队一方面作为辅助团队在史料中持续挖掘相关信息，另一方面也在积极探索和思考其中所牵扯的"历史学"问题。在虚拟复原过程中，历史系团队逐渐发现在本项目涵盖的整体时间段中，岳麓书院布局大致未变，但在空间功能上变化甚巨。例如道光元年（1821）在山长欧阳厚均的主导下，专祠之一六君子堂迁移，其旧址改为岳神庙；在 20 世纪 20 年代省立湖南大学时期，专祠空间被用作女生宿舍。换言之，历史系团队在项目推进过程中，最初更多是作为辅助史料的挖掘方，但逐渐基于历史学的问题意识找到了研究切入点，并展开了相关研究：在空间演变的基础上，结合中国近现代教育转型及湖南地方发展进行分析爬梳，从早期教会大学建筑风格演变、20 世纪 20 年代收回教育自主权运动、联省自治及男女同校等不同背景和方向上讨论湖南大学以岳麓书院为第一院成立的历史意义。

基于虚拟修复岳麓书院历史建筑的经验，2021—2022 学年度双方又进行了新一轮的合作，本次合作的研究对象是长沙北正街北端的左文襄公祠。目前该祠仅存有花园中的两座假山。本次合作中，笔者有意引导历史系学生在资料搜索的基础上，关注不同层面的历史发展，团队的一位历史系本科生以"晚清民国长沙左宗棠祠的空间变迁及背后地方政治文化意识研究"为题申请并完成了 SIT（大学生创新性实验和创新训练）项目。

三、小结

本文探讨了数字人文背景下，岳麓书院本科生导师制在跨学科实践及新文科建设中的应用与价值。通过与合作学院的跨学科教学实践，导师制体现出了其在保证交叉学科专业性和协同发展方面的重要性。师生团队在合作中相互学习，获得新知，这种教学方式虽然具有挑战性，但收获更为丰硕。通过导师的引导和合作，不同学科背景的学生能够共同推进项目，实现知识融合和创新。同时，导师团队之间也逐渐在不同项目上积累指导经验，为长期跨学科教研打下基础。因此，跨学科导师制在数字人文背景下具有重要意义，为跨学科研究和教学提供了新的思路和方向。

书院导师制下教务秘书与专业教师协同育人路径探析①

全淑凤②

随着高校教育教学改革深入，越来越多的高校实施了书院制育人模式，书院育人已然成为高等教育的重要组成部分。湖南大学岳麓书院自 2009 年开始，便在本科生教学过程中活用了导师制，经过十五年的磨砺，形成了一系列丰富且又独特的教育经验。随之而来的专业教师职责、教务秘书职责、辅导员职责也发生了变化。教务秘书是高校教学管理中的重要力量，其协同育人的能力直接影响到学校人才培养质量。因此，本文将结合笔者自身工作心得，围绕岳麓书院导师制，研究与探讨教务秘书与专业教师协同育人路径。

一、协同育人的意义

笔者在教务秘书岗位上工作多年，总体认为，教务秘书促进课程合理安排，专业教师才能在教学过程中更加游刃有余；教务秘书引导学生合理选课，学生在上课过程中才能激发更加浓厚的兴趣，这对于文科专业来说更为重要。

（一）协同育人有利于教育教学质量提高

我国书院自古以来便配置了直学、掌德业薄、掌书、书办等教辅人员负责

---

① 本文是湖南省普通高等学校教学改革研究项目（HNJG-20230203）成果。
② 作者简介：全淑凤，湖南大学岳麓书院副教授。

管理学生。近代以来，随着大学及学分制的普及，教辅人员逐渐演变成了现在的教务秘书、辅导员等，其功能更加专职化。近年来，学生的课程安排更加灵活，本科生的历史课，由原来的 40 多门，调整到了 70 多门，课程的选择更加多样，在教务秘书与专业教师的协同下，确保学生与任课教师、课程取得多方向互选，从主观能动性上促使教育教学质量提升。

（二）协同育人有利于提高学生综合素质

协同育人的最终目的是提升学生综合素质，学生综合素质的提升需要各方面的共同努力。岳麓书院的本科生导师制，加强了学生与教师之间的沟通，在原有管理机制的基础上，使得教学管理更加精细化。通过教务秘书与专业教师的协同，学生可以获得更加全面的知识和技能，有利于提升自身的综合素质。同时，通过与学生、导师之间的沟通，可以为学生量身定制实践课程，有利于培养学生的创新精神和实践能力，提高学生的综合素质。

（三）协同育人有利于提高人才培养质量

人才培养质量是高校发展的核心，教务秘书也是学生的贴心人、暖心人，在推行导师制的岳麓书院，教务秘书可以通过导师，直接与学生取得联系，对学生的学习状况进行指导与帮助，也助推辅导员工作更好开展。通过教务秘书与专业教师的协同育人，可以更好地实现人才培养目标。此外，还可以根据教师需求，合理配置教学资源、开设课程，提高教育教学效率，促进人才培养质量的提升。

二、协同育人的现状及问题

从事教务工作十余年来，笔者也和各位同事对比过岳麓书院导师制下的教务工作与其他院教务工作的不同，认为岳麓书院的教务工作在传统文化的熏陶下，更多是从学生角度出发，解决问题、探究方法。当前来看，协同育人方面还存在以下两个问题：

一是沟通机制不顺畅。目前，许多高校的教学与管理之间缺乏有效的沟通机制，导致教务秘书与专业教师之间的信息交流不畅、沟通效率低下。在协同育人过程中，需要双方密切配合、及时沟通，以确保教育教学工作的顺利进行。

二是资源整合不充分。书院导师制本身就是精细化管理的体现，目前，学生获取讲座、课程、论坛信息的途径很多，但未见有资源整合机制和平台，导致学生获取信息渠道纷繁复杂，资源整合不充分，协同育人的效果不明显。

三、协同育人的路径再探索

一是明确角色定位和工作职责。在书院导师制下，教务秘书与专业教师首先需要明确自己的角色定位和工作界限。教务秘书主要负责教学管理、学生选课、考试安排等工作，而专业教师则主要负责课程讲授、学术指导、实践教学等工作。通过明确角色定位和工作职责，可以更好地协调双方工作，增强协同育人的效果。同时需要认识到的是，目前工作开展，不应再局限于各自的职能范围，而是要面向学生的发展需求，开展更加多元化和跨学科的学生项目，携手推进学生的综合素质发展。

二是建立有效的沟通机制。为了更好地实现协同育人目标，教务秘书与专业教师需要建立有效的沟通机制。可以通过定期召开工作会议、建立信息交流平台等方式，加强双方的信息沟通和协作配合来解决问题，共同推进教育教学工作。教务秘书可以协助专业教师开展各类教学活动，如组织研讨会、课外辅导等；专业教师也可以参与到教务管理中，提出宝贵意见。通过相互反馈学生的表现和评价，更好地指导学生。同时，双方也可以通过相互评价，来促进彼此的成长和发展。

三是优化资源配置和利用。在书院导师制下，各种教学资源需要得到更加充分的整合和利用。教务秘书与专业教师需要互相补位，共同参与教学资源的优化配置和利用工作，共享彼此拥有的教学资源，包括课程大纲、课件、教材等，以便更好地服务于学生的学习和发展。通过制订合理的教学计划、优化课程设置等方式，提高教学资源的利用效率。

道从史出

——历史学的实证与关怀

黄晓巍①

  导师，在高校通常指硕士生导师、博士生导师。但在岳麓书院任教，会有成为"本科生导师"的特别体验。从本科生入学开始，岳麓书院就为学生配备了"四维导师"，其中的班导师、学业导师、学术兴趣导师由教师担任，生活导师则由大四学生或研究生担任。

  2018 年起，笔者把前三种本科生导师岗位都经历了一遍，收获和感慨很多。书院的本科生导师制，为师生提供了对话、研讨的多重契机。对于本科生而言，他们有机会获得更直接、充分的学术引导；对于担任导师的笔者而言，也受到"答学生问"及"指导学生"的刺激，在治学方法和理念上作了一些思考，所得并不少于学生。

一、答学生问："学历史有什么用"的思考

  "学历史有什么用？"这个问题会让每一个学历史的人心塞。

  笔者本人在读书的时候，遇到这类问题，常以"没什么用""个人兴趣""学着玩"搪塞不识趣的提问者。然而，作为本科生导师，笔者再度遭遇学生对这

---

  ① 作者简介：黄晓巍，湖南大学岳麓书院副教授。

一问题的怀疑，每次被问都是暴击，何况是持续暴击。只是时移势迁，现在要负起导师的责任，给学生确切一点的答案。到后来，笔者甚至会主动问学生"你为什么读历史专业"，从回答中推敲他们对"学历史有什么用"的认知。在绞尽脑汁地编答案、偷答案的过程中，笔者也有了更多的思考，现在尝试将这些"绞出的脑汁"做一个梳理归纳，供大家参考。

在进入大学前，学生都接受了中学时代的历史教育——在多数省份，历史还是文科必修科目，被赋予了相当重要的地位。让青年普遍接受历史教育的意义何在？笔者想，中学教育以"化育公民"为目标，而历史对于塑造青年的世界观具有重要的意义：相较于个人所经历和即将经历的有限空间、短暂时间，历史展现了一个相对确定、时间漫长、空间广阔的世界，对于青年不仅是眼界、心胸的开阔，知识、认识的扩充，也是世界观的完善和提升。

中学所受的教育业已过去，已经是历史学本科生的学生，对于历史学的功用和意义抱有更深一层的疑惑，这里包含着他们对新生活的渴望和迟疑，以及对自己所选择的专业、将从事的事业的好奇、期待和茫然。

在三个不同时期，笔者的回答各不相同。

（一）历史学的实证研究

说起来，作为从会计学转系到历史学的"老学生"，笔者深切地知道，所有主动选择历史学的学生，都会对历史学抱有很高的期待，甚至是不切实际的幻想，期待和幻想又往往来源于他们对历史学工作内容、方式的误解。

因此，笔者回答"学历史有什么用"的最初思路，是告诉他们历史学是做什么的，怎么做，试图以此劝导学生，至少在初学阶段放弃对历史学"大意义"的纠缠，从夯实基础抓起，从具体、扎实的实证研究做起。

具体来说，笔者首先将问题从"学历史有什么用"转为"历史学有什么意义"，变"功用"为"意义"。应用学科的功用是明确的，甚至能与具体的职业一一对应。譬如会计学，学校有这个专业，社会就有一个会计职业来配它。但是基础学科的功用是宽泛的、模糊的，有些时候是玄幻的——作用于精神层面，有用没用、为善为恶，没有绝对标准。就像人行通道石板上的雕花，有人看见美，有人觉得丑，有人想到浪费人力，有人揣测幕后交易，等等。总之，不拘执于功用，是理解如历史学的基础学科的重要一步。

其次，问题中的"学历史"也变成"历史学"。学历史的意义是个人的，具有主观性，但历史学的工作内容、方法、目标则相对明确。笔者就这样将问题偷换成"历史学是什么"的解说，使这个问题得以落实。通常，笔者会举"女真建国于 1115 或 1117 还是 1118 年"为例，向学生解说历史研究的工作流程——研读文献、比较文献、发现歧异之处、汇总梳理、考辨异同、学术史反思、推导新论、写成论文。其中着重说明的是历史学研究的实证特性和创新追求。

最后，为了安抚幻想和期待落空的学生，笔者会从两方面补充说明历史学实证工作的意义。一者，由具体甚至是琐碎的实证研究，可以实现对历史知识的更新和深化。如辨明女真建国的时间，对于重新认识金朝开国史、宋徽宗联金外交的决策、历史文献的生成与书写等史学专题，都是非常重要的。再者，学生可以通过历史学的实证研究积累知识、强化理性思辨能力，在知识、知识框架、认识、思维方式等方面都得到强化或完善。

（二）历史学的"技能训练"

在上课和担任本科生导师的几年中，我常能感受到历史班的学生承受着沉重的就业压力。这种压力催着他们去学外语、考教师资格的同时，也可能引发他们对于历史学不好就业的焦虑，甚至是轻视、排斥。

对此，笔者略有尴尬，深表同情但无能为力。可这终究是个问题，笔者只好挖空心思，凑了几条历史学对于"职场技能"的训练作用，奉送给学生。在笔者看来，历史研究、史学论文的写作，其中知识的习得因人而异，但只要好好钻研，学有所成之日，仍能收获许多"职业技能"：

第一，解读话语、文本的技能。我们直面的现实世界太过于复杂，关于某人某事，言人人殊，其文本、话语或多虚饰，或有残缺，因而真相往往被层层书写、重重遮蔽所包裹。历史学的基本工作，就是围绕若干立场、证据不同的文本、话语，考辨异同，梳理脉络，从而得到更切近于真相的答案，并说明不可靠的话语、文本各自是为何、怎样被制造出来的。如此，得自于历史学的话语辨析、文本解读能力，无疑也是从业、处世的实用方法。

第二，综合分析的能力。史学论文写作的另一个方面，是将散碎的文本和细节拼凑成较为完整的史事，包括抓取要点、勾勒脉络、建立框架等工作内容。现实中，我们往往只能获得某些事件、人物的片段信息。掌握这种综合分析的能力，对于我们认识他人、社会，定会有直接而显著的作用。

第三，文字表达的技能。史学论文写作的最后工序，是字斟句酌、反复修改，受此锤炼之后的文字表达能力，亦是可以受用终身的。

所以，读史、研史也是阅世、历世的方法论训练。或者说，历史学的方法、技能，也是人生的方法和技能。

(三)历史学的关怀

"务实"的学生推动笔者去挖掘历史学的工具性，但对历史、学术抱有更高期许的同学，给了我另一种震撼。

书院有位学生，学习成绩很好，但她放弃了保研的资格，也放弃了历史学。原因是在过去三四年的历史学习中，她感觉自己陷入无尽的细碎考证之中，看不到这项工作的意义。她选择去读计算机、人工智能方面的硕士，希望从事对人类、对未来更有意义的事业。

我很感动于她的追求，非常期待她能沿着自己的理想之路走出开心、充实而有意义的人生。她的选择促使笔者反思自己——笔者向新入学的学生讲说"历史学的实证和技能"，这样真的就足够了吗？学生对历史所抱有的期待或幻想，蕴含了他们对于人类命运和中国文化的关怀，当下历史学研究的实证特性是否一定要以放弃这种关怀为前提？如果不是要求他们"认清现实"，我们又应如何回应学生的关怀和对历史学意义的期待？

今日的历史学以"研究"为主，但在近代以前，历史主要是"撰述"而非研究。作为撰述的历史学，既是学者立言成家之业，又是王朝统治所不可缺的王道事业。历史撰述常与政治规范、社会秩序相连，这不仅是因为过去的人、事、制度充当着当代行政运行依据，君王与臣僚需要从历史撰述中获取理据，更因为通过对既往史事的选裁、褒贬，历史著作具有反映天道与王道，确立行政和道德规范的意义。欧阳修《新五代史》之作，自言"昔孔子作《春秋》，因乱世而立治法；余述《本纪》，以治法而正乱君"（欧阳发《先公事迹》）。陈寅恪在《赠蒋秉南序》中说："欧阳永叔少学韩昌黎之文，晚撰《五代史记》，作义儿、冯道诸传，贬斥势利，尊崇气节，遂一匡五代之浇漓，返之淳正。故天水一朝之文化，竟为我民族遗留之瑰宝，孰谓空文于治道学术无裨益耶？"二氏所言，皆体现史著以褒贬前代而为当代立法的价值。

近代在西方的逼迫之下，中国开始艰难地转型。在此过程中，本国的历史非但无足取法，甚至成为走向近现代文明的负累所在。因而近现代史学发展的主线，可谓以新式义理摧破旧史，从而重述中华文明的历史脉络。这一"新义理、破旧史、再叙述"的史学脉络，包含梁启超之新史学，顾颉刚之古史辨，马克思主义史学的中国化等史学思潮，不仅与中国的现代化进程相呼应，甚至成为中国启蒙与救亡的先导。然而，这一史学思路的负面效果也不小。其一是盲从西式教条，对旧史、传统文化摧抑太过；其二是未能始终坚持以实证为本，故其实证不到实处，新义理不坚实，再叙述不可信。梁启超《新史学》揭旧史"四弊二病"，谓"历史者，叙述人群进化之现象，而求得其公理公例者也"，以进化论倡导史界革命、再造国史。在此影响下生成了一批中国历史教科书，汇成"新史学思潮"。然此思潮旋起旋灭，教科书亦罕传，根本原因就在于史学需以实证为本，必本于实证然后公例可信，公理可法。

由此，二十世纪末以来，历史学暂时放下对义理、叙述的关怀，全面转向不同时期、分专题的实证研究。看起来是碎片化的实证研究，汇聚在一起的时候，总体意义并不小：第一，全面拓展了"历史"的范围；第二，全方位深化了历史解释；第三，深度重构了历史发展的框架、脉络；第四，新理论、新方法被广泛应用到历史研究之中，多已内化为历史学的基本理论、方法，甚至是常识。在此基础上，仍有许多以小见大、或宏大或深刻的史学论著，持续体现着历史学的智慧与关怀。

要而言之，无论是古之历史撰述还是今之历史研究，都承载和呈现规范、公理的精神。优秀的史学作品，特定时期的史学潮流，始终在回应时代甚至引领时代。章学诚说"六经皆史"，其意是史事、政制载道，即行政、道德规范乃至社会原理和法则，都蕴含在史事与制度之中。斯言诚是，然而道虽自史学而出，必本于实证而后道理可信。当下正值文明更新、社会进化之时，历史学研究的使命，是以新时代的理性解析旧文明的礼法，从而重构知识与观念，这种重构却必须以实证为前提。当下及未来的历史学，都需要继续深化梳理具体的考辨，才能在此基础上争取勾连古今，作更有思想性的回应。

总之，选择了历史学专业的学生当有经世之志向，而去求用的焦虑。以稳健之心态，遵史学方法和理论，守学界规范及道德，本于实证而求创新，进而争取阐发史学的意义，落实史学的功用。

二、《宋史》读书班：核心文献的汇注考证

通过研读文献来开展学术训练，是历史学通行的方法。在笔者看来，书院学生的一大幸福，就是有许多读书班可供选择——这也是书院四维导师制的成果。

从 2021 年起，笔者带着指导的学生开始研读《宋史》纪、传。之所以没有选择《续资治通鉴长编》这类更原始的文献，恰恰是因为《宋史》处于宋史文献生成的末端。

正如制度陈陈相因而又顺时更革，文本也是层层转写而迭有润色。宋史文

献生成的核心流程，大抵是起居注、时政记—日历—实录—国史—正史。在这个过程中，无论是最初的记录，还是中间每一次的转写、润色、删定，都会带来文本的改变。

基于这一理解，我开设《宋史》读书班的目的是通过对《宋史》作汇注，在文本的比较中发现层层改写的痕迹，梳理文本生成与演化的脉络，从而在充分理解文本的基础上对史事作再认识——突破文献的呈现或遮蔽，从而更新史事的内容和意涵。

具体来说，这个"《宋史》汇注考证"的工作，主要包括以下几个主要步骤。

第一，汇注相关文献而考证之，发现异同。

第二，在"文本层层转写"的视角下，理解文本差异的生成，并在国史生成脉络中为之定位。

第三，梳理文本生成与转写的脉络，概括文本生成的特点。譬如《宋史·郑樵传》的汇注考证，笔者和学生比较了《宋史》本传与周必大《辛巳亲征录》中的《郑樵附传》、《兴化县志》的郑樵传，并参考吴怀祺、徐有富的郑樵研究，结合《夹漈遗稿》《建炎以来系年要录》等文献，得出几个结论：其一，从周必大《辛巳亲征录》到《宋史》，《郑樵传》的生成较为完整地经历了起居注—日历—实录—国史—正史的转写脉络；其二，《宋史》较《辛巳亲征录》所增补的内容，都可以找到相应的文献依据，故宋代国史的转写、增删基本以遵循"实录"为原则；其三，《宋史·郑樵传》的疏误、误解，体现了官修史制度下，史官修史时普遍的轻率态度。

第四，选择部分问题点，师生各自撰写论文。譬如关于《宋史·太祖本纪》的研究，师生已各自选择题目，撰写成论文。学生还以自选题论文参加书院的"治学能力提升计划"和全国"大学生创新创业项目"。笔者也会以自己的论文举例，向学生解说论文写作的基本要求，既包括如何由考证而专题进而关照总体，也包括摘要、引言、正文、结语各部分的写法，希望为学生在课程论文之外，增加一个论文写作的训练机会。

稍显不足的是，这毕竟是个"笨办法"，耗时多而增广少。因此，笔者也提倡学生在精读核心文献之外，需务博而不必惮于常忘。笔者读书的时候也曾以读后忘前为苦恼，但随着阅读的积累，许多核心的知识被一点一点地夯实，并由点、线而成网、面，当年所学遗忘的固多，沉淀的也不少。知识的深刻记忆，本就既靠理解，又赖重复。历史要点只有在读书、写作的过程中反复出现，才会逐渐明晰、精确而深刻。这并非朝夕可致，学历史需坐冷板凳之说，亦非虚言。

三、结语

历史学自古至今，确实内蕴对道理的追求，对规范的呈现，但所有这些关怀都根于实录或实证。当下历史学的碎片化研究，其主体是对历史作资料式的全面整理，是一项具有基础意义的学术工作，是历史一切意义、功用的起点。

今日的历史学不是一个热门学科，但认真学习历史对人生的益处则是确凿的。岳麓书院在常规的课程教学之外，精心设立四维导师制，意在为学生提供更好的学术引导，给学生带来更多的实现优秀的可能。对于本科生导师来说，认真对待学生的困惑、疑问，尽可能地给予引导、解答，这个过程既是在尽教师的本分，也是一个自我学习、反思的过程。以上是笔者工作第六年、担任本科生导师第六年的一些想法和做法，与大家共勉。

"作嫁衣"也是"作首衣"

——我的本科生导师制工作心得

周金泰[①]

笔者于 2019 年 9 月博士毕业来到岳麓书院工作，回想刚来书院时，一切都让人感觉很新鲜。相较全国其他高校历史系，书院有两点最让人印象深刻：首先是为人津津乐道的所谓"在历史中学历史"的沉浸式学习体验，其次就是独具特色的本科生导师制。如今本科生导师制已经在全国高校开始普及，但在当时较为少见。

刚一毕业就迅速完成由学生到老师的身份转换，而且不仅是"讲课"的老师，还是"带学生"的老师，虽说是挑战，却也觉着新鲜。传统意义上老师招到学生要等成为硕士生导师后，时间至少在两年以上，而入职便能拥有招生资格，无疑是难得的锻炼机会。

化用埃里克森人格发展八阶段理论，本科阶段好比一个学子的"学术青春期"，最易形成对学术"同一性"的"忠诚"品质。笔者本科时就读于复旦大学历史学系，母系以学风自由著称，虽说最大限度保障了自我个性发挥，但由于没有学业导师提供对口指导，更多时候还是"摸着石头过河"，其间虽有探索乐趣，但回想起来，着实走过一些弯路。

因此，既是出于对刚入职便拥有带学生机会的珍视，也是希望弥补自己没

---

① 作者简介：周金泰，湖南大学岳麓书院副教授。

有本科导师的心理遗憾，在本科生导师制工作中，笔者投入了极大热情。入职五年来，笔者已招收 14 名本科生，虽无多大成绩，但也逐渐摸索出了一些经验。

除日常交流外，笔者将主要精力放在了两周一次的师门组会上，这成为笔者培养学生的核心窗口。师门组会分秋、春两个学期进行，秋季学期是针对新生的学术规范训练，春季学期是全师门聚在一起的读书会。

先介绍秋季组会。很多学生凭着一腔热情读历史系，但进入大学意味着需接受学院化训练，如何区分"通俗历史"与"专业历史"就显得尤为必要，但目前高校历史专业核心课基本就是两套通史、两套史学史再加史学导论、历史文献学的配置，很少有讲具体技能的课程，于是笔者把这部分内容作为组会重点。

每次组会持续三小时左右，分四个板块。首先是"重头戏"，由笔者主讲研究技能，每期有不同主题，依次涉及学术史查找与撰写、史料搜集与整理、专题论文选题方法、专题论文谋篇布局，特别是导论写法、如何完成一次基础考证、注释类型与格式、开题报告写法等内容。讲解结束后还会布置相应作业，比如讲完学术史，笔者会找一个主题让学生回去尝试写一篇综述，大家交上来的作业水平参差不齐，距离专业文章也有不小差距，但至少先知道有这么回事儿，那么以后就还有修正、提高的机会。其次是史料解题选讲。这项工作主要有两个目的，一是熟悉史料类型及价值，怎么解读先不管，但至少先知道有哪些史料并上手摸一摸。二是熟悉常见史料引用版本，在成熟学者看来这或许不叫事儿，但对初学者来说其实是有难度的。笔者这几年承担院里"中国通史"课程教学工作，批改学生作业感触尤深，比如征引《论衡》，大家几乎很少用到诸子集成本，而是很多不知名出版社的白话文本甚至翻译本。类似学术规范问题虽然是一教就会的简易技能，但若无人提醒，可能要过很长时间才能自己意识到。三是通史阅读。对于刚进入历史系的学生，基本通史阅读是需要保证的，笔者选择一些经典读本，每次布置几章阅读任务，待到组会时以"名词解释"提问形式检测阅读效果。四是历史学者介绍。每位学生介绍 2~3 名感兴趣方向的学者，包括其学术简历、研究方向、代表论著及观点等等，这项工作对学生的帮助也有很多，比如打开其学术视野、建立学术品位、激发兴趣方向、模仿高段位学者研究路数等等。

秋季组会专门针对新生，这就引出一个问题：转年新生变成老生，他们在组会上做些什么？总不能和新生一起再听笔者唠叨同样内容吧？最先想到的法子是让老生替笔者主讲，讲课也是一种训练，还能巩固所学知识，这样一来新生老生都能有所收获。但实施了一年，效果并不理想，所谓"老生"也不过是些高年级本科生，自身本领尚不牢靠，草率登场难免讲得不够清晰。于是笔者摸索出另一种方案，老生不参加组会，而改为线上提交作业，作业内容如下：单周，任选一段 300 字左右史料，进行字词疏通及考辨解析，同时选择 2 名学者，为其撰写小传；双周，阅读一篇高水平专题论文，缩写论文并制作思维导图，同时继续撰写学者小传。

再介绍春季组会。经过秋季学期训练，学生应当对何谓专业史学有了初步观感，但秋季训练仅止于知道有哪些史料、哪些前人研究的层面，若想提出恰当的历史问题，还需在与前人对话的基础上对原始史料进行分析，因而史料读书课必不可少，此时老生也重新加入，大家一起组成了"史料读书班"。

结合本阶段笔者研究兴趣，目前在读西晋张华的《博物志》。每次读书课持续三小时左右，由两名学生共同领读一卷，领读学生先读一段，再进行解析，然后全体学生一起讨论。《博物志》体量并不大，每卷大概一两千字，但真正读起来才发现时间并不够用，大家准备、讨论都很充分，基本要两到三次课才能读完一卷。除了熟悉史料、增长知识外，阅读过程中最大的快乐莫过于发现一些可供进一步探索的问题。2023 年某历史学核心刊物刊载了一篇关于汉魏州郡调整的论文，这个问题我们在读第一卷时便曾一起提出过。

笔者最早带的一批学生即将毕业，他们均选择继续深造，向各大高校递交保送申请通常需附上学术简历。令笔者意外的是，他们居然都用很大篇幅将

"《博物志》读书班"的经历写了进去。笔者这才意识到，本科生直接接触史料的学术训练其实并不多，读书课可能是为数不多的平台。这也使笔者感叹，以后应当投入更多精力，把读书班办得更规范、更科学些，利用好这个难得的训练机会。

师门除组会外，有时还会举行论文互评会，笔者一般放手让学生自行组织。但由于不在现场，并不知效果如何，笔者曾分别向不同学生打听，却得到了"罗生门式"的答复。笔者想应该是有收获的，因为笔者时常回忆起自己的学生时代，同门定期聚在一起骂文章、聊八卦，学问在那些互相砥砺的过程中得到了切实增长，实在是一段值得珍藏的记忆。

以上便是笔者参与本科生导师制工作的大致内容，不足之处当然也有，比如很多事情由笔者亲力亲为，反而使学生丧失了自主探索机会。大学里有人带着学当然是好事，但归根结底还得靠自学，况且笔者教的也未必总是好的、对的。而且笔者传授的往往是一些"工具性"的知识与方法，可笔者一直觉得，人文学科能够直接讲出来供人效仿的往往都是不重要的东西，真正重要的东西无法言传，要靠感悟。

担任本科生导师往往面临一个悖论：培养学生的最高目标是使之不再成为自己的学生，即帮助他们进入更高层次学校深造，着实"为他人作嫁衣裳"。为人师者，虽为学生能有好归宿而感到开心，但心中难免也会失落。可正如笔者在开头讲的，本科生导师是学子在"学术青春期"这个关键阶段遇到的导师，因此，笔者虽然是"作嫁衣"，但未尝不是"作首衣"。首衣即裹首冠帽之类，在中国文化中，它们是具有表示成年含义的特殊衣饰，而笔者做的这些微不足道的学术入门工作，往大了说，未尝不可理解为学术的"成人礼"，这一阶段所获得的对学术的"第一印象"很有可能将决定学生未来做学问的格局与高度。从这层意义上讲，本科生导师虽是未经"硕博论文署名"盖章认定的官方导师（不过书院有比这些技术规定更具仪式感的"拜师仪式"），但为学生学术性格的养成涂上了最初的底色，因而同样重要。

　　担任本科生导师所付出的精力不能说少，难免占用正常科研时间，这些投入也不会带来额外收益。笔者也曾思考做这些的动力是什么，或许与自己INFJ（提倡者型人格）与生俱来的助人体质有关吧。但笔者更愿将之解释为珍惜师生相遇缘分以及参与他人生命成长而获得的认同感，这已经无形中成为自我精神建构的一部分。每个人都应该找到几样东西，这些东西关乎如何确认自己以及作为支撑对抗未来不期然遇到的人生沉沦。虽有"自我感动"之嫌，但于笔者而言，本本分分当好导师可能就属于这类东西，笔者很庆幸找到了它。

在温度与限度之间重塑人文教育模式：对"四维一体"本科生导师制的一点思考

王　继①

　　岳麓书院"四维一体"本科生导师制是在新时代大学教育背景下，结合中国传统文化和传统书院教育制度对大学教育模式所进行的创造性转化，这得益于岳麓书院的双重历史处境：一是岳麓书院自身即为已延续千余年办学传统的古老学府；二是在现代的大学改革建制中书院又成了湖南大学的一个二级学院，在现代学科划分体系下承担了历史、哲学、考古学科的教学科研工作。然而，当代大学教育体制基本沿循的是西方教育理念，虽然西方大学模式有其突出的优势，但西方文明尤其是自启蒙运动以来的科学主义的弊端在中国的大学中也暴露无遗，这特别体现为两大问题：一是学科的精确划分难以准确反映中国文化的特性，并且导致不同学科之间难以进行有效的对话和交流；二是崇尚原子式的个体主义使得学生与学生之间、学生与老师之间的关系变得隔阂和疏远，而这种疏远性不仅强化了学生和老师的孤独感，也使得师生之间的沟通和交流变得困难，这不仅不利于学生的身心健康和学业发展，而且也有损于老师的职业使命感以及对当下学生所展现的时代精神的领会和把握。

　　岳麓书院"四维一体"的本科生导师制正是准确切中了新时代大学教育的

————————

　　①　作者简介：王继，湖南大学岳麓书院副教授。

症结，是针对教育症结所开出的一剂"良方"：通过生活导师可以拉近与学生彼此之间的距离，通过学业导师可以增进学生的归属感，培养浓厚的同门师生情谊，通过班导师可以统筹协调学生在生活与学习上遇到的问题，通过学术兴趣导师则可以引导学生拓展自己不同方向的兴趣，开阔学术视野。"四维一体"的导师制构成了一个相互勾连、彼此嵌套的有机整体，有利于打破学科分化带来的只重局部的视野偏狭问题，以及个体主义所导致的隔阂问题，使学生与学生之间、学生与老师之间形成更为紧密的切磋与互动关系，从而有利于对师生人格和宏观学术视野的重塑，促进"教""学"相长，师生相互成就。进而言之，"四维一体"的导师制也是做好"两个结合"，尤其是同中国传统文化相结合的教育实践，是将西方文化与本土文化有机融合的教育实践，是在时代的呼唤下以创新的方式讲好中国故事的教育实践，也是在新文科背景下打破学科壁垒、重塑"尊师重道"教育理念的教育实践。

作为本科生导师制的参与者，结合自身体验来看，要践行好该制度，导师需要在两个"度"上下功夫：一是温度，二是限度。

一是温度。提升学生之间、师生之间的温度是"四维一体"导师制的一个基本内核，但想做到这一点并不是那么容易，这一方面是因为身处当下时代的学生们已经无形中携带着原子式的个人主义倾向，并且包含着对老师"威权"和"权威"的刻板印象，到了大学以后更会偏向于将压抑的个体性释放出来，从而自觉或不自觉地与老师保持着距离；另一方面是因为在知识和信息急速更新迭代的当下，年长者与年轻人之间更容易形成"代沟"，长者的经验说教在某种程度上难以激起年轻大学生们的共鸣。这会导致师生之间的"错位沟通"，学生在导师面前无法真正打开心扉，即便是面对导师的指导和建议，也可能会流于形式上的倾听和应付，缺乏真正有效的沟通，而且会使导师的关爱变成"错爱"，即导师的关爱与学生的需求之间产生错位。要形成师生之间积极有效的互动与沟通，一方面需要导师自身抛弃成见，真正基于对时代的生存体验来理解大学生的处境，也就是需要将原子式的大学生放回到他们与世界的内在关联中，将大学生视作时代精神的一个体现，将学生的言行举止视作时代精神的映射；另一方面导师不能将学生仅仅视作管教的对象，要真正将学生视作成人，导师要"放下身段"，真正意识到学生在某种意义上也是老师，以开放、宽容的姿态向学生学习，从而保持自身的更新和活力。比如导师在平时与学生的交流中，可以多一些非目的性的单纯沟通，与学生敞开交流自己的真实体验，而不流于形式上"应该如何"的说教，或仅限于"就事论事"。

二是限度。提升师生之间的温度需要保持在适当的限度内，既不过热也不过冷，否则可能会"过犹不及"。导师要有边界意识，要明确大学生作为成年人需要自我负责，尤其是要充分理解当代大学生对私人空间的需求，不能过度管制和干预，对学生的关爱不能幻化为"父权制"的占有意识，否则可能会适得其反，增加学生的负担。

温度和限度实则是一体两面、内在关联着的，从某种意义上说，保持适宜的温度就是保持着限度。基于此，导师在教育上可以秉持如下的教育理念：一是鼓励学生不以学分和绩点为王，但求用心学习和生活；二是不过早限制学生的读书方向，而是鼓励学生多方面阅读；三是以问题为导向，将自己的科研成效和学术前沿融入对学生的培养过程中；四是以论证为基础，将直观与思辨式教学融为一体，将严谨的推理和生动的实例分析结合起来；五是以引导为原则，以激发问题而非提供答案为旨趣，努力引导学生排除偏见和先入之见，促使学生基于实际体验，以实事求是的态度从不同视角对生活和学习上遇到的问题进行深入分析，激发宽广的发散性思维。

总之，岳麓书院"四维一体"本科生导师制为当下大学教育中所遇到的问题开出了自己的"处方"，导师和学生都要利用好这一制度，重塑人文综合素养的培育模式，重构积极的师生关系，使师生彼此双向成就，从而为中国式现代化教育的发展做出典范、做出贡献。

本科生导师制下的生命交响曲

袁承维[1]

　　笔者出生和成长于台北，本硕博皆于台湾大学政治系学习，从事中国政治思想史的研究。中国政治思想史在台湾作为政治学研究的一个次领域，在二十世纪七十年代和二十世纪八十年代曾经是政治学界的热门领域，但随着二十世纪九十年代大量受欧美政治科学训练的博士返台，中国政治思想史的研究社群逐渐缩小。斯时台湾大学政治系中，林俊宏老师专研中国政治思想史。笔者自本科时期作为林老师的学生，受到许多启发，在硕士和博士求学阶段都以林老师作为指导教授开展学习。投入此一领域学习的学生变少，却让笔者受到宛如传统师徒般手把手的指导。多年来蒙林老师指导学习和关心生活，笔者立定志向投身研究工作外，更勉励自己执教后，能够扮演好导师的角色。

　　2018 年笔者加入湖南大学岳麓书院这个大家庭后，认识到在岳麓书院的现行规定中，推动本科生导师制的四维发展，包括学业导师、生活导师、班导师和学术兴趣导师。本科生导师制明确溯源于十四世纪的英国，由牛津大学率先实行，结合高等教育体制在世界各地实施。岳麓书院作为现代高校体制之下的学院，将本科生导师制融入传统元素，推动四维发展，从 2009 年开始实行，已经成为成熟的制度。

　　笔者连续担任学业导师五年多，累积了相关工作的经验，感受到学业导师

---

　　[1]　作者简介：袁承维，湖南大学岳麓书院助理教授。

的设置有助于密切师生关系，实施个性化辅导。学术导师乃是在新生入校后，经过师生互选确定的。选定后到毕业前，师生利用各种方式维持互动，每两周必须有两个小时见面时间。互动过程可由师生协商，保持师生双方高度的自主性。密集互动使导师可在其间帮助学生学习和关心学生生活，扮演好引导者的角色。但在这个过程中，获得成长和收获的绝不仅限于学生，导师也在指导过程中认识自己和反思问题。目前笔者共担任过五位本科生的学业导师，其中包括担任三位本科生的毕业论文指导老师。以下分别回顾指导过程的三大安排。

一、组织读书会

一学期至少需要完成八次相聚，每学期初次见面和关心之后，为鼓励学生学习，选择笔者过往较为熟稔的《老子》《庄子》《周易》，带学生从大一到大三逐本逐篇阅读。每一本经典阅读的初始都由老师进行导论，接着由老师和学生们轮流阅读和解释文本，其间有问题的鼓励讨论。

进行约莫两年之后，读书会得到很好的反馈，从两方面来说：一方面在规律和持续进行下，学生有明显的成长。根据阅读文本和老师引导的习惯，学生们熟悉道家思想发展，培养对思想哲学的兴趣，最重要的是训练自我学习和思辨的能力。其中几位学生在修习院内必修课程时，开课老师都向导师表达学生在思考上的成熟特质，笔者推测阅读和讨论有助思考。另一方面对笔者本人来说，过去阅读经典时，常常是在预设的前提下来爬梳，以致许多细节被忽略而不自知。现在为了讲解和面对提问，必须更加精细地阅读经典，深化对于诸本经典的理解。老师了解学生的个性和喜好时，通过平时聊天的过程观察学生如何找寻重点、思考和表达，从而看见学生们最真实的一面。

二、生活经验交流

两周一次的见面，大部分的时间虽然聚焦于读书会，但最后总留半小时让学生各抒己见。校园生活的点滴、课程学习的心得、国内外各项重要事件，都可以在最后的闲聊时间相互讨论。在这样的场合之下，师生关系更像是朋友关系，老师虽然从自身经验和学术角度出发，可以提供自己对很多问题的认识，但大家一同讨论实能真正扩大经验的边界。笔者来自台湾，对于大陆的深刻认识很大一部分就是在师生对谈中获得的。若学生有生活或课业上的问题，需要私下讨论，也可以随时和笔者联系，不论是线上或线下，此时师生关系都如同家人关系一般。虽然来自长沙之外的不同地域，师生却是彼此在长沙最亲的家人。犹记已毕业的两位学生在离开长沙前，依依不舍回忆着师生相处的点点滴滴，今日即使分处在长沙、南京或武汉，都维持着相互关心和问候的关系，情谊不因制度关系结束而结束。

三、指导毕业论文

论及指导的本科生毕业论文，牵涉两大问题：一为引导选题；一为熟悉写作格式。就引导选题来说，学生在本科学习历程中虽然熟悉思想哲学的方法，但学术兴趣或许多元，选题偏好若有更适合的指导老师，笔者会推荐或安排适合的指导老师。意欲以思想史为写作主题的学生，师生一同回顾过往的报告或学年论文，将原本就已经有初步心得的主题更加精致化，在过程中相互提问，尽可能训练学生提出有意义且可操作的主题。就熟悉写作格式来说，毕业论文的格式有其规定，符合格式要求是合格论文的基本条件，故学生必须对此熟悉。加之写作初期，学生思考内容与文字表达不一定合拍，需要不断订正和修改。论文写作过程虽然辛苦，却是师生相互促进，一同向前突破的最佳体现。

　　五位学生中目前两位毕业已经分别进入南京大学社会所、武汉大学哲学院深造，三位即将毕业，其中两位分别申请到香港中文大学、武汉大学历史学院深造，一位申请留在湖南大学岳麓书院继续深造。笔者在岳麓书院任教五年半有余，曾在一个学年结束时，读到《庄子·人间世》特别有感，"知其不可奈何而安之若命"一语成为面对各种限制的自我排解，故以此一语作为与已毕业学生的告别纪念，期许大家一同安定面对未来。此一纪念虽象征一个阶段性的句点，同时作为新生的起点，让大家在同舟共济的过程中共同成为面对人生挑战的好战友！

关于湖南大学岳麓书院本科生班级导师制度的几点思考

王　兴①

为了挖掘中国传统书院教育资源，将古代书院教育的优秀元素融入现代大学教育体制之中，自 2009 年起，岳麓书院开始实施本科生导师制度。所谓本科生导师，按不同类型具体可分为学业导师、班级导师、学术兴趣导师、生活导师，即四维本科生导师制度。各类导师的工作内容虽有交叉，但又各自有所侧重。若从字面意思理解，这几类导师的名称已经基本上表示出了侧重和差异。这一自成体系的本科生导师制度，在现今国内外高校本科生人才培养工作中也颇具特色。笔者根据自身的工作实际，谈几点关于湖南大学岳麓书院本科生班级导师制度的思考。

所谓"班级导师"，简称"班导师"，可以拆分成"班""导"和"师"三个字，加以理解。

"班"指的是班级。一个班级就是一个集体，因此，班导师也是这个班级的一分子。在班导师、班委以及全班同学的共同努力下，班级将建设得越来越好。

"师"，表面意思是"老师"。但是"班导师"的"师"，既区别于严格意义上的"老师""导师"或本科生"学业导师"，也区别于给学生们上课的老师。或许是因为班导师比本科生年长一些，并且有一个教师的身份，所以"为师"。

---

① 作者简介：王兴，湖南大学岳麓书院副教授。

　　"班导师"这三个字当中，最为关键的是一个"导"字。此处的"导"字，并不表示指导之意，而更多倾向于引导、开导。因此，本科生在学习生活过程中遇到任何困难、困惑甚至是烦恼，都可以向班导师寻求帮助或支持。而作为班导师，也应该像一位前辈或朋友，给予各位本科生多一些关注，陪伴大家在学习生活多方面获得成长和进步。

　　基于此，岳麓书院本科生班导师，实际上具有双重身份（或双重性），即在一定程度上承担着很多高校本科生班主任或辅导员的工作（侧重学生思想政治工作、各项安全工作、日常管理等），也在某种程度上担负着一些高校本科生学术导师的工作（侧重引导学生学习以及学术发展等）。值得注意的是，在岳麓书院四维本科生导师当中，严格来说，只有班导师是具有双重身份属性的。

　　岳麓书院的学业导师、学术兴趣导师、生活导师都是负责某一位或某几位本科生的学业或生活。换言之，这三类导师展开相关活动时，只有他们负责的几位本科生可以参加。很多学生都在各自导师的指导下参与相关活动，所以同一个班级的学生经常会因为归属于不同的学业导师、学术兴趣导师或生活导师而产生一定的分离感，缺乏集体意识甚至集体归属感。而岳麓书院班导师，是面向这个班级的全体学生。班导师负责一个班级学生的学习、生活等方方面面。班导师应当对这个班级的每个学生都有一定的了解，而不是像其他类型的导师一样只偏重于自己所负责的学生。同一班级的学生，在学习、生活中，往往会产生许多共通性的话题或问题。在此种情况下，班导师组织开展全班同学都可以参加的班级活动，对提升整个班级的凝聚力、促进班级整体的和谐与融洽、建设班级文化、增强学生对班集体的归属感和认同感，均有积极意义。此外，在不同年级班导师的沟通联络和组织下，不同班级之间也可以共同开展一些活动，由此活跃班级气氛，扩展学生们的交往空间，增强学生们的交际能力。

　　至于岳麓书院本科生班导师的工作职责，按照《湖南大学岳麓书院本科生班级导师实施细则(修订稿)》的要求，具体包括四个方面：第一，落实好班级建设，指导班委会工作，指导班委会组建、换届和班级建设经费管理，每学期初和学期末组织主题班会；第二，落实好学风建设，对所带班级进行随堂听课，对所带班级学生的学习情况进行系统分析，对于学习困难的学生要联合学业导师、辅导员共同帮扶；第三，关心学生生活，加强与学生互动，组织班级集体活动，深入学生寝室了解学生情况；第四，全面落实学校关于班级导师的各项工作要求，加强与辅导员的协调、沟通和合作，积极参加学院组织的相关培训和工作研讨会议。

上述关于班导师的四个方面的工作职责，主要是处理好两种关系：其一，班导师和班级的关系；其二，集体和个体的关系。

关于班导师和班级的关系。前已述及，班导师既是班级集体的一分子，又承担着对该班级工作的引导任务。因此，班导师应充分考虑班级整体利益，为班级发展建言献策，不能特立独行，以自我为中心。

关于集体和个体的关系。固然，班导师是一个班集体的共同导师，所以班导师应着力考虑班集体的整体发展和进步，与此同时，班导师也应当对班级的每一位学生的学习生活情况等有所了解，抽时间找每位学生进行聊天、辅导，或者有针对性地与某些学生谈心，为其解惑，不能仅仅因为着眼于整个班级的情况而忽略了班级当中某些个体的情况。另外，如果将岳麓书院视为一个整体，那每一个班级则可视为一个个体。作为班导师，也应当有整体意识和大局意识，将所带班级的发展规划纳入岳麓书院本科生人才培养的全局、全过程中，进行通盘考虑，然后再结合所带班级的实际情况，展开具体活动。

人们常言，岳麓书院是读书人的精神家园。在岳麓书院学习，不仅仅是学习一门专业，更是在历史中学习历史，因为我们本身就身处"历史"之中，并且在不断创造着新的历史。一座书院历千年，眼底风云看不休。我们随着岳麓书院跳动的脉搏，在文化中感受文化，在美好中收获快乐。在新文科建设背景下，岳麓书院本科生导师制度将会为新时代高校本科人才培养工作贡献更多智慧，努力将学生们培养成有益于社会、有益于国家、有益于民族的人，为中国式现代化和中华民族伟大复兴培养更多优秀人才。

·岳麓书院与新时代人才培养·生活导师

同心相知，携手前行

张庆滢①

    生活导师制是岳麓书院本科生导师制中的重要一环，大一入学前，我先是通过岳麓书院公众号的系列推送认识了班导师，后来又通过双向选择确定了学业导师，但作为学生在与具有"权威"身份的老师们相处时仍会有心理压力，在新环境中的不适应和遇到的难题也羞于和老师一一倾诉。而在军训结束后的一次年级会上，老师向我们介绍了生活导师制，我也了解到生活导师是由高年级的本科生或者硕士、博士生学长学姐担任，目的就是帮助我们适应新阶段的学习和生活。经过几个学长学姐的自我介绍，再结合自身情况，我最终确定了自己的生活导师。大四保研以后，由于学业压力减轻，我担任了大一新生的生活导师。至此，我也算是体验了生活导师制中学生与生活导师的两种身份。

    杨超师兄是我大一学年的生活导师。起初一个多月的时间，杨超师兄还在台湾学习交流，我们只在坊间听闻过一些关于师兄的传说。听说师兄学术能力强，且学习、生活十分自律，每天早晨五点起床晨读，时常也早起登高锻炼身体，其他学长学姐对杨超师兄评价都颇高。这也是我决定选择杨超师兄作为生活导师的重要原因。事实证明，在之后的相处中，师兄也确实一直是我的榜样。师兄学术好，但他并不是"两耳不闻窗外事，一心只读圣贤书"，反而每

---

① 作者简介：张庆滢，湖南大学岳麓书院 2019 级本科生，任 2022 级本科生生活导师。

天都可以在朋友圈看到他早上五点多就转发的"来了！新闻早班车"推送，从不间断，提醒我们作为文科生更要关注时事，将时事与学术研究结合起来，把对现实问题的思考和对历史问题的观察结合起来。师兄还经常组织爬山和晨读活动，但这些活动并不局限于我们的生活小组，而是面向书院师生，师兄创建了"岳麓课间跑"和"岳麓书院经典晨读"两个群，每一个群都有数十人，让我们结识了不同年级、不同方向的优秀同学和学长学姐，大家不仅会交流学术，也会聊院内的趣闻轶事，使我更快融入了书院大家庭。记得有一次，师兄带我们夜爬岳麓山，穿梭在山间野道，竟然直接到了隔壁中南大学的校园里，真是一种新奇的体验！杨超师兄还十分关心我们的学习，得知我们的课大多是经典研读，自掏腰包给我们买了《论语》《诗经》和一套《史记》，提醒我们要多读书。后来师兄毕业去了郑州大学任教，我们的联系也逐渐减少，但他这种学习态度和作为生活导师与学生相处的模式一直影响着我。

鲁晓聪学长可以说是我的另一个"非正式"生活导师。晓聪哥和我同为开封人，甚至毕业于同一所高中，因此自然而然就对他有一种亲切感，晓聪哥也一直让我作为他们生活小组的"编外人员"参与活动。晓聪哥和我们年龄差距较小，相处起来也更加没有拘束感。第一次见面时，晓聪哥与我们谈及之后的发展目标，帮我们每个人结合自身兴趣爱好和实际情况对未来做了大致的规划，以期对大学生活有宏观的把控和规划。晓聪哥对于我们的态度是"脚踏实地，全面发展；高效娱乐，高效学习"，因此在紧张的课程之余，我们还经常进行爬山、打羽毛球、打排球等体育锻炼以及聚餐，缓解了我们的心理压力。晓聪哥的专业方向是中国哲学，当时我们有一门"中国哲学源流"课程，我还与晓聪哥探讨课程中遇到的问题，他也耐心指导我，帮助我理解其中的难点。

我的两位生活导师向我传授了他们的学习、生活经验，也倾听、排解雏鸟般的我初入大学时的种种困难，使我很快适应了从高中向大学、从依赖家人到独立生活的转变。与此同时，和杨超师兄、晓聪哥两位生活导师的相处经历也奠定了我后来做生活导师时与学弟学妹们相处的基本模式。

　　大四刚开学，陈文毅老师联系我是否愿意担任大一新生的生活导师，因大四课业压力较小，我又想起大一时期两位生活导师所给予的帮助，就应下了这一差事。我带的生活小组由五个很可爱的学妹组成，在她们身上我看到了曾经大一的我在刚进大学时的迷茫和对新生活的憧憬。我与几个学妹年龄相差不过三四岁，因此相处起来并没有太大负担，我只把自己当作是比她们多了些大学经验的朋友。考虑到大一课程较为繁重，我们开展活动也多以放松为主，比如带学妹们探索学校周边好吃的、好玩的。但又本着娱乐、学习两不误的原则，我给每个人都送了一本严耕望先生的《治史三书》，希望可以给史学初学者一点启示。另外，我认为作为学生除了学习之外，更重要的是要保持身心健康，尤其在从高中到大学这一学习环境、方式、内容甚至个人角色都发生了转变的时期，十分容易产生焦虑心理。因此我与几位学妹聊天时，时常会引导她们倾诉自己学习、生活中的困难，并给予她们我自己的经验。我大一时的课程与她们当时所上的相同，因此也能够在学业上给她们一些帮助。大一下半学年，她们还面临着专业分流，我也时常与她们交流专业选择的问题，和她们分享我当初选择专业时的考虑，并从个人意愿以及未来发展上帮助她们进行规划。

　　担任生活导师期间，我认识到要注意学生们之间的个体差异，每个学生都具有独特性，正所谓"因材施教"。比如有位学妹性格比较内敛，我总是见到她独来独往，大家聚在一起时发言也比较少，所以我就会在微信上和她多聊天，询问她的情况，令我很感动的是一次放假后，学妹还给我发信息说要给我带家乡特产。再比如有位学妹对于未来的专业选择十分迷茫，我便和她交流内心想法，了解她更加偏向于哪个专业，和她分析利弊，并建议她多找老师聊一聊相关话题。还有的学妹与我爱好不同，我也会试着去了解其关注的领域以增加我们之间的共同话题。此外，我也真正体会到了"教学相长"。与学妹们相处的过程是我输出与收获的双重过程，为了能够真正帮助到她们，我要求自己巩固曾经学过的知识，了解了许多之前未曾涉及的内容，大家在聊天过程中谈及一些问题时更是思维的碰撞，也启发了我的思考。

当然，我也反思了自己担任生活导师期间的不足，比如活动形式较为单一，且大四下半学年因忙于毕业论文的撰写而与学妹们联系减少，未能及时了解她们的情况。在与其他同样担任生活导师的同学交流时，我们似乎还都面临着同样的问题，即因担心让学弟、学妹们压力过大而不好意思过问他们的学业情况，开展学习活动较少。另外十分遗憾的是，毕业前我与另两位生活导师本想一起组织一次活动，加强不同班级同学之间的联系，但一直没能找到合适的时间，也就错失了机会。

在书院，生活导师制不仅仅是一种制度，更是一种情感的联系。生活导师与学生们因年龄差距小，思维方式相近，入学时遇到的问题也类似，他们的一些经验就更加具有借鉴意义。当制度条文促成了密切的交往、鲜活的记忆、珍贵的感情，书院真正成了一个让所有人都有归属感的、永远的大家庭。

不辞山路远，踏雪也相过

——忆生活导师经历

崔李滢①

一、作为"五分之一"，感受温暖

思绪飘回 2019 年的夏末，作为大一新生的我在入学教育阶段便了解到湖南大学岳麓书院的四维本科生导师制，其包含学业导师、班级导师、学术兴趣导师、生活导师四个维度，四类导师交叉覆盖、分工合作、相互配合、共同作用，对应本科生培养过程中不同方面的需求，覆盖书院本科生从入学到毕业的全过程。其中，同学们最感兴趣的便是"生活导师"，仅从概念上而言，"生活"一词的涵盖面甚广，于是大家纷纷猜测，难道是负责管理我们日常生活的导师吗？莫非是由辅导员老师兼任吗？同学们的好奇心在某天下午的"生活导师双选会"召开前达到峰值。班会开始，有几位素未谋面的研究生师兄师姐进行自我介绍，随后便由我们班级内部统计选定生活导师的意向，经过"调剂"之后，杨师姐成了包括我在内的五位"萌新"的生活导师。

每当我回忆大一期间和生活导师相处的经历时，最先闪过脑海的总是师姐带我们欢乐聚餐的场景，从某种程度上而言，美食确实有治愈坏心情的作用。

---

① 作者简介：崔李滢，湖南大学岳麓书院 2019 级本科生，任 2022 级本科生生活导师。

然而，哪怕一时之间想不起细节，我也明确地知道师姐对我们的关心远不止于此。当我翻看聊天记录时，回忆一幕幕涌现：师姐会关注我们的学习生活，不仅尽力帮助我们解决学习上的疑思，还专门划分出"学习经费"，送给我们每人需要的历史专著；师姐也会了解我们的思想动态，定期询问我的入党进程和党课考核情况等，对时为入党积极分子的我产生了较强的鞭策作用；师姐更会关心我们的日常心情，随时通过线上、线下的文字、语气来捕捉我们的"小情绪"，及时探寻原因，进而对或迷茫，或焦虑，或郁闷的我们进行心理疏导。总体而言，师姐分享的丰富的学习生活经验足以帮助我们顺利度过进入大学的适应期，沟通交流层面的"零代沟"也使我们和师姐相处得无比轻松。

生活导师亦师亦友，给予初次离家求学的新生以无尽温暖。

二、成为"六分之一"，主动发热

若白驹之过隙，我从大一新生成长为大四学姐。在大四年级开学前的暑假，书院发布了招聘新生生活导师的通知，在得知生活导师不仅限于研究生时，我无比兴奋，立刻完善简历、投递报名。经书院老师审核，我和其他几位同学如愿成为生活导师。在收到"聘书"，一字一句地默念"兹聘请崔李滢担任湖南大学岳麓书院 2022 级历史学本科生生活导师"的那刻，我内心的责任感忽又增重，同时也增添了几分荣幸与自豪之感。

等到了我最期待的生活导师与新生见面、互选的那天，虽有些许紧张之感，但我还是按照提前"演练"的那样，流利地从姓名、家乡、学习情况、学生工作经历、性格特点、兴趣爱好和拟策划的活动等方面进行了较为全面的自我介绍。最重要的是，我终于有机会对书院的学弟学妹们说出三年多来的肺腑之言："因为自己淋过雨，所以想为你们撑把伞；因为自己感受过温暖，所以也想成为你们的小太阳，发光发热传递正能量。"或许是这句话吸引了不少学弟学妹愿意选我作为他们的生活导师。在熟悉的"双向选择"流程之后，我如愿成了五位"萌新"的生活导师，并在我们六个人的小群中努力扮演"孩子王"和"知心姐姐"的双重角色。

生活导师关注细节，为处于过渡阶段的学弟学妹提供支持帮助和情绪价值。因为不愿错过"萌新"们入学后的重要时刻，我会专程赶场去参加新生拜师礼，找到合适的机位为他们每个人拍照记录向导师鞠躬致礼的瞬间，捕捉他们欣喜的动态。因为不愿"萌新"们在日常学习中有庞杂的烦扰，我会尽早教会他们使用学校小程序的预约自习座位、查询自习教室等功能，也会和他们分享自己经过长期摸索总结出的校内外自习经验以及各处自习场所的利弊。因为不愿"萌新"们在入党申请、科研训练、学生工作、志愿活动等方面存在疑虑，我会主动讲解自己参与这些事务的经历，帮助他们更好地了解所需所求。因为不愿"萌新"们在小长假和考试前等特殊时期产生思乡、焦虑、抑郁等不良情绪，我会提前计划多种娱乐方案（包括但不限于聚餐、观影、团建馆活动、探店打卡等等），将其制成调查表发布在微信群中供大家选择，最后根据投票结果确定最合适的时间和活动。我和其他几位生活导师也会根据"萌新"们的意愿进行组间联谊，共同组织团建活动，以便同级的各位新生加强联系、彼此熟悉。除此之外，我会时常关注五位"萌新"的心情状态与日常生活，在他们开心时感到放心，在他们不顺意时立即开导，并尽全力提供实质性的帮助。遇到有特殊意义的日子，我会在微信群中发祝福红包，满足生活中的小小仪式感，为"萌新"们的生活"加点糖"。

三、回归"千分之一"，期待光亮

落笔成文的此刻，我的身份已经是湖南大学岳麓书院的毕业生了。不再是大一时被我们生活导师关心的五位新生之一，也不再是大四时与"萌新"们共同成长的六人组之一，我现在又回到了看似普通，实则饱含情怀与深意的千分之一，即岳麓书院众多学子中的一员。从前是，现在是，将来亦是。

岳麓书院见证也成就了我的四载青春年华。一方面，我在大学阶段的学习生活中遇到了很多不同情况的困难与挫折，自己一次次在"打破"中"重立"，不断吸取经验教训，逐渐成长为更好的自己；另一方面，我在陷入困境时会努力寻找出口，向包括我的生活导师在内的学姐学长们请教解决问题的方法，且他们总是热情满满、全心全意地给予我帮助与鼓励。这使我在遇见更优秀的自己的过程中，总是满怀期待地遇见更多需要被温暖、被照亮的同学。我想，每位书院学子成长的心路历程都是如此相似，这大概也是一种传承，是在书院优良学风熏陶下同学间互帮互助的传承，亦是书院特色教育模式下师友间互相关爱的传承。当然，仅从我的经历来看，生活导师制度的运行也存在一些不足，首先是双选的过程容易出现班级统计的新生意愿和每位生活导师所带新生人数标准不契合的现象；其次是前期培训与宣传环节尚有所缺，容易导致生活导师工作不到位，以及个别新生与生活导师互动意愿不强等问题。不过我认为这些只是具体操作过程中暴露的小问题，一旦优化相应的运作机制，便能立竿见影，使生活导师制的效用更加显著。

"不辞山路远，踏雪也相过。"我仍然心存期冀，希望生活导师制度在实践中不断发展完善，希望新任的生活导师都能从既往经历中总结经验，希望每届新生都愿意从感受温暖与光亮的"萌新"成长为发光发热的生活导师，希望书院学子的学习生活与人生道路皆熠熠生辉，在问学与求道的过程中更好地实现自身价值。

陪伴成长，共筑未来

——一位本科生生活导师的角色体验与实践感悟

黄晨曦①

一、成为生活导师的初衷

我从初中时开始过寄宿生活，自认为是一个很独立的人，本科时很容易就适应了大学生活，但当时有很多同学是第一次离家，加上大学生活和高中生活又有很大不同，因此我知道他们其实面临和克服着关于学习、生活、人际关系等多方面的问题。自我了解到书院的本科生生活导师制度后，便向老师报名，很荣幸能成为其中一员，可以引导新生更好地适应大学学习生活，贡献作为朋辈的微薄之力。

二、生活导师的体验过程

1. 初识阶段

我和学弟学妹第一次正式见面之前先建了一个微信群，我发布收集并了解

---

① 作者简介：黄晨曦，湖南大学岳麓书院 2022 级文博专业硕士研究生，任 2023 级本科生生活导师。

到学弟学妹们的信息，如手机号、生日、最想一起完成的五件事。约定好时间后进行第一次见面，我们选择吃火锅，一是能够有更轻松的氛围，二是吃火锅也能增进大家的感情。果然，大家相谈甚欢，倾听了他们对新学期生活的各种烦恼、开心事以及学业生活，就像火锅越煮越旺一样，大家的拘束感也逐渐放下。吃完饭，大家仍然兴致勃勃，提议去后湖散步，于是我们就穿过学生公寓，散步到后湖。在后湖，大家一边散步一边聊天，谈起彼此的高中生活滔滔不绝，一边欣赏"今晚月色真美"，一边听后湖吉他伴唱，感觉真是美好啊！散场后大家约定下次再见。

第一次见面为我们的这段关系开了个好头，也使我了解到学弟学妹们的生源地、高考分数和排名，来到岳麓书院求学的原因，以及他们的近期感受。通过后续的微信沟通反馈，我继续了解新生群体特点，也相信我们的信任关系已初步建立。

2. 深入指导阶段

(1)学业指导与生涯规划的经验分享

在交流中，我们还是多围绕本科期间他们的学业及学生工作话题展开，我本科时的学生工作较为丰富，加上我有保研的经历，因此对于他们的问题还算能够提出一些自己的见解和经验。

(2)心理疏导与行为规范的引导教育

因为担心他们会不好意思将一些问题开诚布公地进行讨论，我开通了匿名提问箱，将链接发布在微信群中，建议他们将问题发在提问箱内，既保证了绝对的匿名和隐私，而我也可以有针对性地解决他们的困惑。我们组里女生居多，对于女生宿舍内的人际关系问题，我们也曾做过相应的讨论，引导学妹们正确处理好舍友之间的关系。

(3)定期组织团建活动

除了看电影、吃饭、散步，我们也进行了团队合作的运动项目，比如"方格大战"，很好地增强了大家的凝聚力。下一步我还计划带大家观看脱口秀、话剧等，让大家多多体验不曾进行过的项目，去发现生活中的美，也学会享受美，在学习之余，探索属于自己的更多未知和可能性。

3. 成长见证阶段

目前仍处于成长见证阶段，通过观察大家的情况以及反馈，我有理由相信学弟学妹们已经较为适应大学生活，并能够调整好自己的心态面对生活中所遇到的困难。

三、生活导师工作的感悟与收获

作为生活导师，一定要明确自己的角色，像对待弟弟妹妹一样去关心照顾他们，考虑他们真正所需要的，如果他们想要的是苹果，你就不能给他们一大筐梨还问他们为什么不喜欢你送的梨。我印象很深刻的一件事是，去年长沙的11月份已经降温，但大家当时正在进行期中复习，原本计划的活动就一直推迟，后又因为团代会、学代会的相继召开而产生冲突，再加上大家那一周都太忙了想要休息，故没有合适的时间相聚，原计划的看电影和围炉煮茶活动便告暂停。我后来通过线上聊天，了解到大家都不太适应天气的变化，便给大家准备了热水袋用于保暖。当时我一个人搬快递、拆快递、打包好装袋，拎着几个沉甸甸的袋子往返南北校区，着实把我累了一顿，好在大家收到礼物的时候都很惊喜，我也很开心，他们后来还发了使用热水袋的照片给我看，表现出的欢喜也让我的心里暖暖的。

再者就是活动的开展要一切以学弟学妹为中心，如果他们表示时间不方便或是想要休息，就先尊重他们的想法，再挑选合适的时间，千万不要为了达成目标而在大家都很疲惫的时候继续强人所难，这样会适得其反。

通过和学弟学妹们的相处，我也在陪伴中实现了自我价值与成长，收获了满足感和幸福感，未来，就算我结束了生活导师的工作，我也愿意继续做他们的好朋友，在他们需要时给予陪伴和帮助。

四、对未来生活导师工作的建议与展望

一是可以在学期末开展生活导师汇报会，让大家欢聚一堂分享经验，提升生活导师专业化水平；二是构建更加完善的本科生生活导师工作机制，可以向本科生发放问卷进行满意度调研，对表现优秀的生活导师进行适当的奖励。

同心、同力、同行

——生活导师感悟

赖明珠①

2020 年到 2021 年，我有幸担任了 2020 级五位同学的生活导师。在和同学们的相处之中，我似乎理解了书院设置生活导师的目的，也从这段经历中收获了快乐与新知。其中，"三人行，必有我师焉"，此言可以算是我在担任生活导师后最大的感悟。回首那些相伴的时光，我想可以用"同心""同力""同行"来概括。

所谓"同心"是指我和同学们都有着面对生活、学业的疑惑与不安，也有想追求进步、克服困难的决心。脑海中印象非常深刻的一件事发生在我与同学们见面初期，那个时候，我正想着如何拉近与同学的距离，增强沟通。于是我询问大家在开学初期是否适应大学生活。2020 级五位同学都向我表露出同一种感受，即大学的生活令人兴奋、快乐，也令人紧张、迷茫。与高中相比，在没有巨大的升学压力后，生活似乎更自由，多了许多选择。但习惯事事由老师家长安排后，多出来的选择与自由也令他们害怕和不安。同学们表达了自己对于大学新生活的憧憬以及对学业的担忧，我深表同感，这与我刚上大学的时候一模一样，享受大学自由生活的同时又担忧未来的学业。从这一点出发，我和

---

① 作者简介：赖明珠，湖南大学岳麓书院 2021 级中国史博士研究生，任 2020 级本科生生活导师。

同学们可以说是"同心者"。

正是基于"同心"的基础，我向同学们分享了我过去是如何克服这些困难与担忧的经历与经验。后来，我几次组织同学们一起爬山、逛校园，交流讨论近期的学业与生活。通过这些活动，同学们互相之间也变得更为熟悉，同学们也更加信任我。在学期中，陆陆续续和我交流有关学业的问题。五位同学分别在人文班、历史班学习，而我也是历史专业学生。因此，我们在学期中也经常交流学业问题。例如，同学们经常向我询问专业相关的书籍推荐、史料分享。我将资料分享给他们的同时，也会分享搜索史料的方法，演示如何搜索国内外数据库、资料库中的资料。在交流相关问题的同时，同学们也会告诉我在课堂中学习到的新知识、新方法。这就是我与同学们在学业上"同力"的过程。

同为在岳麓书院求学的学子，在求学路上，我们其实一直是同行者。在求取知识的过程中，分享彼此的喜悦与忧愁、成绩与疏漏。大一学期结束，同学们也不再是新生，也不再需要生活导师带领着去熟悉校园生活，但我们的联系并没有因为彼此身份的变化而终止。直到现在，我们仍然进行着有关生活、学业上的交流。记得在2021年，我们相约在老屋私厨这个"基地"分享最近的生活、学业情况。我跟同学们分享，在下个学年从硕士生变成博士生的消息。与此同时，有两位人文班的同学告诉我，他们经过充分考虑，决定不在人文班继续学习，而是转到别的专业学习新的自己感兴趣的知识。能在短短一年时间中找到自我的兴趣所在，是很不容易的事情，也是非常值得高兴的事情。我们在那天互相庆祝彼此的欢乐，也互相安慰彼此的苦恼。在同学们身上，我也感受到了互相支持的温馨之处。随着时光流逝，各自都进入了更加忙碌的学业生活当中。同学们也都到了要升学、就业的关键时期，我也到了博士学习中很有压力的时期，似乎联系变少了，但我总是会想起这五位朋友。在断断续续的联系中，同学们向我分享了他们在大学最后时光的消息：升学与就业的选择、撰写论文时的苦恼、阅读史料的收获和疑惑……

回想与同学们一起玩耍和学习的时光，我又一次体会到"三人行，必有我师焉"此言之不假。担任生活导师的开始,第一次见面前夕,我十分紧张。因为有年龄的差距,我担心"代沟"的存在可能会导致冷场,我也担心自己并不是同学们想要的生活导师的样子……但是,与大家相处的这段经历告诉我,如果怀着真诚的谦虚的心和人交往,也许并不会如自己所担心的那样糟糕。每一个人的思想都是等待发掘的宝藏,在五位同学身上,我学习到了不少新知识、新技能。五位同学都各有特点,各有优势。有人性格腼腆,但是耐心细致;有人活泼开朗,却稍显粗心大条;有人看似躺平,实际上这只是自我疏解的一种方式,休整过后继续扬帆起航。每个人都有独属于自己的与世界相处的方式,独特的应对困难与调整心态的办法。而若想要找出这些宝藏,则需要一些耐心和好奇心。

其实,我非常羡慕书院的本科生,自入学以来书院就安排好了几位导师,从学业、生活等方面为其大学生活展开全方位的保驾护航,可见书院对于学生成长、人才培养方面的良苦用心。仅从生活导师的设置而言,也许还可以从以下三个方面进一步加强建设。首先,继续规范生活导师的工作记录,要求生活导师做好、保存好每次活动的记录,定期提交至书院负责老师处;其次,学院可以定期回访生活导师,了解学生对生活导师的评价、建议,做好记录以便观察、后续调整相关制度;再次,继续规范生活导师的经费开支,坚持做好经费开支记录,以便规范经费使用;最后,学院也可以定期召开生活导师会议,探讨一段时间内的工作情况,互相交流彼此的经验,增强生活导师之间的联系。

本科生导师制是岳麓书院人才培养当中极具特色的环节,对于书院学生的成长起到了很重要的促进作用。书院本科生生活导师制也已经实行了许久,取得了很多成果,也有较为完善的制度建设体系。这样的特色制度值得也需要继续坚持,继续办好,为培养更多优秀人才保驾护航。

朋辈亦有师，教学长而前

李书祺①

　　岳麓书院的本科生导师制，贯穿了我大学的四年时光，在学习上、生活中陪伴着我，使我受益良多。如果说，班级导师和学业导师予以我们的是师者的谆谆教诲和长者的爱护之心，那么生活导师则是同以学生的身份，给予初入大学校园的岳麓学子们陪伴与关怀。作为岳麓书院本科生导师制重要的一部分，生活导师制度将学生纳入"导师"群体，在以同龄人的身份帮助新生适应大学生活的同时，亦培养了生活导师自身的人际沟通和情绪辅导能力，可谓两全其美，独具特色。而我也有幸在本科毕业前体验了生活导师制度中学生与导师的两种身份。

　　时间回溯至 2019 年，军训结束后的某一次新生会议上，在老师的介绍下，我第一次了解到生活导师制度的具体内容。生活导师制是由书院选择高年级的本科生或研究生担任生活导师，每位生活导师与自己所指导的数名本科新生定期交流，在一年的时间里帮助新生适应新生活。书院的考量，建立在生活导师与本科新生年龄差距较小的基础上。考虑到初入大学校园，新生难免对于师者心存敬畏，遇到学习或生活上的问题时往往会羞于或惧于向老师们寻求帮助。因而生活导师的设置，真正站在了学生的角度，希望在年龄差异较小、思维方式较接近的情况下，新生能够更主动地与导师进行沟通，从而能更好地解决新

---

　　① 作者简介：李书祺，湖南大学岳麓书院 2019 级本科生，任 2022 级本科生生活导师。

生面临的问题，促进新生成长。感叹于书院的人文关怀，我不禁对将来的大学生活有了更多的期待。

在这次会议的结尾，几位研究生学长学姐依次做了自我介绍和自我推荐，最终，我选择了杨翮学姐作为我大一学年的生活导师。一年里，杨翮学姐在线下和线上都与我们进行了积极的交流。我们与杨翮学姐的会面，通常是在学姐组织的聚餐活动上。聚餐时，杨翮学姐十分乐意听我们讲述近期所经历的趣事，也会与我们分享她生活中的趣闻轶事，整体氛围其乐融融，也使我与其他原本并不熟悉的同学迅速打成一片。此外，杨翮学姐有时也会组织我们一起散步、看电影，以期放松我们的心情，丰富我们的生活。在这样轻松愉快的氛围的感染下，我也逐渐褪去初入校园时的青涩和犹疑，在遇到问题时越来越懂得主动地向学姐寻求帮助。而在学习上，对于初入大一的新生而言，关于历史专业的学习尚处于摸索学习方法的探索阶段，杨翮学姐作为硕士生，亦是从本科阶段一步一步成长起来的，她十分了解我们目前存在的问题与困境，因此她主动了解我们的课程学习情况，向我们推荐各类相关书籍，为我们的历史学习提出适当的建议，希望对我们的学习有所裨益。除此之外，杨翮学姐还了解到我们在大一上学期的 12 月份就会经历英语四级考试，为帮助我们更好地学习和巩固英语知识，提高英语水平，她也督促我们勤背单词，并设置了打卡项目，希望我们每天将自己的单词学习打卡情况发送到群里，以互相监督。而学姐自己也参与到这一打卡过程中来，几个人互相勉励，共同进步。在杨翮学姐的帮助和鼓励下，我很快适应了学习和生活上的转变，更好地融入了书院大家庭。

时光飞逝，转眼间我便迎来了大学的最后一个学年。由于已经保研且课业压力较小，在开学初陈文毅老师便来联系我，问我是否有担任大一新生的生活导师的意愿。当时，我尚犹豫于自己较为"社恐"的性格是否有能力担任起这一重要的岗位，在陈文毅老师的鼓励和劝说下，我决定并尝试克服心理上的担忧，为大一新生提供力所能及的帮助。就这样，我组成了自己的生活小组。幸运的是，我所带的新生们多是较为开朗的性格，且大家都同属于历史专业，共同话题比较丰富，这使我害怕尴尬的情绪消散了许多。同时，我也更希望和大家轻松地交流，因此我开展活动以放松为宗旨，大家一起吃吃饭、聊聊天，获得胃和精神上的双重满足。我倾听他们讲述班级里、课堂上的趣事，他们也询问我关于成绩、保研等问题，从这些片段中，我仿佛看到了仍是大一学生时的自己，有初入新生活的迷茫，对未来生活又充满着热情和憧憬。我尽力告诉他们一些他们当时可能尚不太清楚的制度标准，而由于我们所上的课程基本相同，我也会对他们未来要经历的课业提出一定的学习建议，好让他们能有所准备。同时，我也不断强调希望他们能在遇到问题或困难时多多联系我，将我当作自己的朋友看待。因此，当我看到有人在微信上联系我时，我是十分开心的。我非常清楚他们在繁重的课业下可能存在的压力和焦虑，因此，当有学弟学妹主动私聊我时，我也耐心地引导和鼓励他们，并试图向他们传授自己的经验。此外，我也常常与自己同为生活导师的朋友、师兄师姐聊天，向他们请教如何更好地与新生们进行沟通，从而进一步优化自己的交流模式。临近毕业时，我本想再与生活小组的学弟学妹们聚一次餐，可惜的是我由于生病最终取消了这一活动，之后也一直没能找到合适的时间补上，至今想起来仍备感遗憾。最终，我选择赠送学弟学妹们每人一本《宋案重审》作为礼物，一方面这本书的文字较为通俗易懂，另一方面我也希望学弟学妹们能够学习作者的实证和问题意识，在史学学习方面继续努力。

短暂的一年生活导师身份的体验，让我学到了许多。将一群人聚在一起，并不是一件容易的事情。在这期间，我提升了自身的沟通能力，也改善了自己关心他人的方式方法，同时，在为学弟学妹们提供学习上的帮助时，我也反过来督促自己不断学习，由此形成了互助闭环。当然，我也充分意识到自己在担任生活导师期间仍存在着诸多不足，例如线下活动较少，且活动形式比较单一，日常交流多以线上为主；除学弟学妹们主动私聊外，我多在群聊中主动联系他们，未能真正做到因人制宜、对症下药；等等。

尽管存在着诸多的遗憾，生活导师制仍在我的本科生涯中，为我留下了一段美好的回忆。于我而言,这一制度在很大程度上搭建起了我与学长学姐、学弟学妹沟通往来的桥梁。相似年龄阶段的学生们被生活导师制有机地聚集到一起,在与生活导师相处的过程中营造了"三人行必有我师"的良好氛围,新生在生活导师的衔接下度过茫然懵懂的入学期,而老生则在这一过程中实现自己的教学相长,并在潜移默化中延续、传递这项制度的精神火炬。当冰冷的制度被一代代学子具体落实,就自然而然更具有暖意,成为我们珍贵的过往,收获了难得的友谊,亦加强了我们对书院的归属感与眷恋。

以心带新　以馨换心

——本科生生活导师制之我见

芦熹鸣①

　　为本科新生设置生活导师是岳麓书院一项非常有特色的制度。2023 年 9 月，在 2023 级本科新生入学后，我有幸成了这一制度的参与者，成了一名本科生生活导师，承担着帮助本科新生熟悉生活环境，融入大学校园的任务。这一任务不仅对本科新生们十分重要，对我本人来说也是一次非常难得的宝贵经历，在这一过程中，我不仅重新体验到了作为一名大学新生的入学心路，也锤炼了自己作为一名生活导师的性格和品质。正所谓"师者，所以传道受业解惑也"，我恰恰是在担任本科生生活导师的过程中实现了对本科新生的师者之职，传授他们入学之道，教授他们为学之业，解答他们从学之惑。

　　在这篇文章中，我的论述主要从"以心带新"和"以馨换心"这两方面入手，来谈谈我作为一名本科生生活导师的切身感悟。

一、以心带新——岳麓老生的带新之心

　　学在湖湘，身在岳麓书院，是我作为一名书院学子的莫大荣耀。对于这方

_____

　　① 作者简介：芦熹鸣，湖南大学岳麓书院 2022 级哲学硕士研究生，任 2023 级本科生生活导师。

千年庭院，我的内心始终抱有莫大的情怀。因此，在接受担任本科生生活导师的任务后，我的第一反应便是荣幸。这一荣幸历经千年风雨，自古时学风相袭至今。实际上，今天的本科生生活导师制也恰恰是对历代书院传统的一种继承。

在我的带新之路中，有四位本科生选择了我作为生活导师。他们分别是来自内蒙古的阿吉泰、来自吉林的姜祉伊、来自四川的雷冰芯和来自湖南本地的方芹，四位同学不仅来自天南地北，也来自不同的民族，拥有各不相同的兴趣喜爱和研究追求。因此，作为一名老生，我首先要做的便是用真心消弭四位同学刚入学时的陌生与隔阂，在我们的小师门中收获一份属于岳麓老生带来的熟悉与关照。这份心，便是一份岳麓老生的带新的真心。为了能够将我的这份带新之心表达得更为充分，我在与本科生接触的一开始，便选择了以茶话会的方式进行。

在这次茶话会的过程中，我向四位本科生介绍了我的个人情况和研究方向。与此同时，我也了解了四位本科生的个人情况和兴趣特长。经过这次茶话会后，我们的小师门生活便在一派欢声笑语中开始了。作为一名东北籍的学长，我带着四位本科生吃了一顿热气腾腾的铁锅炖，向他们分别介绍了岳麓书院的历史沿革、学术发展和一些涉及日常生活的具体情况。在这次谈话过程中，我发现本科生们对崭新的大学生活都充满了渴望。

四位本科生对我讲，尽管他们已经来到了岳麓书院学习，但是在初中、高中时，他们对历史、哲学类话题的了解并不算多。很多时候，受制于家长的意见和建议，他们可能对金融、法律一类专业更感兴趣。我对他们讲，进入大学一定要选自己喜欢的研究方向和内容，无论什么专业都要谨记兴趣才是最好的老师。此外，来到岳麓书院，势必要接触更多的历史、哲学、文博类专业的相关问题，可以在更深入的学习与接触中，寻找自己的兴趣点。

在一番交心的讨论后，我用岳麓老生的一颗带新之心换来了本科生们的信任与依赖，也同样能够以一个生活大哥、学术大哥的身份完成作为生活导师的使命。

二、以馨换心——岳麓新生的温馨之心

经过了第一次集体聚会，我和我的本科生小朋友们变得更为熟悉了。在日后的接触中，我们的活动范围便不止于饭桌。因为，我觉得作为一名生活导师，设计有质量且有特色的师门活动是极其重要的。

有质量且有特色的师门活动，其关键便在于师门的气氛。本科生的日常学业、生活安排要远远比硕博群体更紧凑，因而，我便要营造一种温馨、放松的师门氛围，这样才能够有效化解他们在本科学习、生活中的现实压力。更何况，本科生们由于刚刚接触史哲专业，也可能抱有冲击排名转专业的想法。因此，他们的竞争压力实际上也很大。

为了营造这种温馨放松的师门氛围，我比较重视为本科生们制造课余生活的新鲜感和趣味性。譬如，我曾将早饭安排在开福寺里，带我的本科生朋友们吃了一顿开福寺的观音寿面。在一些有趣味的城市漫步活动中，我没有选择岳麓山、桃子湖，而是选择了天心阁古玩城这些有趣味的地摊集市。一方面，这些选择可以让师门活动变得丰富多彩；另一方面，这可以提升本科生们对长沙这座城市的好感和认同感。

不仅如此，为了营造这种温馨的师门氛围，我还积极带他们参与湖南大学主办或承办的各项文艺活动。如校园歌手大赛、校园音乐会等等。我还鼓励他们进行艺术创作，不拘于诗歌、小说、音乐等各种可以有效表达自己情绪的方式，主动释放学习、生活中的各种压力。

在这种温馨的师门环境里，我的本科生朋友们逐渐摆脱了作为一名岳麓书院新生的稚嫩之气，转而更为成熟。他们会在师门群里主动分享各类见闻，也会和我谈论起本科生生活中的各种趣事，对老师、同学们的许多印象，这些也让我这名生活导师感到了十分的满足。

　　其实，以心带新也好，以馨换心也罢，归根结底就在于生活导师的一份真诚。有了这份真诚之心，才能够成为本科生在大学生活中的引路人与灯塔，让他们能够在繁重的学习、生活中找到心里的归属与寄托。这便是岳麓书院本科生生活导师的重要意义所在，也同样是我这名岳麓老生自我价值实现的重要方式。

岳麓书院本科生导师制中生活导师的角色定位与实践路径

鲁晓聪①

岳麓书院本科生导师制自 2009 年实施起，迄今已有十五年。在十五年内，经过学校和书院领导、教师和学生的不断探索、调整和改进，这一制度目前已发展得较为成熟。岳麓书院为本科生配备的学业导师、生活导师、班级导师和学术兴趣小组导师基本覆盖其大学生活各阶段，并满足其全方位的需求，为本科生的成长提供了良好且有效的制度保障。在本科生导师制中，生活导师是四位导师中唯一由书院高年级学生担任，并无明确职责范围的岗位，但它却是本科新生能否成功完成从高中生到大学生身份转换，并融入大学校园生活的关键因素，其特殊性和重要性不言而喻。

一、生活导师的角色定位

生活导师作为岳麓书院本科生导师制中的四位导师之一，其与学业导师、班级导师和学术兴趣导师密切配合，共同助益于本科生的大学校园生活。然而，若深究"生活"二字，会发现其所含范围甚广。《辞海》将"生活"一词定义

---

① 作者简介：鲁晓聪，湖南大学岳麓书院 2021 级哲学博士研究生，任 2020 级本科生生活导师。

为"人的各种活动"。于本科生而言，可以说其大学期间包括学习、运动等种种行为活动皆是"生活"的一部分，这也意味着生活导师所负责的范围过于广泛，易泛而不精。同时，这无疑会造成生活导师与其他三位导师的工作内容之间存在交叉，因此，清晰厘定生活导师的角色定位尤为重要。

岳麓书院对生活导师制的定义为："高等学校聘请思想道德素质高、学习优秀且有一定的工作经验的高年级学生担任低年级本科生的指导老师，通过团体辅导和个别辅导相结合的方式，围绕大学生活对本科生进行个性化指导的培养制度。"该定义有两点值得注意：其一，生活导师的身份首先是一名在读学生，其次才是指导老师；其二，主要任务是为大学生的大学生活提供个性化指导（针对性和多样性），可以说生活导师需要对自己的学生因材施教。因这两个特点，也注定生活导师与其他导师之间的角色定位有较大区别。

生活导师的高年级学生身份意味着他与本科生之间年龄差距较小，可以说是本科生的学长学姐或师兄师姐。毋庸讳言，国外早在十五世纪已实行"学长制"，我国香港也在近三十年内引进了现代意义上的"学长制"。然而，无论是国外还是我国香港所实行的"学长制"，其初衷皆是为缓解师资紧张而设，并以拓宽学生学术、引导向学为出发点，可以说仅关注到"生活"的一个面向。若将其置于本科生导师制中来看，会发现其功能作用明显与学业导师相冲突。故而，若是仅以"学长制"的"学长"来定位生活导师，似乎无法满足生活导师设置的初心。

若从生活导师的主要任务来看，其也并非只有以老师的身份才能实现，甚至以老师或长辈的身份去提供指导可能会事倍功半。反之，若是利用生活导师的学生身份来与本科新生进行沟通，或许会产生超出预期的结果。然而，由于原有"学长制"无法满足我们的需求，我们要主动求变，而最重要的"变"就是要大幅削减"学长制"中"学"的成分，从而让生活导师把"学长"转换为"大朋友"的身份，并真正以交朋友的心态去和本科生相处。生活导师要让本科生成为团队的主角，善于倾听他们的心声，并在必要时给予帮助，从而逐渐培养彼此之间的信任，当他们愿意与你交流、分享时，你也就真正成了本科生的"大朋友"。

二、生活导师的实践路径

生活导师作为本科生的"大朋友"，不但要善于聆听，而且要创造机会进行交流，及时了解本科生近期的需求与疑惑，毕竟在本科生对你产生信任之前，他们很难主动倾吐心声。那么，生活导师应如何开展前期工作，从而培养彼此的信任感？方法无疑是多样的。在本人有幸担任生活导师期间，偏向以"三个一"来培养自己与本科生之间的信任感，从而建立长久有效的沟通。

一顿美食。经过调查发现，书院内大多数生活导师会选择以"约饭"的方式来开展首次交流。该方法的确简单有效，在享受美食期间，简单的自我介绍必不可少，而这也无疑为之后的话题开启建立了基础。本次"约饭"，或许时间不是很长，但要及时掌握每位学生的性格偏好等，以期让他们感受到被重视，并为下次的活动开展打下基础。此外，若有条件，可以在与新生"约饭"时喊上你去年曾经带过的学生，并请他们为新生分享经验，他们与新生的代沟更小，更易产生共鸣。经检验，这种传帮带的方式收效甚佳。

一次活动。如果说一顿美食开启了你与本科生之间的"破冰"之旅，那么接下来的一次活动将加深你与他们之间的联系。活动内容当然多种多样，生活导师可以充分结合学生兴趣和长沙特有资源来开展活动，如私人聚会、爬山、橘子洲露营等都是不错的选择，但要在安全的前提下确保每个本科生都可以参与进来，避免让某位同学无法融入，从而产生距离感。在上述种种活动中，若是能与其他生活导师进行联谊，共同打造一个朋辈交流互动的空间，或许更具意义。

一个平台。无论是生活导师本人还是本科生，在面对课业时，难免无法经常线下交流，因此打造一个线上交流平台颇为必要。毋庸讳言，这一平台包括但不限于微信群。建立微信群只是打造线上平台的第一步，使其真正发挥作用才是打造平台的关键。作为生活导师的你或许可以在本科生要求的阅读清单中选择一本书与他们共读，并共同探讨这部作品的得失；或许可以将活动搬到线上，如课余时间一起打手游，使得学生在胜负输赢之间，形成正确的得失观，有助于培养其稳定的心态，以达到寓教于乐的目的。总的来说，打造线上交流平台并不是建立微信群那么简单，而是要确保在线上能发挥线下一样的交流功能。

诚然，上述三条路径看似简单，但若真要发挥最大作用仍需根据本科生的不同情况做出相应调整，从而满足生活导师制中所要求的"围绕大学生活对本科生进行指导"。

三、对完善生活导师制的再思考

生活导师制的设立无疑是岳麓书院一项高瞻远瞩的决定，且从设立之初至今已达十五年，可以说在这项制度的实施下书院历届本科生大都很好地融入了大学生活，开启了人生的新阶段，这也充分说明其具有长效性。然而，从近年的生活导师制实施情况来看，似乎存在些许不足之处，一言以蔽之：生活导师良莠不齐，部分生活导师素质不足以匹配优秀的本科生。

据调查，现担任生活导师的部分学生明显缺乏责任心，或许因其不够了解生活导师制的初衷与实施机制，抑或其他原因，某些生活导师在新学期过半仍未与本科新生见面，更有甚者"拿钱不办事"。这种情况长久以往，不但本科生无法从这项制度中获益，对书院的本科生导师制也会产生负面影响。

那么如何完善生活导师制，从而使其发挥最大效用？

首先，健全遴选机制。从发布遴选公告、接收简历开始便严格筛选，通过面试等方式了解应聘生活导师的学生的动机，以及他们对生活导师的理解和工作计划。同时，严格把控生活导师的年级限制，从而避免某些学生在忙于学业，自顾不暇之时盲目报名，导致不能胜任该项工作。

其次，对新晋生活导师展开培训。书院在为新晋生活导师发放《书院传统与当代大学教育》图书之余，可邀请书院内德高望重的老师讲解书院的育人精神和本科生导师制的宗旨，从而使他们对书院的育人传统有更为清晰的认识。同时，亦可邀请上届生活导师中口碑较好的导师分享他们的工作经验，并为新晋生活导师答疑解惑。

再次，组织生活导师和新生的见面会。生活导师在师生见面会上逐一进行自我介绍，由新生进行选择。若同一生活导师有多位学生选择，尽量在可控范围内满足新生要求，同时按所带新生数量为该位生活导师增加适量的活动经费。另外，不建议生活导师对学生进行反选，如此不仅可避免本科新生在入学之初便因落选产生心理落差，并且更易使新生对自己所选的心仪的生活导师产生信任。

最后，建立相对宽松的考查机制。由于生活导师同样存在学业压力，考查机制不宜过严。然而，宽松不代表放松，书院虽然践行"克己治行"的育人理念，但适当的考查机制同样十分必要。考查方式可以是多样的，如月度总结、朋辈监督等，其目的是帮助生活导师们更好地处理工作中存在的问题。在此基础上，生活导师满意度调查可半年开展一次，若某些生活导师的调查结果过差，则书院领导应及时找其谈话，帮助他发现自身问题所在。若问题较为严重，则应及时取消其生活导师资格。

以上是笔者针对生活导师制的一些思考。在自勉的同时，希望于未来有志担任生活导师的学弟学妹们有所裨益。同时，真切地祝愿书院的人才培养再创辉煌。

岳麓书院生活导师记

尚洛丹①

从书院毕业后，我留在了长沙，现在参加工作已快两年，突然受到陈文毅老师的邀请，要我围绕之前的生活导师经历写一篇文章，一时间内心诚惶诚恐却又十分激动。我打开电脑，思绪万千，学生时代的点点滴滴，在脑海中如电影般回放。那些初次踏入书院的场景，那些和导师们的深入交流，那些和学弟学妹们的玩闹欢笑，仿佛昨日，一一重现。

还记得我第一次到岳麓书院参加研究生复试，一进门就被书院古朴恢宏的建筑所震撼，复试的导师们知识渊博又风趣幽默，不禁让我对书院的人文氛围更加喜爱。入学后，我慢慢了解到书院的育人制度，觉得书院对学生的栽培真是用心良苦。特别是书院的四维本科生导师制，真是让人羡慕不已。有时我会想，要是初高中时期再努力一点，再拼一点，说不定本科阶段就能进书院读书了。

四维本科生导师制是指学业导师、生活导师、班级导师、学术兴趣导师在内四维一体的本科生人才培养模式。其中生活导师是对古代书院"学长制"的借鉴，由书院品学兼优的高年级学生担任，在学习和生活等方面给予本科新生适当的支持与引导，以使其更好地适应大学生活。首次了解到这一制度时，我

---

① 作者简介：尚洛丹，湖南大学岳麓书院 2019 级中国史硕士研究生，任 2020 级本科生生活导师。

不禁幻想，如果自己是本科新生，初入高校，在陌生环境里感受到书院老师们在学业上、生活上的关心，那将是多么令人欢喜的事情啊！书院老师们不仅会以丰富的知识和经验指导我的学习，还会时刻关注我的学术进步，我可以与师友们一起探讨学术问题，相互激发思维的火花，这种互动将使学习变得更加有趣和富有成效。生活导师会组织各种活动，让我在学习之余能够放松身心，结交新朋友，尽情释放自己的激情和能量。同时，书院还会提供各种资源和设施，让我的生活更加便利和舒适。在这种畅想中，我不禁希望自己也能帮助一下新入学的萌新们，以丰富他们的生活。因此在我读研二的时候，书院组织新一轮的生活导师报名评选活动，我踊跃参与，积极报名，通过多个环节，成功当选 2020 级本科生的生活导师。

在本科生入校后的大会上，生活导师们逐一介绍了自己，概述自己将要开展的活动，再由本科生自主选择自己喜欢的生活导师，部分活动经费由书院承担，就这样我认识了五位本科生新朋友。

初见时大家都有些拘谨，简单一轮自我介绍后，大家围绕自己的高中生活、南北方风土人情不同，以及为什么会选择湖大、为什么会选择书院开启了聊天模式。之后我亲切地称呼他们为"小朋友"，而他们则喜欢称呼我为"丹姐"。在接下来的时间，我们共同度过了许多美好时光。我带领着这五位新朋友熟悉校园，在周末或假期，我们会相约爬岳麓山，去看不同季节的风景；去橘子洲郊游，感受微风拂面；去小饭馆品尝美食，品味各有风味的特色小吃；在湘江边漫步，畅聊心中所思所想。我根据自己已有的大学生活经验，分享了自己的经验和故事。最让我有成就感的是，在最近和将要读研的婷婷小朋友交谈时，她和我说："丹姐，当时你的那些话让刚入学校准备放松的我们立马有了紧迫感，也开始思索自己想要什么。"还不等我细问，婷婷便把那句话发给了我："你们很快会发现大学是自由的，课程安排不紧张，有充足的时间做自己感兴趣的事，各位老师不再像初高中时期的老师一样，全方位盯着你的学习，每天念叨成绩。但大学生活也更具有挑战性，这四年的时光将决定你们之后的发展道路。你们面临着一个选择：是努力学习并取得成就，还是满足于及格就好，享受每天的快乐生活，这是一个充满压力的抉择。"婷婷说，这句话在她松懈的时候时不时就能冒出，督促着她不断进步。当时刚步入研究生生涯的我，深感大学四年中自己浪费了一些时间，因此我最先和这些小朋友们讲的经验就是要明确自己的目标。后续我结合他们的个人兴趣和想法，推荐给他们一些结合专业学习和个人爱好的方法，同时给了婷婷和小惠一些有关深造的建议。除了引导他们思考自己未来要走的道路外，我更明白知识的积累与兴趣的培养并不是彼此对立的，因此鼓励他们参加各种活动，希望他们在求学的道路上能够更加充实而快乐。

在我担任生活导师这个阶段，生活真的非常有趣！我像个聆听者一样，认真倾听我所带的小朋友们的心声。有时半夜来信息，我们一起聊到深夜；有时会突然来电话，紧急求助一些问题；期末能在图书馆碰到，一起写作业。就这样我陪伴他们度过了大一时光，而他们也教会了我好多新东西。他们对新事物的独特看法，对我之后的工作有着巨大的启发。在陪伴他们的过程中，我们也成了彼此的知己，一起度过了那难忘的大学时光。这样的经历不仅让我对他们、对书院的育人体系有了更深的理解，也对我自己的成长起到了不小的推动作用。

我在书院度过了最美好的学生时代，那段时光里，陈先初老师是我的导师，他不仅教我知识，更教我如何做人。他的言传身教，让我受益终身。我也在书院遇到了一群温暖的伙伴，一群德高望重的老师，在围绕生活导师经历写文章的过程中，我回忆起了许多珍贵的经历，这让我无比感慨。回忆起那段时光，仿佛重新穿越到那个梦幻般的校园，青春的味道在心间荡漾，我心怀感激。

再出发　以全新的身份

刘　畅①

仪式·回忆·感悟

2023 年 9 月 28 日，湖南大学岳麓书院新一届本科生导师聘任仪式暨拜师礼在书院文庙举行。作为书院"三礼三祭"习礼育人系列活动之一，新生拜师礼是岳麓书院人才培养的重要环节。在文庙大成殿前，在先贤先圣的见证下，23 位研究生、高年级本科生正式受聘为生活导师。对于台下的新生而言，这一天之后，他们将步入一个全新的人生阶段，而对于台上的 23 位同学而言，我们也将以一个全新的身份，迎来自己的蜕变与成长。

微笑着接过手中鲜艳的聘任证书，看着台下学弟学妹们清澈的眼神，我一瞬间恍惚，恍若看到了三年前的自己。三年前，2020 年的 9 月，我第一次跨进书院的大门，正式开启了自己的大学生活。入学伊始，岳麓书院特色的拜师仪式，就让我感受到历史人满满的温情与敬意。我仍记得那天，在书院博物馆报告厅的舞台上，陈宇翔老师坐在舞台一侧，我们新同学立于舞台另一侧，一齐恭恭敬敬地向陈老师鞠躬。时光流转，今天的学生很难严格复现古代的拜师仪式，但传统的尊师重道精神，在庄重的仪式与简单的一鞠躬中，被完好传承。

在书院的求学时光里，如果说哪些东西见证了我的成长，导师制必然是其

---

① 作者简介：刘畅，湖南大学岳麓书院 2020 级本科生，任 2023 级本科生生活导师。

中之一。四年里，学业导师陈老师用自己的一言一行，教会我如何做人、如何为学；在交流活动中，班级导师李老师叮嘱我最多的就是，"你一定要再多读些书"；在生活导师开展的师门活动中，我逐步建立起对书院的认同感与归属感。每一次师门活动都是我性格品质的养成过程，我慢慢从一个毛毛躁躁、马虎幼稚的孩子，成长为一个沉着冷静、踏实坚韧的大人。因而，在大四这一年，我选择成为一名生活导师，希望能以这样一个特殊的身份，帮助更多的弟弟妹妹，顺利完成从高中到大学的转换。

活动·交流·陪伴

学期伊始，马书记曾为生活导师设定"和学弟学妹一起完成十件小事"的小目标。一年里，我一直在思考：作为一个生活导师，我应该通过交流活动，带给学弟学妹怎样的收获和体验？我希望带给他们更多元的活动形式，给予他们最充盈、最完满的大学生活；我希望给予他们更实用的学习、生活经验，让他们在岳麓书院拥有自己理想的青春模样；我希望营造更轻松的师门氛围，充分凸显四维导师的功能与特质。

10月，我们在桃岭小院围炉煮茶。鉴于当时同学之间还较为陌生，破冰、了解、熟悉成为我们第一次的活动目的。在交流中，我们对彼此的兴趣爱好、专业特长、学业发展规划都有了更充分的了解。大家一起分享了开学以来在学习与生活中遇到的问题与困惑，并就如何解决这些问题展开探讨。

11月，我们在德智后湖草地野炊。新学期里，面对陌生的专业课程，如何听课，如何做笔记，大家都感到忙乱而无所适从。因而，学习方法与经验探讨成为我们的野炊主题。同学们相互交流自己听课、记笔记、看书阅读的方法、心得与感悟，我也结合自己三年来的学习经历，就如何听课、如何高效做笔记、如何提升学科素养等问题与各位同学分享了自己的经验。我们还一起打卡了老长沙的特色湘菜，席间，正巧聊起书院最近开设的系列讲座，我便进一步引导同学们就史学方法与门径问题展开探讨，诸如史料与史学、如何阅读学术专著等等。

12 月，我们一起打卡了湖南博物院，参观了马王堆汉墓。在志愿者讲解老师的带领下，我们共同学习湘湘文化的前世今生，深度了解辛追夫人的故事。冬至包饺子一直是书院的特色活动之一，冬至前后，我们在天马学生公寓二食堂二楼，亲自动手，一起做了一桌团圆饭。有同学们陪伴左右，离家的悲伤，想必也能转化为团聚的喜悦。

转眼间，期末在即，为了缓解同学们的备考压力，我利用元旦假期的机会，给师门同学派送了跨年礼物。考虑到同学们期末备考的压力普遍较重，我们就在德智学生公寓一起跨年，共同总结备战期末考的注意事项。

时光飞逝，眨眼间，我们已一同走过了近一年的时光，共同见证了彼此的很多精彩瞬间。在长沙的第四年，我也因为拥有了学弟学妹们的陪伴，珍藏起很多之前不曾留意的风景与美好。

收获·成长·展望

在新生入学的第一年，书院为每位新生配置了一名生活导师，其制度设计的初衷，或许是为了让大一同学能更好地适应大学生活，尽快建立起对学校的归属感。但在这一年的时间里，我愈加觉得，对于生活导师而言，这也是一个自我反思、自我总结的过程。这一年的独特经历更像是一种反思与总结，促使我回顾我的四年——哪些失误可以规避，哪些努力没有被辜负，哪些事件中，我可以做得更好。

四年中，从学生到生活导师，从学妹到学姐，我先后体验了"学生"与"导师"的双重角色设定，对书院生活导师制度今后的发展方向，也产生了这样的一些思考，姑存于此处，与各位师友探讨。

首先，由于性格等因素的影响，不少生活导师或同学都较为内向，没有能够按照书院的规定，定期举行师门活动，活动频次相对较低。其次，部分生活导师与本科新生在年龄、兴趣、爱好等方面存在较大的隔阂，也在一定程度上影响了师门活动的效果。因而，对生活导师活动的监管、考评及对生活导师人员的考核是今后应当重点关注的问题。今后，要对生活导师进行培训、评估，公开其经费使用情况，定期检查生活导师是否组织师门活动，以提升生活导师的工作质量，切实在日常生活方面为新生提供有效建议。

概言之，于师于生，生活导师制度都是一个双向提升的过程，也是一个获得友谊的过程。在一年的相处中，我们彼此之间，与其说是师生，不如说更像是朋友。

我的生活导师体验

——寻找生活与学习间的平衡

何嘉瀛①

2023 年 9 月的时候，书院群里发布了生活导师招募的通知，我看了之后对这个工作充满了向往。我想如果我能成为生活导师，可以和几位 2023 级的同学有更多的交流，可以将自己两年多大学生活中关于学习和生活的经验分享给他们，或许可以让他们少走弯路，也可以在枯燥的学习生活之余有更多一起活动的机会，一起去探索长沙城未曾涉足的角落。我虽然不是很外向，但也热衷于交流。之前就听说书院对生活导师的选拔是有比较严格的要求的，我不确定自己能不能入选，班上一位朋友的鼓励，让我有了胜任这个工作的信心，并且决定报名。知道自己被选为生活导师的那一刻，我感到十分惊喜。我想既然学院信任我，给了自己一个宝贵的机会，自己一定要认认真真把这个工作做好。

我是大二才转专业来书院的，刚来书院的时候就听说了书院极具特色的导师制度，除了"班级导师"外，书院还有"学业导师""学术兴趣导师"和"生活导师"。当时刚进书院，我被告知要尽快去联系一位学业导师，当我问生活导师要怎么找的时候，一位朋友告诉我，生活导师是大一新生才能选的，这个制度是为了帮助书院的新生尽快适应大学的生活。我当时感到有些遗憾，但到了

———————

① 作者简介：何嘉瀛，湖南大学岳麓书院 2021 级本科生，任 2023 级本科生生活导师。

大三有机会担任生活导师，正好能弥补这个遗憾。由于我自己没有和生活导师相处的经历，就问了很多学长学姐当时的生活导师会带他们进行什么活动，体验如何，通过这样的方式我有了初步的工作规划。后来在开会时听马老师和陈老师讲了关于生活导师的一些要求后，我大致知道该怎么做了。

我之前一直挺好奇同学们是怎么选生活导师的，到了 2023 级同学选生活导师的那天才发现当时的选择方式非常有意思——一个"抢购"的小程序被加以改造，到了规定的时间后 2023 级同学打开这个小程序就能选生活导师了，每一个选项对应一位生活导师，同一位生活导师最多可以被五位同学选择。当时我一直在观察选生活导师的过程，看到一位位生活导师被选满，让我联想到抢演唱会门票时的紧张感。

我在 2023 级新生军训的时候担任了新生助理，经过两个多星期的工作，书院 2023 级大部分同学我都认识了。我和小组的四位同学之前都有过不少交流，他们分别来自书院 2023 级的三个班。在军训开始前黄同学就问了我很多生活上的问题，包括住宿要采购的物资、大学上课的地点、电动车购买等等；董同学十分热爱生活，他在自我介绍的时候说自己在暑假研究了调制饮料，并且在军训结束之后邀请我们去他宿舍品尝他自己做的饮料；周同学在军训开始的第一天下午托我去买一条皮带，后来我们就熟络起来了；蒋同学和我不是一个专业的，有时候军训结束后在路上碰到他们宿舍四个人，我边走边跟他们聊天，就认识了。因此，我的一个优势是可以把"破冰"的环节省去。但我很快意识到，尽管我和四位同学都已经认识了，但是在团队活动开展的过程中，并不仅仅是我和他们四位的单项交流，而是我们之间需要有更多相互的交流，四位同学之间也需要相互认识和了解，这其实不是一个很快就能完成的过程。在第二个学期开展了第一次活动后，我明显感觉到他们相互间更熟悉了。回想起自己刚入学的时候，在整座城市没有一个认识的朋友，最开始一段时间难免感到孤独和无助。我想生活导师制的一个重要意义是给刚入学的同学提供一个扩大社交面的机会，可以更快地认识更多的朋友。

由于有书院活动资金的支持，开展活动的选择就多了很多。到目前为止，我们组活动的主基调都是"文化与艺术"，好几次活动都是去看展览。由于我们的专业性质，逛博物馆不仅仅是欣赏各种各样的文物，获得视角上的享受，也是对学科视野的开拓。博物馆会定期更新特展，门票也并不昂贵，这是一个很不错的选择。我们先后参观了湖南博物院和长沙博物馆，后者我也是第一次去。这学期我们去了谢子龙影像馆和李自健美术馆，欣赏一下各种形式的艺术，也是陶冶情操的方式。有时候出去看展会花掉半天的时间，也要走很多路，因此活动结束后都尽量安排一下聚餐，通过美食来消除活动的疲劳，聚餐也是加深相互间了解的方式。"文化与艺术"主题的活动开展过好几次，虽然在展厅里逛逛，欣赏展品也很好，但我还是在考虑组织一些更加放松或有趣味性的活动，比如唱歌、桌游或是看电影，具体选择哪项活动得看同学们的兴趣，活动开展的多元性也在我的考虑中。除了活动外，我也负责解答同学们在生活和学习上遇到的一些问题，比如当他们需要课程学习上的建议或学习资料时，我会分享给他们。

生活导师的工作还有几个月才结束，但是我已经有不少收获了。上大学后我把学业看得很重，觉得出去玩会消耗学习的时间，就算是到了周末也经常呆在教学楼里自习。我对长沙的印象除了大学的各个角落外，就是橘子洲、五一广场这些去过几次的景点和商场，这样的生活很单调，生活导师的工作给了我更多探索长沙这座城市的机会。"学习"和"生活"并不是只能二选一，追求这两者间的平衡能让自己更有满足感，也能让自己有更丰富的大学体验，这也是我在活动中想传递给四位同学的道理。

携手成长，一路生花

杨子芊①

生活导师制度是书院四维本科生导师制中的一维，实际也是帮助本科新生适应新生活的教育模式。在 2020 年我作为大一新生入学时就受此制度影响获益良多，因此在 2023 年进入大四有机会参选生活导师时，我便毅然报名并成功受聘，成为一名"肩负重担"的生活导师。

首先，作为生活导师，最关键的一点就是要明确自己的责任与义务，因此受聘之时我已暗下决心，我的首要及根本目标就是做好学弟学妹们的引路人，帮助他们尽快适应大学生活，顺利完成从高中生到大学生的身份转换。此外，更加具有挑战性的是，我希望自己可以带给他们更多正面的影响，以最大限度的温柔与耐心为他们答疑解惑，鼓励他们充满信心、积极探索，并在他们遇到困难时认真聆听同时予以帮助；作为一个同龄但稍长于他们的学姐，以自己三年多来有关学习生活的亲身经历，尽力帮助他们厘清自己的兴趣爱好，帮助他们进一步成长，甚至初步确定自己的人生方向。

其次，关于履行生活导师职责的具体措施，我尽可能多样地安排活动行程，以满足大家的需求。学习方面，我专门安排时间为学妹们（我带的全部是学妹）讲解文史哲相关学术资源。我整理了相关学习网站、查找电子书（主要指各种研究专著）的途径、阅读古籍原典的各个网站、查阅期刊论文的途径以

---

① 作者简介：杨子芊，湖南大学岳麓书院 2020 级本科生，任 2023 级本科生生活导师。

及其他常见工具(比如中西历的转换系统等)，一一为学妹们介绍，并讲明优劣，方便她们使用。此外，我们还有书店探索活动。作为文科生，我们与书的关系最为密切，读书、鉴书、爱书，书籍早已融入我们的生命，因此我专门安排了这样一个充满意义的活动。我们花了一下午时间探索学校周围的书店，比如止间书店、回望书店、阿克梅书店，其中后两者的书店老板是曾经在岳麓山脚下读过书的校友，店内书籍也都偏向文史哲领域，令我们倍感亲切。并且回望书店还经常举办读书沙龙活动，大家一起阅读柏拉图的《会饮》，在开放的氛围中互相交流——这里早已变成慰藉心灵的静谧之地。在这场活动结束之际，每个学妹都挑选了自己喜欢的书籍，由我买下分别赠予。

生活方面，我们有每学期开学照例进行的聚餐活动。第一学期始大家初见，主要用以互相认识和了解；第二学期再见，一起聊一聊假期生活以及新学期的安排，激励大家新的学期继续努力、积极向上。因为大家分别来自历史班和人文班，有着不同的学习经验，正好彼此分享、开阔眼界。另外，我们还有一些其他的娱乐活动，比如我带着学妹们去私人影院看电影——《死亡诗社》，这是我大一入学时班级导师带我们看的，其中传达出的对所热爱之事的执着追求精神以及对世人不要蹉跎光阴的提醒对我影响很大，尤其是其中的经典台词"不要等到生命终结时才发现自己从来没有活过"带给我深深触动，因此我希望把这份感动继续传递下去；我们还一起去KTV唱歌，大家一边唱歌一边聊天，害羞的学妹也都大胆起来，氛围特别轻松愉快；我们还一起在后湖野餐，在暖融融的阳光下聊天，在紧张的学习生活中忙里偷闲。

此外，作为生活导师，我个人有很大的收获，也有很多感悟。借以生活导师的身份，我有幸结识这么多可爱的学妹，她们善良真诚、活泼勇敢，在与她们的交往中我收获了很多欢乐和感动。而且她们都十分优秀，有着自己独特的思考和明确的人生目标，这让我感到十分欣喜，我能看到她们都是在积极奋进着的，对未来都拥有美好的憧憬。并且她们代表着新生的力量，通过她们我可以了解到这一届新生的生活学习基本状态，这也促使我进一步去了解当代的青少年的心理，从而开拓我自己的认知范围。此外，这是我第一次担任生活导师，承担起对学妹们的照顾、引领作用，在这个过程中，我不仅需要考虑每个人的需求，照顾每个人的情绪，还需要思考应该怎样做才可以最大程度地帮助她们，带领她们尽快熟悉和适应崭新的大学生活，这对我个人是一次极大的挑战和锻炼，使得我的组织协调能力有很大提升。

最后，我还有一些建议，希望能够帮助生活导师制度建设得越来越好。整体而言，书院的生活导师制度已经比较完善了，从导师和学生的双向互选到正式的生活导师聘任制，再到生活导师活动的书面落实查核，整体已经比较系统。但对于其中的一些细节，我觉得还可以继续改进。比如在书院的促进下或者由生活导师自主创新，可以由不同的生活导师带领各自的学生进行联动活动，一起踏青或者爬山，增进同学之间的感情；还可以设置一些优秀生活导师评选活动，由各位生活导师带领的学生进行评价，可以增强生活导师的个人成就感和获得感，相应地也会使其更加有信心和动机继续努力。最后我希望生活导师聘期结束之时，可以有相应的解聘仪式，为这段美好的回忆画上一个完美的句号。

总之，这段生活导师的经历使得我个人受益匪浅。我十分庆幸自己鼓起勇气报名担任生活导师，由此才能够收获如此之多的温暖，交到如此良善的朋友，收获如此真诚的友谊。同时这也是对我的一次挑战，自己的领导、组织能力得到锻炼，个人也变得更加开朗活泼，并且给学妹们带来帮助使得我非常有成就感。这段独特的体验将会成为我大学期间难以忘怀的一段经历，时时想起，时时感慨。

在爱中感受到被爱

——岳麓书院生活导师纪实

朱 婧①

2022 年 9 月 11 日,文毅老师给我发消息:"朱婧,正在征集能够保研的同学来作为大一新生的生活导师,你有意愿不?"

心里又惊又喜,惊的是我们之前只有研究生同学才具备担任本科生生活导师的资格,没想到我正好遇上了本科生导师制的调整。喜的是,在度过了三年本科生活之后,我有好多的经验和教训想要分享,老师邀请我担任本科生生活导师给了我一个分享的机会。

文毅老师先组织我们和新生们见面,让我们各自进行了自我介绍。下一步进行的是生活导师双选活动,文毅老师非常有创意,他让同学们直接和自己的意向生活导师联系,在遵循双向选择原则的同时采取先到先得制。于是,大家进行了紧张的抢导师大战。也可以说是别开生面了。

我在见面会上给自己的个人宣传是"希望能够和大家一起进行自我探索和人格成长的课题"。最终有五位学妹选择让我陪伴她们走过大学的第一年。

我很清楚,以自己的愚笨,其实很难称得上"导师",我只是比学妹们提前进入了大学生活,是比他们多走了几步路的人。我希望自己能够做好这些初入大学的新生的同路人。只有在一些具体的事务处理上,我才能够因为提前有

---

① 作者简介:朱婧,湖南大学岳麓书院 2019 级本科生,任 2022 级本科生生活导师。

了相关经历勉强能够称得上引路人。比如日常的交流中，学妹们有时候会问我一些很具体的问题，诸如大创是什么，如何检索古籍中的某个句子。这个时候，我看到她们仿佛看到了初入大学的自己，刚刚开始一点点学习如何成为大学生。

我担任生活导师期间组织的活动都是晚餐会。有点昏黄的天色会让人卸下防备，热气腾腾的饭菜更会让人感觉到轻松。我常常扮演的是倾听者的角色。往往是就着氤氲的饭菜香味，我听学妹们分享她们最近的学习和生活。

我讲述最多的一次是 2023 年 3 月，当时学妹们要考虑分流的问题。她们在告诉我这个消息的时候似乎都还有些迷茫。

我开始教她们怎么在教务系统上看培养方案，建议她们首先了解自己对课表感不感兴趣，除此之外，建议她们可以适当考虑一下以后想从事什么工作。我解释说并不是要她们过早地焦虑生计或者说不好好学习，毕竟路是要一步一步走的，但是早点开始自我觉察和自我探索，走的弯路可能会少一些。一峰老师曾经跟我分享了他写的一篇文章，题目叫"选择有的时候比努力更重要"。我后来在个人经历中越来越感受到这句话的分量，我也分享给了学妹们。学习的知识技能最终也是要在职业生涯中运用的。分流和以后升学发展是密切相关的，也与工作岗位是密切相关的。考虑清楚自己想要什么样的生活方式，或许对做选择有帮助。

同时我分享了自己的两个教训：

一是避免"好学生"误区。在中小学乃至大学，如果要取得好的成绩，需要每科都学得比较好，也就是只要是要求的东西，都需要做好，导致了一种要避免木桶效应的惯性思维。但是，我们以后的职业生涯发展得好不好，也许就取决于我们能多大程度地开发自己的兴趣点和擅长点，扬长避短也许才是更聪明的做法。一峰老师之前也跟我分享过他的个人成长思路，即在大学里，最重要的是你要找到自己花五六分力就能做到七八分的事情，这样你花七八分力的时候就能够做得很好了。

二是大胆一点，多去尝试。我之前就是一直太胆小了，觉得自己这也不行那也不行，很害怕失败，觉得很丢脸。但其实，有的时候，不圆满带来的遗憾很快就会过去，如果连尝试都不敢才会留下更大的遗憾。不成功只会尴尬一阵子，但是不敢试错，可能会很长时间都心心念念着那条未选择的路。有时候我们总会盘算着等自己准备好了再去做，但是很多时候，我们是可以边做边学的，不要给自己定一个过高的开始的门槛。

同时，我还分享了自己当时正在学习的心理学课程资料，这门课程主要是采用 CBT(认知行为疗法)剖析不同的人生课题，里面提供的方法也可以帮助学妹们进行自我探索。

那晚我讲了很多，最终都是希望学妹们能够更深入地了解自己，更多地获取信息，打破迷思，更多地试错。我希望大家做的每一个选择都出于自己真正的需求，走的每一条路都是出于清晰的了解和认同，而不是糊里糊涂、不得不走。我希望自己的讲述能够让学妹们看到更多的可能性，也有更多的试错的机会。因为最重要的，是要去认识自己，识别自己的兴趣、优势以及真正的需求。

成为生活导师，我想其实学妹们给予我的更多。今天的社会学家在重提"自我异化"，因为这个概念很准确地概括了我们的时代症候。改革开放四十余年，我们的社会生产蒸蒸日上，同时，新时代给新一代提出了更高的要求，我们在享受了比父辈们更优越、富裕的生活时，也比父辈们更容易感到焦虑和不安。我们是离土地太远的人，很难直观地感受到生命本身的力量，反而更容易感受到存在意义的匮乏。如何破局？唯有在真实的生活中与世界和他人产生连接，拥有爱具体的人的能力。在交流中，我听学妹们分享了她们成长的经历，她们的中小学，她们的高考，她们遇见的老师和朋友。在每一次聊天中，我都能够看到学妹们各异的性格，她们各自的鲜活精彩的人生。现在我还能时常从朋友圈里看到她们最近的状态。这种感觉很奇妙，就像是亲眼见证着小树苗生出芽开出新的花。这种人与人之间的连接让人感觉很安心。我真诚地希望可爱的学妹们在每一年里都能够拥有更多奇妙美好的体验，还希望大家逐渐找到真实的自己，找到自己想要成为的人，成为自己想要成为的人。沉浸式生活，在自己的生活中大放光彩。正是在这种对具体的人的爱中，我感受到了爱、温暖与力量。

生活导师感想

师乐天①

　　生活导师，是岳麓书院四维导师制中的重要一环，是为了帮助新生更好地适应大学期间的学习和生活而设置的。在 2023 年 9 月，我有幸成了一名生活导师，到如今，也已经有近一年的时光了。接下来，我将就自己在带领新生开展活动时的亲身经历，分享个人感悟以及我对生活导师这个职务的浅见。

　　书院的生活导师，在我看来，便是要一些比较习惯书院生活的同学，从日常生活方面入手，帮助新入学的学弟学妹们尽快适应大学生活。这一过程是必不可少的，因为对新入学的同学们来说，他们不仅仅要适应学校、学院和宿舍的学习与生活，还需要适应在一个新的城市中的生活节奏。以上的问题，都是我在大一刚入学的时候亲身经历过的，第一次来到长沙这座城市，对这里的各种情况还不是很了解，对于大学上课的感觉、宿舍的各种功能更是没有一点概念，生活导师便是要在这个时候充当一个答疑解惑的角色。

　　我所开展的活动，主要是和新生们聊天，事实上，我个人认为和学弟学妹们聊天，去倾听他们在大学里遇到了哪些困难，应该是生活导师组织的大部分活动的内核。变化的应该只是形式，但这一内核是不能变的。我们每一次聊天的形式都很随意，大家坐在一起，吃吃喝喝，先放松下来，再谈其他。在我开展生活导师活动的这近一年里，包括在和其他生活导师的沟通之中了解到的，

① 作者简介：师乐天，湖南大学岳麓书院 2020 级本科生，任 2023 级本科生生活导师。

一些学弟学妹在开学之后便会因为各种原因让自己越来越有压力，而消解这些，就是生活导师首先需要做的。

生活导师要做的这种倾听或是给出建议的工作，首先是要消解新生刚入学之后快速积累的压力。大学的学业压力其实并不比高中轻松，而且课堂的模式也发生了一定变化，有很多课程需要让同学们以不同的方式展示自己在这节课上的所思所得，而且最重要的一点，是一些课程还涉及论文的写作，这些内容都会带给刚入学的学弟学妹们一定的压力。而生活导师，应该说已经比较习惯这样的学习和上课方式，即便不能给出太好的、比较有意义的建议，至少也可以起到安慰作用，避免学弟学妹们在大学生活伊始就在心态上变得高度紧张起来。如果将活动的氛围定在一个轻松愉快的调子上，学弟学妹们之间就会开始交流，毕竟一个生活导师带的新生往往不止一个，如果每一次只和一个新生交流，而不能把所有人都拉入对话里去，就会让人觉得有些尴尬，也有些奇怪。因此，我总是想先找一些话题，能让大家一起参与讨论之中。其实，找共同话题的工作也十分轻松，每一年的课程安排和课程本身都会有一些变化，在这一点上，我觉得其实生活导师和新生之间是有一些隔阂的，反而是新生之间更能找到共同话题，比如某些课的内容没有听明白，对一些作业感到比较棘手，不知道如何去做，等等，这些也都是学弟学妹们最主要的一个压力的来源。

其次，我认为生活导师在开展活动的时候，不要把焦虑的情绪带到活动之中。学弟学妹们在活动中聊到的最多的就是大学的学习与生活，生活导师其实也勉强可以算作他们的同龄人，尤其是在听到比如某些学生学业比较累，有的论文不知道怎么写，而生活导师又经历过类似事情的时候，很容易引起一种"共鸣"，从而让聊天多了一些抱怨。当然，适度的吐槽还是可取的，这也是排解压力的一种方式，但生活导师还是要做到不贩卖焦虑，因此，在开展活动之前以及活动的过程中先调整好自己的心态和状态都是必要的准备工作。在刚进入大学的时候，因为对生活环境以及学习节奏还不够适应，新生们很容易就在聊天中产生一些焦虑情绪，这也是无法避免的，生活导师的作用便是消解学弟学妹们的焦虑情绪，把自己值得借鉴的经验分享给大家，并且在一定程度上给出自己的建议。这里的一定程度上，是说生活导师不太应该以一个"导师"的身份参与到活动中去，而是要多以建议的方式把自己的看法分享给新生，因为可能某一套方法在自己身上比较有效，但在其他一些人身上就不太合适。因此生活导师在这方面的分寸，我认为停留在"建议"上就可以了。

在我刚上大一的时候，第一次听说还有生活导师这个职务，感到很新奇，当时我就对新的生活不太适应，生活导师的出现，仅仅用几次活动，几次聊天，就帮我摆脱了当时的陌生感和紧张感，从他们那里得来的一些经验，也在之后的大学生活中很好地帮助了我。因此，我希望自己在担任生活导师的时间里，也能做到这一点。高考结束，从熟悉的环境来到一个陌生的地方继续学习，学习模式也变了，课余生活也变了，更加丰富的生活难免会带来一些焦虑，我想这是每一个生活导师在几年前都或多或少经历过的。如何适应这种新的节奏下的学习和生活，或许就是每一届新生初入大学时的第一节必修课，我也希望能像当年我的生活导师一样，不让太多的焦虑和烦闷影响到大家，把自己身上一些有用的经验分享给大家。非常荣幸能有这个机会讲一讲我心中的生活导师应该是怎么开展活动的，其实我自己也有很多没有做到的地方，但我相信所有的生活导师都能给学弟学妹们带来一些建议和经验，也借此祝愿学弟学妹们在书院的学习生活一帆风顺！

生活导师感想

陈如意①

第一次准备申请成为"生活导师"时，心中有些战战兢兢。"导师"是个有些重量的词，还只是一个学生的我还从未成为过他人的"导师"，也还没想好究竟如何为人师表。在忐忑不安中，我递交了申请表，迎来了自己的"学生"。和她们在线下第一次会面时，我的心中还有些紧张。我们年龄相近，但我又是她们的"导师"，一时不知该如何定位自己的角色。但是现实比自己的想象轻松许多，她们直接为我赋予了一个确切的角色——她们亲切地叫我"姐姐"。

是的，比起"导师"，我更像她们的"姐姐"。实际上，"生活导师"一词透露出了一种微妙的平衡，"生活"中和了"导师"的严肃与高高在上，而增添了温和日常的气质。"生活"意味着我不需要"温而厉"，也不需要"瞻之在前，忽焉在后"，它显示出我的平凡与亲和，拉近了我们彼此之间的距离。

围绕着"生活"的主题，我带她们去参加了很多活动。我带她们去长沙大大小小的书店，教她们选书的同时，也获得一些文艺熏陶。我也会带她们吃好吃的、一起爬山锻炼，聊彼此的生活体验，尝试各种新的可能。在她们神采奕奕描述自己生活的时候，哈哈大笑的时候，我能感受到自己确实为她们的生活增添了一些颜色。

但是"导师"毕竟是"导师"，在和她们聊天、相处的过程中，我一直在想，

---

① 作者简介：陈如意，湖南大学岳麓书院 2020 级本科生，任 2023 级本科生生活导师。

作为"导师"，自己应该做些什么。和她们聊天时，她们会说很多关于自己生活方面的事情。比如长沙的饭菜合不合口味，日常作息如何。也会聊到自己的学业，但是更多的是关于学习的琐碎的心理动态，而不是关于学习内容本身。在和她们沟通时，我逐渐感受到了"生活"维度的指向。

大学中，不仅是学业需要好好精进，如何经营好自己的生活或许更为重要，这也是一条更为长远的道路。生活同样是一门学问，包含了时间分配、个人兴趣、人际关系等等关乎人一生的问题。大一的学生初来乍到，对这方面的困惑大多更为强烈。而作为"导师"又作为同龄人的我，因为有着相似的经验，能有最真切的共同感受，又可以以一种过来人的视角，给她们最实用、最接地气的建议。也正是意识到了这一点，我经常问她们开不开心，有什么不开心的要及时告诉我，我会帮忙想办法解决。

突然有一天，一个学妹告诉我她在宿舍住得不习惯，想要换宿舍。我自己有过类似的经历，知道她的不安与焦虑，于是便主动帮她与辅导员联系，在很短的时间内找到了合适的宿舍。她发来微信问我能不能帮忙搬宿舍，我没有犹豫便说好。搬宿舍的那天，从三楼搬到对面宿舍楼五楼，来来回回跑了四五次，肉体的沉重让我更意识到了自己沉甸甸的责任所在。

大一的学生们，大多是人生中第一次"背井离乡"，没有家庭这个港湾的存在，多少会感到安全感的缺失，在面对一些事情时缺乏支持、缺乏有效的陪伴。而这正是我作为生活导师应该提供给她们的——为她们的情绪兜底，给她们真正有效的慰藉与帮助。因此作为导师的我，不仅应给她们的生活增添乐趣，还要在她们的生活出现问题的时候，给她们一双可以握住的双手。我给予她们的安全感、和她们相处时快乐的回忆，能让她们在这个崭新的空间里渐渐感到安全、从而产生归属感。从而，我也真正成了她们进入这个学校、这个城市的窗口。

在越来越内卷的大学里，许多人甚至包括学生的家长，往往都忘记了学生不仅只有学业上的维度，忘记了学生首先是一个完整的人。"完整"，意味着他们在学业之外也会遇到种种问题，有关于生活的苦恼、有关于未来的困惑。而我，正如"生活导师"这个名称要求的，直接从生活的角度接近她们、关照她们，这实际上也是接触最真实、最丰富的她们。我可以"看见"完整的她们，给她们最为真切的引导，并且帮助她们迈向更好的、更坚定的自己。

因此，当她们问关于学业的问题，我不仅会分享自己的心得，也会更注意启发她们看世界的新视角，让她们逐渐形成自己的未来规划。当她们问我生活方面的问题，我会提供实用的建议，或者及时为她们寻求帮助。我会让她们感到轻松自在，用欢声笑语缓解她们的焦虑，也小心翼翼保护着她们的童心。我尊重她们的每个奇思妙想，也敏感地捕捉她们情绪的变化。我参与她们生活的过程，帮助她们把当下的每一瞬间过得充实而幸福，而结果于"生活导师"而言无足轻重。因为生活本就由一个个当下构成，并没有所谓的结果。

于大四、即将离开这个城市的我来说，生活导师的经历是对自己大学本科教育的完美收束，也为我的书院之旅画上一个温馨的句号。四年中，书院的教育让我收获颇多，而这段经历则让我思考如何运用所学在此世谋划，并且把自己所学到的传递出去。它也深刻启发我，知识固然可以增加灵魂的厚度，但温柔、同情心、责任心这些关怀特质，才真正决定了灵魂的高度。在这段经历中，在思考如何真正看见一个个体、在唤醒另一个灵魂时，我的眼睛也逐渐明亮起来，心灵也越发柔软，触碰这个世界我未曾触及的角落。一位学妹后来感谢我说："我真的选了一位很好的生活导师。"我也很感谢她们的选择，给予了我一个成为"导师"的机会。

"生活导师"这样的安排，体现了书院深刻的人文关怀。"生活"一词，展现了书院教育的细腻与温度。关注学生的"生活"，说明书院并不是把学生当成一个个冰冷的学号，抑或一张张成绩单上的数字，而是把我们当作一个个完整的人来看待。每个人在这里都可以得到平等的重视、每个灵魂都能自在地呼吸与舒展。一个个师门，便是一个个学生的"小家"，也是走进书院的起点。而书院，便是我们的"大家"，是每位书院学子走出书院，闯荡世界，也时时挂念的精神家园，它充满着我们最丰满、最明亮的青春岁月。

生活导师有感

童佳路①

2020 年，我来到岳麓书院，读博的同时，申请成了生活导师。

我最初是规划得比较理想的。作为本地人，对长沙的熟悉自不待言，场地、内容，以及自己的工作经验，我觉得自己应该可以很好地适应自己的新角色。

不过事情似乎没有想象的那么顺利。其一，时间的统筹就是第一道难关，新生所在的人文、历史两个班的课表出入很大，这样活动时间的选择已是殊为不易。其二，年龄悬殊。即使不愿意承认，也必须清楚自己距本科生涯已远，想和相差十岁以上的年轻同学打成一片，是有很多问题的。

当然，还有客观方面的因素，限制了我们的活动半径和场地。整整一年，我们只能在学校周边聚聚餐。趁聚餐间歇，我们聊一聊高中过往和对大学生活的期许。当然，作为在湖南大学就读长达七年的我，基于经验，也会提醒大家关注长沙天气、校园的不成文注意事项，还有湖大的一些"固定操作"。

生活导师的答疑解惑，我将之定位为减轻新生初入学的不适感。这种不适的来源既包括陌生的地理环境，也包括迥异于高中的校园文化，还有专业学习的压力。本地经验使我可以提供必要的气候信息，但更重要的是，帮助新生从

_____

① 作者简介：童佳路，湖南大学岳麓书院 2020 级博士研究生，任 2020、2021、2022 级本科生生活导师。

高中生转换为大学生。

我通常以如何定位自己引出话题。在我看来，人生的选择是具有基础意义的决策。高中生活可以是一张时刻表，但大学生活需要照顾的元素过多，如果只活成一张时刻表恐怕还不够。

不过，生活是自己的。我将自己定位为倾听者，听大家的喜怒哀乐，感受大学新生不同的气息和情绪，时常做出释疑，有时给出建议，但通常不亲自下场处理问题。这与我自己以前带学生活动时的风格纯为两样了，这一方面有年龄障碍，另一方面也考虑到了主客体的原因。这大概不是一条妥帖的路子，只是自己的一点尝试。

一年时间很快过去。第二年，我又延续了生活导师的身份。这次的新生全来自历史班，不过由于各种原因限制，还有不作美的天公，我们的活动仍然集中在学校周边。协调时间仍然是不容易的。不过有了第一年的经验，我开始尝试一些新的组织形式。

我组织了一次江边散步，我们一起聊一聊长沙，聊一聊读书和自己的感悟与梦想。青年学生都是有朝气的，伴着长沙秋冬之交的夕阳，我感受到了大家对未来的憧憬。

但过年后的郊游最终未能成行。这一年的结尾与上一年别无二致，新的问题是如何引导新生以积极的心态面对一个自己不那么喜欢的专业。经验与理想的交锋也是大命题了。人，但凡年龄偏大，多半会趋于保守，因为大量的事务，既是经验，也可能是个体难以逾越的规则，而年轻人总是朝气蓬勃的。

作为倾听者和过来人，我能体会青年的焦虑，但我也很难"免俗"。还是那条原则，生活总是自己的。我试图寻求一种系统性或折中式的释疑方式，因为青年的声音同样是真实的感受，老气横秋断不可取，经验也未必就是对的。

升入三年级，毕业的压力大了。第三年自己的时间比过往要紧张，不过临近毕业了，自己也希望能最后给自己的学生生涯画个句号，犹豫再三，我选择了留任。

这一年，我鼓励大家自己策划团建活动，我们的活动有了新的内容，大家可以一起娱乐。在繁忙的学习过程中，用一晚上放空身心，寻找快乐，也是件惬意的事情。

时间仍然是难题。第三年的同学都来自人文班，人文班的学习强度和课程难度都更大。脱离了高中经验，直接进入艰深的专业领域，转型的压力是需要时间去消化的。加之自己忙于毕业论文，第二个学期的活动安排还是少了，不过我们约定，未来再见。

回望过去的三年，"生活导师"这份工作使我和新一批大学生有了近距离的接触，这段经历是弥足珍贵的，不仅在于助人，也在于自助，进入工作角色，既是服务于人，也是了解自己。

和我的读书经验相比，青年学生的知识面要丰富于其前辈，这得益于这些年国家的高速发展和网络通信的发达。青年的所见、所闻早已突破感官和纸面。而青年内心的声音即使不够成熟，或与世俗有所暌违，但同样不宜视作幼稚和故作姿态。因为这里是学校，如果学校也不能保持一份与人亲近，尊重个体的温存，那无疑是这个社会的悲哀。学校的教育，就过程看让学生在学制内学完具体的知识，走向工作岗位就结束了，但教育的影响具有长期性，它会持续作用于学生的生活、行为、学习习惯，尤其是思维方式。因而，紧盯着具体的书本知识是不足以撑起全面育人的教育的。

生活导师的角色处在专业范畴边缘，但生活却比专业领域要更为基础和具体。所学专业、专业技能和工作专业三者的张力长期存在，但最后都会统合在"生活"范畴之中。倾听、陪伴，时而疏导，根据需求提供经验和帮助，这些是我对这个岗位的理解，也是我在三年里一直试图去做的事情。不能说有多大贡献，也不能说做出了多大业绩，不过是尽了一点努力。

进入第四年，我不再申请成为生活导师。毕业的压力来临，我必须将更多的注意力投注在自己身上。我在岳麓书院的学生生涯即将告一段落，前三年，还是比较充实和有意义的。

　　岳麓书院的人才培养模式是大有裨益的。虽然自己错过了早年志愿填报的机会，但就今日反观和三年多的经历，书院的导师制实践显得尤为特别。专业学习与日常关怀的结合，对青年成长是有作用的。至于如何在资讯爆炸、经验边界"模糊"和教育规模扩大的今天，保障这种模式的有效性，则不是我可以言说的了。

·人才培养评估反馈

岳麓书院 2022 年本科生教育教学评估报告

潘　彬　陈文毅①

一、问卷介绍

　　为深入了解 2022 年岳麓书院本科生在院学习期间的状况，了解来自学生个体的真实反馈，进一步推进现代大学与传统书院相结合的教育教学工作，以制订书院下一阶段的教育教学计划，岳麓书院人才培养办于 2023 年 2 月对书院本科生展开问卷调查。此次调查以发放线上调查问卷为主要调查手段，广泛地征询了书院历史学与人文科学试验班本科生对书院教育教学管理工作的意见和建议，直接地获得了书院大部分本科生的真实感受和宝贵建议，切实地掌握了书院教育教学工作作用于本科生群体的效益和问题。

　　本次调查工作主要分为三个阶段，即筹备问卷、发放和回收问卷、分析问卷。第一阶段，参考往年书院的同一主题调查形式、内容及其分析报告，设计本次的线上问卷，于 2023 年 2 月 2 日至 9 日形成书面问卷。第二阶段，在 2 月 9 日至 20 日通过互联网发放问卷，由岳麓书院人才培养办工作人员向 2019、2020、2021 和 2022 年入学的历史学和人文科学试验班共 8 个班级的学生发送调查问卷网络链接，共计发放问卷 200 份。第三阶段，于 2 月 20 日完整收回

---

① 作者简介：潘彬，岳麓书院人才培养办主任，讲师；陈文毅，岳麓书院团委书记。

200 份问卷，每份答卷均为有效答卷，人才培养办工作人员分析答卷并撰写调查评估报告。

本次调查问卷针对本科生对书院专业培养方案和课程教学的满意度、书院在教学和学术领域方面的条件、本科生对学业导师和任课教师教育教学实绩的感受、书院本科教育管理工作 4 个领域，共设计 25 个小题，其中 21 个题目为了解调查对象对具体问题满意度的单选题（设置非常满意、较满意、基本满意、不满意四项），另 4 个题目为征询调查对象反馈和意见建议的开放性问答题，在 25 个小题之后又附有 4 个小题，以询问调查对象关于书院本科生学风情况满意度、对自己目前学习状态的评价、对本专业本科生教育工作的总体评价，以及征求其他方面存在的问题和建议。问卷指向性较强，从书院学生的学习生活出发设计问题，兼顾了数据直观指向和开放性意见收集。

二、数据分析

截至 2022 年底，湖南大学岳麓书院共计有本科生 245 人，其中参与本次调查的有 200 人，调查对象约占全体本科生的 81.6%，调查结果具有代表性。分别从年级和学科专业两个角度，可见调查对象成分如下两表（见表 1、表 2）：

表 1　参与此次调查的各年级人数比例

	2019 级	2020 级	2021 级	2022 级
人数	38	48	53	61
比例	19%	24%	26.5%	30.5%

表 2　参与此次调查的各学科人数、比例

	历史学	人文科学试验班
人数	110	90

续表

	历史学	人文科学试验班
比例	55%	45%

具体各班级参与调查情况如下表(见表3):

表3 各班级调查情况表

选项	小计	比例
历史学 1901 班	19	9.5%
人文科学试验班 1901 班	19	9.5%
历史学 2001 班	31	15.5%
人文科学试验班 2001 班	17	8.5%
历史学 2101 班	26	13%
人文科学试验班 2101 班	27	13.5%
历史学 2201 班	34	17%
人文科学试验班 2201 班	27	13.5%

可见,样本按年级分布的情况与书院逐年扩招的趋势相符,而在历史学与人文科学试验班之间分布较为均匀。

(一)本科生对书院专业培养方案和课程教学的满意度

问题1 书院领导与老师对本科生教育教学的关切和回应程度(单选)

本题旨在了解本科生心目中书院领导和老师对本科生教育教学的关切程度,可以借此从受众视角评估书院教育教学决策和实行者在实际工作中的表现。答案如下(见表4、图1):

表4　书院领导与老师对本科生教育教学的关切和回应程度调查情况表

选项	小计	比例	
不满意	0		0%
基本满意	8		4%
较满意	36		18%
非常满意	156		78%

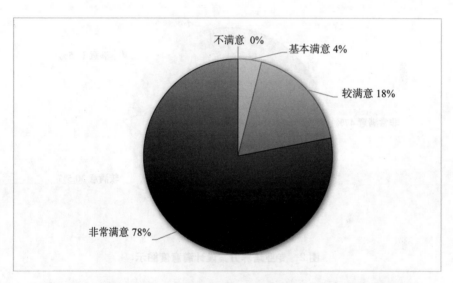

图1　书院领导与老师对本科生教育教学的关切和回应程度调查情况图示

可见，绝大部分书院本科生都肯定领导和老师心系本科生教育教学工作、能积极回应本科生在教育教学方面的问题，书院本科生对书院领导和老师的重视和关心有切实的体会。

问题2　本专业培养方案的设计（单选）

本题调查书院本科生对各自专业（历史学、人文科学试验班）培养方案的设计是否感到满意，意即书院所设计的书面培养方案能否切实满足书院本科生实际的学习需求。反馈如下（见表5、图2）：

表5　专业培养方案设计满意度调查表

选项	小计	比例	
不满意	10		5%
基本满意	35		17.5%
较满意	61		30.5%
非常满意	94		47%

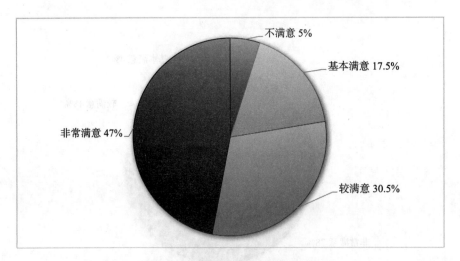

图2　专业培养方案设计满意度图示

　　由以上图表可知，虽然有近半数调查对象对自己的专业培养方案表示非常满意，但仍有不少的调查对象表示培养方案的设计存在或多或少的问题。其中，对专业培养方案设计表示不满意和基本满意的占调查样本的22.5%，需要引起重视，书院应该进一步仔细了解这部分人的意见，以改进日后的本科生教育教学安排和专业培养方案设计。

　　问题3　本专业培养方案的具体执行是否贴合其设计（单选）

　　本题与上一题相对应，意在调查本科生是否认为书院的教学工作认真贯彻落实了书面上的专业培养方案。反馈如下（见表6、图3）：

表 6　关于专业培养方案具体执行满意度调查表

选项	小计	比例	
不满意	4		2%
基本满意	34		17%
较满意	67		33.5%
非常满意	95		47.5%

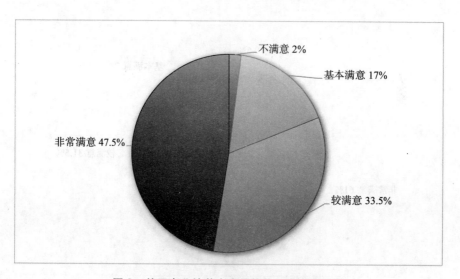

图 3　关于专业培养方案具体执行满意度图示

　　本题的调查结果分布与上一题类似，近半数持非常满意态度，但仍有过半调查对象认为培养方案在具体执行的过程中存在不同程度的偏离。

　　问题 4　专业课教学能否让学生有摄入知识的实感(单选)

　　本题针对本科生在课堂学习中的实感，聚焦教育教学的核心——专业课授课，希望能据此感知学生如何看待自己最重要的学习任务(见表 7、图 4)。

表7 专业课教学满意度调查表

选项	小计	比例
不满意	1	0.5%
基本满意	14	7%
较满意	63	31.5%
非常满意	122	61%

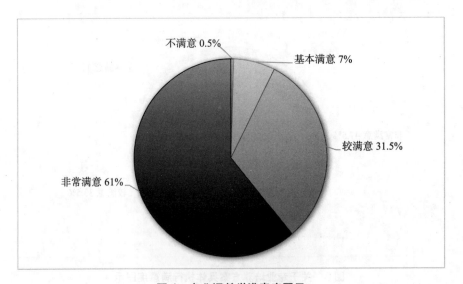

图4 专业课教学满意度图示

可见，大部分调查对象对目前的专业课授课感到满意，认为自己能在课堂上真正学到知识，有摄入新知的实感。又鉴于调查样本中2019级和2020级本科生占43.5%，说明书院的历史学与人文科学试验班等学科的专业课教学平稳地维持在一个相对较高的水平。

问题5 专业课教材和相关书目是否满足学生需求（单选）

书院面向本科生的专业课教学中，不仅使用国家或学校指定的教材，也把大量学术界的优秀研究著作或具有代表性、权威性的史料作为教辅材料。因而本题不仅意在调查现行教材能否满足书院本科生的学习需求，也试图获取学生对书院多元材料授课方式的满意度(见表8、图5)。

表8 专业课教材和相关书目满意度调查表

选项	小计	比例
不满意	3	1.5%
基本满意	22	11%
较满意	66	33%
非常满意	109	54.5%

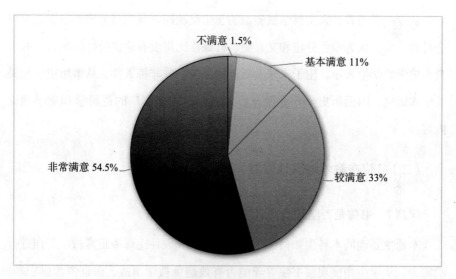

图5 专业课教材和相关书目满意度图示

由数据可知，大部分受访对象对现有的教材和其他教学辅助资料感到满意，书院的多元材料授课方法能有效满足本院本科生的学习需求。

问题6 培养方案和课程教学存在的问题和建议(开放)

本题为开放性题目，在第一部分的单选题之外，收集书院本科生在培养方案和课程教学上想急迫改进的具体意见和建议。大部分调查对象没有在该题目下作出实际回答，整理已有回答后归纳如下：

按年级高低划分，高年级（大三、大四）学生认为应该减少安排在大三、大四时的课程量，将基础性的课程安排在低年级，以获得更多的自主时间以准备升学、就业、撰写毕业论文等事项。低年级学生则认为本科教学模式与氛围与中学差距较大，尤其是在没有充足知识积累的情况下就要撰写课程论文，并且部分教师并未详细地讲解如何从无到有地创作一篇学术论文。对获得更多自主时间的要求则无论年级均被提出，主要有以下两对矛盾：课程安排碎片化，但学生希望获得整块的自主学习和休息时间；非专业课多门类多课时且消耗大量精力，专业课不能应开尽开、课时受到限制。

从专业学习看，人文科学试验班的学生反映跨学科的书面培养方案没有完全得到落实，认为专业分流和文、史、哲课程比重没有达成较好的配合。有来自历史学的学生表示，出于未来发展道路考虑，并非每人都会从事历史学相关的学术研究，因而历史学专业授课应该增加适用性更广的逻辑学和史学理论内容。

（二）书院在教学和学术领域方面的条件

问题7　书院是否能保证教学正常持续进行（单选）

本题主要询问本科生如何评价书院在制度和硬件上保障正常教学工作进行的能力，从学生角度观察书院管理能否有效避免教学事故、保证资源供应等。反馈如下（见表9、图6）：

表9　书院制度和硬件保障满意度调查表

选项	小计	比例
不满意	1	0.5%
基本满意	3	1.5%
较满意	29	14.5%

续表

选项	小计	比例
非常满意	167	83.5%

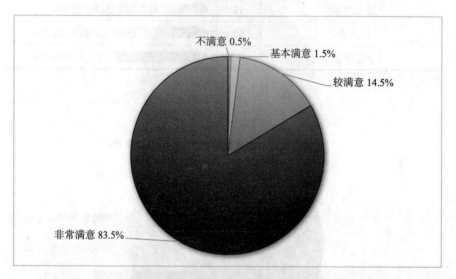

图6　书院制度和硬件保障满意度图示

有超过80%的调查对象对书院保障教学正常持续进行的能力表示非常满意，低评价者较少，说明书院教育教学管理有力保障了本科生教学的正常运转。

问题8　学生取用书院文献资料（纸质和电子）是否方便（单选）

书院历史学、人文科学试验班的本科教育，都强调要大量阅读文献材料，学生所需的文献资料往往超出自己所能负担的经济限度，故而主要依赖学校或书院图书馆的资源。本科生能否通过书院及时、足量地获取自己所需的文献资源，直接关系到书院作为现代大学体系下人才培养机构的能力高低。反馈如下（见表10、图7）：

表 10　关于书院文献资料获取满意度调查表

选项	小计	比例
不满意	2	1%
基本满意	12	6%
较满意	53	26.5%
非常满意	133	66.5%

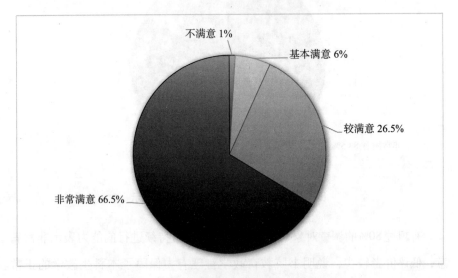

图 7　关于书院文献资料获取满意度图示

　　超过 90% 的调查对象对书院提供文献资源的能力持较高评价，但也应注意到有超过 30% 的调查对象认为从书院获取文献资料存在或多或少的不便之处。而且调查对象以大一、大二的学生居多，对文献资料的需求普遍低于大三、大四的学生；尤其是正处于毕业论文撰写期的大四学生，对文献资料特别是基本史料的需求较大。并且电子资源主要从互联网获取，书院御书楼主要提供实体书籍。因此可以对大四学生的文献资源需求分纸质资源与电子资源作进一步的详细调查。

问题9　书院所开展的学术交流、讲座、学术沙龙等活动是否真正惠及本科学生(单选)

书院有多种学术讲座、学术沙龙、学校或学院间交流等活动，为书院师生提供了在课堂之外的学习与交流机会。但这些活动大多仍以教师为中心展开，并且讨论主题一般是具体学术问题而非教学讲授，本科生一般作为听众参与。本科生能否在这些并不特定面向自己的学术活动中有实在收获，能够反映书院科研与教学两大功能的互联互补效益。反馈如下(见表11、图8)：

表11　关于本科生对书院学术活动的满意度调查表

选项	小计	比例	
不满意	1		0.5%
基本满意	10		5%
较满意	43		21.5%
非常满意	146		73%

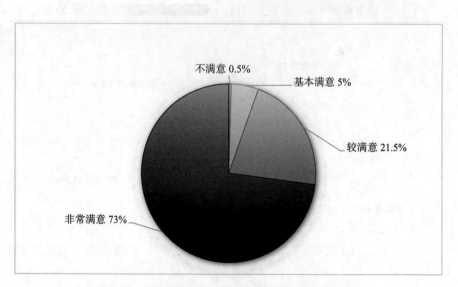

图8　关于本科生对书院学术活动的满意度图示

从数据看，绝大部分调查对象都认为自己能在书院开展的一系列的学术活动中有实在的收获，意即在书院开展的学术讲座等不属于常规本科教学的学术活动中，作为普通参与者的本科生能够有效摄取知识。

问题 10　创新能力的培养与激励措施(单选)

书院本科生可以凭学术上的自主创新成果，参与从院级到国家级多个等级的创新创业活动。书院能否有效培养本科生的创新能力，并保证其通过相应的制度途径获得报酬，有实在的正向回馈机制激励本科生在正常的课程学习之外提高自己的创新能力，是本题所调查的重点。反馈如下(见表12、图9)：

表 12　创新能力的培养与激励措施满意度调查表

选项	小计	比例
不满意	2	1%
基本满意	17	8.5%
较满意	63	31.5%
非常满意	118	59%

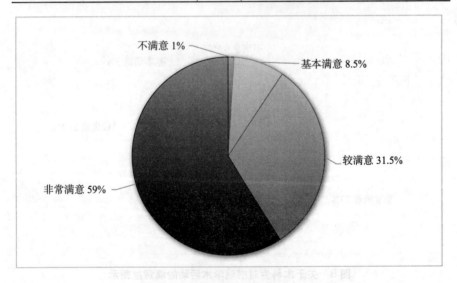

图 9　创新能力的培养与激励措施满意度图示

过半调查对象认为书院有效培养了本科生的创新能力,并有配套的激励措施。应该认识到,并非所有的本科生都有提升自己课外创新能力的强烈意愿,故而对创新能力培养和激励措施持"基本满意"和"不满意"态度者,应该要给予重视,了解其具体意见和建议。

问题 11　书院教学条件存在的问题和建议(开放)

鉴于广大本科生学习能力不同、兴趣方向不同、实际学习与创作的需求不同,故而对书院的设施、资源、管理制度等各方面条件有多种具体需求,因而有必要收集具体的意见建议,帮助完善书院的教学条件。

经过整理,发现反馈意见主要聚焦于学术讲座。有相当数量的调查对象认为,强制或近似强制学生参与自己不感兴趣的学术或非学术讲座,较大地挫伤了本科生参与书院学术活动的积极性。此外,较长的交通距离也是本科生上课和参与书院学术活动的一大阻碍。对于读书会等书院师生自行组织的活动,有调查对象希望书院可以统一整理公布这些活动的信息,以便本科生积极参与,避免信息不对称造成机会流失。

(三)本科生对学业导师和任课教师教育教学实绩的感受

问题 12　书院本科生导师制对本科生学习生活的实际作用(单选)

本科生导师制度是书院本科教育教学制度的特色,班级导师、生活导师、学业导师、学术兴趣导师四位一体全方位帮助本科生适应书院的学习和生活,引领本科生度过充实而有意义的四年大学生活。本题意在调查本科生导师尤其是学业导师在书院本科生学习生活中的实际作用,进而评估导师制度的落实。反馈如下(见表13、图10):

表 13　书院本科生导师制对本科生学习生活的实际作用调查表

选项	小计	比例	
不满意	2		1%
基本满意	7		3.5%
较满意	34		17%
非常满意	157		78.5%

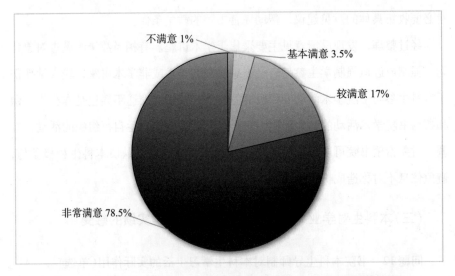

图 10　书院本科生导师制对本科生学习生活的实际作用调查情况图示

　　绝大部分调查对象认为书院的本科生导师制度在自己的学习生活中真正发挥了有效作用。由于大一之后，生活导师不再担任辅导工作，而班级导师更多地负责全班的事务，故而学业导师对学生个人的影响力居于核心地位。对于个别持不同意见者，应该具体了解其学业导师现状，予以适当调整。

　　问题 13　班级导师对本科生学习生活的实际作用（单选）

　　班级导师是本科生在以班级为单位进行的学院生活中的主要引导者，不仅要提高本科生的学习能力、帮助新晋大学生融入大学生活，而且要在班级管理、学生个人生涯规划、学生心理健康等多个细微领域发挥重要的建设性作用。目前，书院历史学和人文科学试验班的每个班级都有两位班级导师，本题即考察他们在书院本科生视角内是否有效发挥作用。反馈如下（见表 14、图 11）：

表 14　关于班级导师满意度调查表

选项	小计	比例	
不满意	2		1%
基本满意	18		9%
较满意	39		19.5%
非常满意	141		70.5%

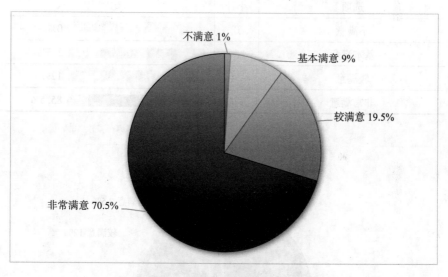

图 11　关于班级导师满意度调查情况图示

　　绝大部分调查对象对班级导师的工作及工作实绩持较为肯定的态度，说明班级导师的工作落到了实处，导师能及时处理学生在学习生活中出现的各种问题，尤其是已经长期陪伴 2019、2020 级本科生的班级导师，没有因为学生的成长而懈怠。值得注意的是，此处表示"不满意"的人数与问题 12 反馈结果中的人数一致，结合问题 14、15、16 中没有调查对象表示不满意，有可能存在极个别对现任班级导师的工作持不满意态度的学生，书院应及时进行细致调查并解决潜在的问题。

问题 14 现任学业导师的科研能力、道德水准和治学态度是否满足本科生要求（单选）

学业导师是引领书院本科生了解并初步掌握人文学科学术研究书法的重要角色，在书院的人才培养中发挥着重要作用。本题综合调查学生对各自学业导师科研能力、道德品质和治学态度的评价，意在查明书院导师制度选拔出来的本科生学业导师能否全面胜任肩负多种职责的师职。反馈如下（见表 15、图 12）：

表 15　关于本科生学业导师相关情况调查表

选项	小计	比例	
不满意	0		0%
基本满意	5		2.5%
较满意	24		12%
非常满意	171		85.5%

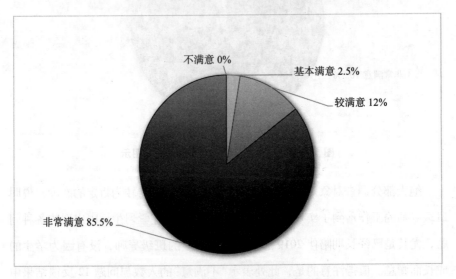

图 12　关于本科生学业导师相关情况图示

可见，书院的学业导师基本能满足各自本科生的要求，学业导师制度的双向选择机制显然运行有效。

问题15　对公共课任课教师的教学水平总体评价（单选）

书院本科生主要修习学校所要求的综合素质课程和思想教育课程，前者又包括外语、军事素养、计算机能力等其他学科课程或讲座。公共课课堂人数较多，教师与学生的私下交流客观上不如专业课教师和书院导师。因而本题重在调查学生对公共课任课教师教学水平的评价。反馈如下（见表16、图13）：

表16　关于公共课任课教师的教学水平评价调查表

选项	小计	比例
不满意	0	0%
基本满意	13	6.5%
较满意	58	29%
非常满意	129	64.5%

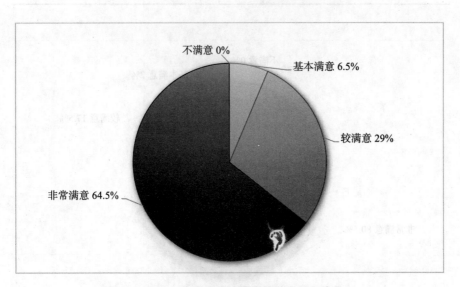

图13　关于公共课任课教师的教学水平评价图示

可见，调查对象总体上对公共课任课教师的教学水平表示满意，由于调查样本中占相对多数的大一、大二学生公共课较多，其反馈对样本结果影响较大，说明学校公共课任课教师在实际教学过程中能得到学生的配合和支持。

问题 16　对专业课任课教师的教学水平总体评价（单选）

人文学科专业课是书院本科生课程教育的核心部分，对书院学生的学习收益以及日后的就业或升学有决定性影响。本题直接对专业课任课教师的教学水平展开调查，以期获得最直观的数据。反馈如下（见表 17、图 14）：

表 17　对专业课任课教师的教学水平总体评价调查表

选项	小计	比例	
不满意	0		0%
基本满意	4		2%
较满意	35		17.5%
非常满意	161		80.5%

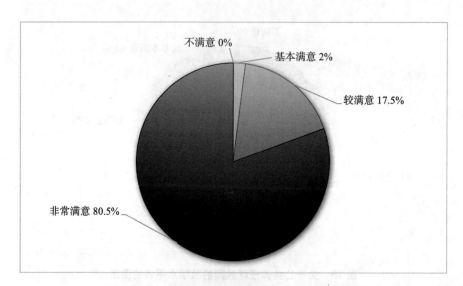

图 14　对专业课任课教师的教学水平总体评价图示

可以直观地看到，调查对象中对书院专业课教学质量持非常满意态度者高达 80.5%，无不满意者。说明书院教师能高质量地完成本科专业课程的讲授，学生能得到实在收益。

问题 17 书院和相关教师是否给予本科生个人切实的科研训练（单选）

该题从学生个体角度出发，调查书院的人才培养机构和相关的教师个人（包括但不限于班级导师、学业导师、专业课任课教师）能否切实地训练本科生个人的科研能力，本科生是否认为自己在接受书院教育期间真正提高了对未来可能的学术研究有益的技术能力。反馈如下（见表 18、图 15）：

表 18 关于书院及教师给予本科生切实科研训练调查情况表

选项	小计	比例	
不满意	2		1%
基本满意	16		8%
较满意	45		22.5%
非常满意	137		68.5%

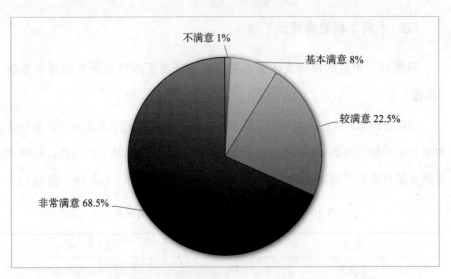

图 15 关于书院及教师给予本科生切实科研训练调查情况图示

结果分布与上述同属一个主题的其他问题相似，持非常满意和较满意态度者超过 90%。书院本科毕业生选择升学道路的占比向来较高，该结果可以说明其原因。但是可以看到，表示"不满意"的人数仍是 2 人，与问题 13 相同，应进行进一步的摸底调查。

问题 18　对导师或任课教师的建议（开放）

本题针对书院本科生的个体差异，收集有关书院师生关系问题的具体意见建议。经整理，主要有对于专业课任课教师和学业导师两方面的反馈。

对专业课任课教师，部分调查对象希望任课教师能切实掌握学生的学习能力，实事求是地做到"精读"和引导学术入门的训练，这显然是基于专业课文献阅读量大和课时有限的矛盾而提出的。此外还有调查对象希望课程作业的形式可以更多样、更灵活，不仅限于撰写课程论文；有调查对象希望任课教师考虑学生的实际负担合理安排课程任务。对学业导师，有意见表示希望改进双向互选机制，在选择导师前更多地展示候选老师的学术能力；有的调查对象表示，虽然能理解导师的辛苦之处，但仍然希望可以增加与导师交流的频次。

（四）书院本科教育管理工作

问题 19　书院的课余文体活动是否真正充实了本科生个人的课余生活（单选）

书院追求本科生的全面发展，因而书院本科生在课程学习之外可以参与多种体育活动和社团活动。本题意在获知本科生对课余文体活动的观感，观察书院教育是否真正做到促进学生全面发展的目标。反馈如下（见表 19、图 16）：

表 19　书院课余文体活动满意度调查情况表

选项	小计	比例
不满意	1	0.5%
基本满意	20	10%

续表

选项	小计	比例
较满意	47	23.5%
非常满意	132	66%

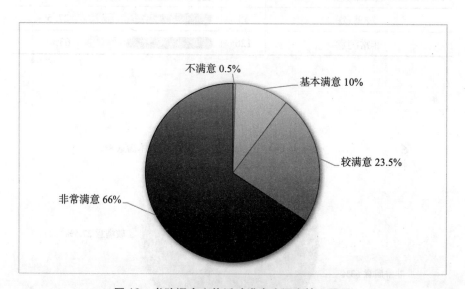

图 16　书院课余文体活动满意度调查情况图示

总体看来，书院本科生对课余文体活动持较为满意的态度，结合以足球、篮球等体育竞赛为代表的书院文体活动往往能吸引大量书院师生参与的实际状况，书院文体活动发挥着在课堂之外团结书院学子、促进学生身心健康的重要作用。

问题20　书院相关管理政策对于本科生个人生活是否具有积极影响(单选)

设置该题的目的在于，了解学校和书院关于学生方面的行政管理工作是否真正地服务学生、使学生获益。反馈如下(见表20、图17)：

表 20　关于学校及书院相关管理政策满意度调查表

选项	小计	比例	
不满意	3		1.5%
基本满意	16		8%
较满意	55		27.5%
非常满意	126		63%

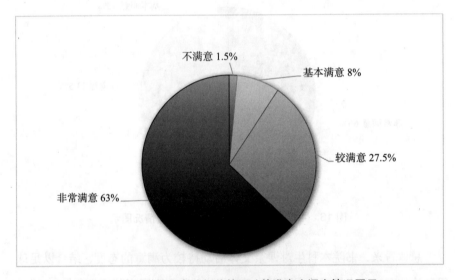

图 17　关于学校及书院相关管理政策满意度调查情况图示

可以看出，大部分调查对象对学校及书院的相关管理政策表示支持和理解，认为其对自己的生活具有积极影响。应该注意到，参与调查的四个年级的学生都经历了学校和书院为疫情防控而推出的管理政策，这些政策毫无疑问取得了积极的成效。

问题 21　对书院的本科生奖、助学金体系的评价（单选）

书院面向本科生设立了一系列奖、助学金，基本做到了全覆盖。但并非所有的奖、助学金都能单纯通过学习成绩或者学术研究获得；限于各种客观因素，也并非每一项奖、助学金都能稳定地评选和发放。本题目的在于询问书院本科生对当前奖、助学金体系的满意程度，应该注意的是，"满意"不代表调查对象一定受益，而是反映普惠性和公平性的指标。反馈如下（见表21、图18）：

表21　关于书院本科生奖、助学金体系评价情况调查表

选项	小计	比例
不满意	1	0.5%
基本满意	11	5.5%
较满意	46	23%
非常满意	142	71%

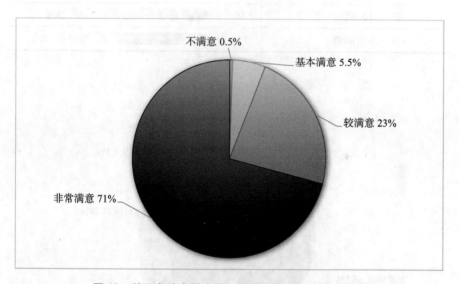

图18　关于书院本科生奖、助学金体系评价情况图示

　　总体看来，调查对象对书院的本科生奖、助学金体系较为满意。面向本科生的奖、助学金以激励学生努力学习、投身学术为目标，而并非只是解决学生生活所需的钱款问题。从数据中可以看出，书院的本科生奖、助学金体系正在积极发挥其应有作用。

问题 22 书院的综合测评、评优工作在本科生个人看来是否符合实际情况、有实际作用（单选）

书院每年都组织开展对本科生个人的综合测评、评优工作，这项工作以学生个人的综合素质为评判标准，是本科生参与评优、评奖的重要依据。反馈如下（见表 22、图 19）：

表 22 关于书院本科综合测评、评优工作情况调查表

选项	小计	比例	
不满意	2		1%
基本满意	9		4.5%
较满意	56		28%
非常满意	133		66.5%

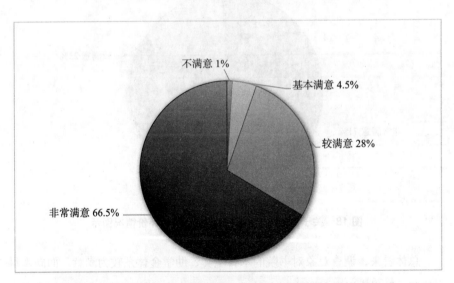

图 19 关于书院本科综合测评、评优工作情况调查情况图示

与对书院的本科生奖、助学金体系的评价相似，本题结果显示超过 90% 的调查对象认为综合测评、评优工作符合实际情况、有实际作用。但也应该注意到少数对此持有异议的个体，书院应该及时了解他们的具体意见，避免同学间的矛盾扩大化和学生对班级工作不配合等问题。

问题 23　对书院辅导员工作的评价（单选）

书院的辅导员负责本科生几乎一切相关事务，事无巨细。正因为辅导员任务之繁、职责之重，与学生来往十分密切，本科生对其观感是全面、细致而敏感的。本题即希望了解本科生对其辅导员的评价。反馈如下（见表23、图20）：

表23　关于书院辅导员工作评价情况表

选项	小计	比例	
不满意	0		0%
基本满意	4		2%
较满意	29		14.5%
非常满意	167		83.5%

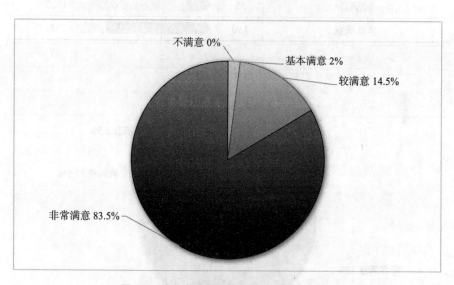

图20　关于书院辅导员工作评价情况图示

可见，绝大部分调查对象对辅导员的工作表示满意，并且无"不满意"者。这既说明本科生辅导员的工作成效之显著、与学生关系之良好，也要求书院继续维持乃至提高本科生工作的质量。

问题24 对书院本科生教学秘书本职工作及其与本科生班干部工作对接的评价(单选)

教学秘书是负责对接教务处和书院学生的重要岗位,有关课程、考试、毕业论文等教务核心事务都由教学秘书向学生传达。其中,教学秘书又要和学习委员等学生班干部对接。教学秘书的工作认真负责与否以及和班干部对接是否顺畅,直接关系到学生能否及时、准确了解到事关自身学习安排的信息。反馈如下(见表24、图21):

表24 关于书院本科教学秘书工作满意度评价情况表

选项	小计	比例	
不满意	4		2%
基本满意	11		5.5%
较满意	35		17.5%
非常满意	150		75%

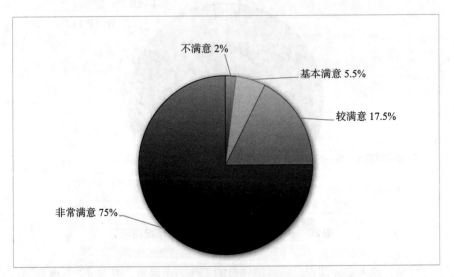

图21 关于书院本科教学秘书工作满意度评价情况图示

可见，大部分调查对象对教学秘书的工作持肯定态度，说明本科生基本能从教学秘书处及时了解到课程、考试等相关信息，教学秘书能妥善地解决学生的教务相关问题。有个别调查对象表示教学秘书的本职工作及其与班干部对接过程存在一定问题，还需要进一步具体调查，及时解决，避免信息传达不全面。

问题 25　书院本科生教育管理工作存在的问题和建议（开放）

本题是开放性题目，主要收集本科生对书院教育管理工作及其他相关行政工作的意见和建议。经整理，大部分调查对象没有提出实际建议。部分调查对象要求教学秘书提高与学生班干部对接的精准度和效率，保证学生能够及时从教学秘书处获得反馈。此外，还有要求加强对学生会成员的审查管理、重视寝室夜不归宿问题的意见和建议。

（五）附加

问题 26　关于书院本科生学风情况满意度（单选）

本题作为附加题，因为书院本科生集体中的学风与学习氛围不仅依靠书院管理层与教师的引导，也依赖学生自身的学习习惯、学习热情和良性竞争，且预估受访个体观感差异较大，故而放置于问卷末尾。反馈如下（见表 25、图 22）：

表 25　关于书院本科生学风情况调查表

选项	小计	比例
不满意	0	0%
基本满意	6	3%
较满意	47	23.5%
非常满意	147	73.5%

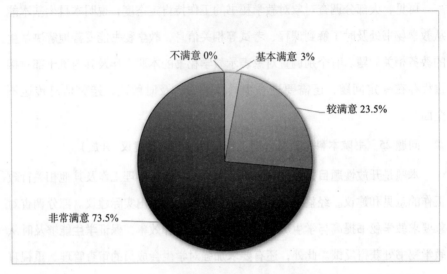

图 22 关于书院本科生学风情况调查情况图示

可见，绝大多数调查对象认为当前书院本科生集体内的学风和学习氛围，使得本科生个人真正受益。

问题 27 对自己目前学习状态的评价（单选）

本题目的在于了解学生个人的学习状况，为书院调整教育教学管理工作、测评学生的学习压力提供参考。反馈如下（见表 26、图 23）：

表 26 学生目前学习状态自评调查表

选项	小计	比例	
不满意	10		5%
基本满意	48		24%
较满意	69		34.5%
非常满意	73		36.5%

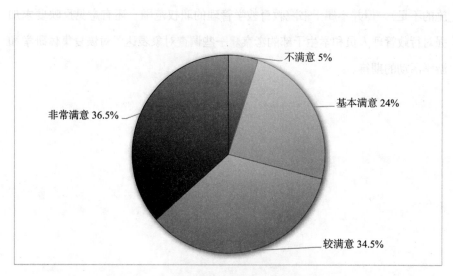

图 23 学生目前学习状态自评调查情况图示

可见，有相当数量的调查对象认为自己当前的学习状态存在问题，并没有达到最佳状态。书院应及时以班级为单位，组织教职工了解影响本科生学习状态的主要因素，并及时解决问题。

问题 28 对本专业本科生教育工作的总体评价（开放）

本题为总括性的调查，试图收集本科生对书院历史学、人文科学试验班教育工作的总体评价。绝大部分调查对象都表示对书院教职工的感谢、支持和鼓励。有部分调查对象希望书院的教育管理工作能进一步精简中间环节，减少学生跑不必要的流程、参加不必要的活动。有个别调查对象提出，应该增加经学以外的历史学和哲学的教育资源和管理安排。

问题 29 其他方面存在的问题和建议（开放）

本题意在收集除问卷设问范围之外的，书院本科生对有关教育教学管理工作方面的意见和建议。绝大部分调查对象没有提出具体意见和建议。有效意见和建议中，占比较大的是对学校后勤部门的意见，要求食堂改进产品质量（如少油），或者呼吁让书院学生搬离老校区宿舍（问题在于洗衣机、吹风机等设施的不足），但并不属于书院教育教学管理的职权范围。还有意见反映要求加强对行政管理人员和学生干部的考察。一些调查对象表达了对恢复集体研学和游学活动的期待。

岳麓书院 2023 年本科生教育教学评估报告

潘　彬　陈文毅①

一、问卷介绍

为了更好地改进和完善岳麓书院本科生人才培养的效果，进一步推进书院教育教学工作的有效开展，完善书院下一阶段教育教学计划，岳麓书院人才培养办于 2024 年 1~2 月通过问卷调查和线下访谈的方式，广泛地征询并收集了书院本科生对我院上一年度的教育教学工作的意见和建议，了解了许多学生的真实感受和宝贵建议。以下是对此次问卷调查情况的基本介绍与评估报告。

本次工作前期对前两年的教育教学调查问卷进行了分析，在前两年问卷的基础上，对本次问卷内容进行了调整：通过分析 2021、2022 两年的评估报告，"课程教学"和"导师制"两方面仍是调研重点，"书院资源及活动"侧重于学习、学术资源的调研，删去了疫情期间有关线上教学的题目，将往年某些集中且打分难以体现学生意见的问题放在了线下匿名调查采访中。在问卷设计时，对书院学子进行了随机调研，以了解学生的关注面向，更好地设计调查问卷。最后，本次问卷以集中发放线上问卷的调查形式，共收回问卷 198 份，有效问卷 198 份。

本次调查主要是以发放线上调查问卷的形式来展开，在内容设计上，调查

---

① 作者简介：潘彬，岳麓书院人才培养办主任，讲师；陈文毅，岳麓书院团委书记。

问卷划分为四个部分结构：一是课程培养，二是教学条件，三是导师制与任课教师，四是书院政策及学生工作。在问题形式上，此次调查采用了定性与定量相结合的方法，根据不同层面的内容，设定单项选择、开放意见等题型，能较为充分地收集学生对相关问题的反馈意见或建议。

二、数据分析

截至 2024 年 1 月，岳麓书院本科生共计 284 人，本次调查回收问卷 198 份，有效答卷 198 份。本次问卷各年级填写情况如下（见表 1）：

表 1　2024 年参与此次调查的各年级人数比例

	2023 级	2022 级	2021 级	2020 级
人数	75	42	35	46
比例	37.88%	21.21%	17.68%	23.23%

从表中数据可以看出，本次调查对象大一学生占比较大，这与 2023 年度大一历史专业扩招且大一人文班多数学生未向其他学院分流有关。此外，大二、大四学生参与调研也较为积极。

（一）课程培养

（1）书院领导与老师对本科生教育教学的关切和回应程度（见表 2、图 1）

表 2　关于书院领导与老师对本科生教育教学的关切和回应程度调查情况表

选项	历史2001班	人文2001班	历史2101班	人文2101班	历史2201班	人文2201班	历史2301班	历史2302班	人文2301班	合计
不满意	0	0	0	0	0	0	0	0	0	0
基本满意	0	1	0	0	0	3	0	0	0	4

续表

选项	历史2001班	人文2001班	历史2101班	人文2101班	历史2201班	人文2201班	历史2301班	历史2302班	人文2301班	合计
较满意	4	1	2	1	2	1	3	3	4	21
非常满意	26	14	15	17	21	15	22	18	25	173

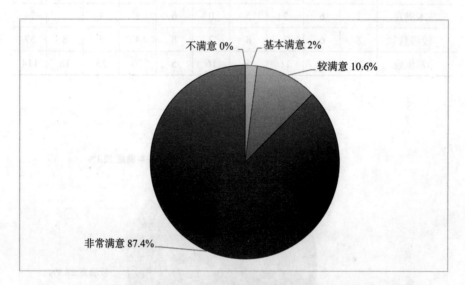

不满意 0%　基本满意 2%

较满意 10.6%

非常满意 87.4%

图1 关于书院领导与老师对本科生教育教学的关切和回应程度调查情况图示

由图表可知，学生对书院领导与老师的关切与回应深有感触，选择"非常满意"的占绝大多数，各班级都有少数选择"较满意"的，选择"基本满意"的出现在人文班学生的问卷中，这需要进一步的了解和回应，以便提升学生们的满意度。

(2)本专业培养方案的设计(见表3、图2)

表3 专业培养方案设计满意度调查表

选项	历史 2001 班	人文 2001 班	历史 2101 班	人文 2101 班	历史 2201 班	人文 2201 班	历史 2301 班	历史 2302 班	人文 2301 班	合计
不满意	0	1	1	0	0	0	0	0	1	3
基本满意	1	6	2	5	0	6	1	1	2	24
较满意	8	6	3	8	7	8	4	5	8	57
非常满意	21	3	11	5	16	5	20	15	18	114

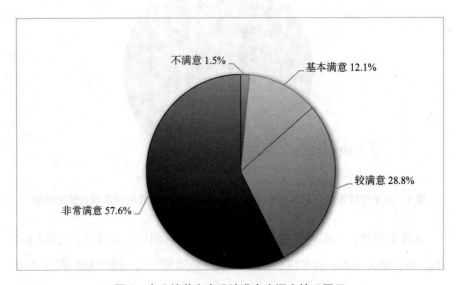

图2 专业培养方案设计满意度调查情况图示

在培养方案的设计方面,通过问卷调查结果可以看出一些问题,存在满意度不高的情况,尤其是有两个班级选择"非常满意"的人数较少,说明这两个班级参与调研的学生有半数以上对该项满意程度较低,在后续培养方案的调整中,要更多听取学生的意见和反馈,不断调整。

（3）本专业培养方案的具体执行是否贴合其设计（见表4、图3）

表4　关于专业培养方案具体执行满意度调查表

选项	历史2001班	人文2001班	历史2101班	人文2101班	历史2201班	人文2201班	历史2301班	历史2302班	人文2301班	合计
不满意	0	0	1	0	0	1	0	0	0	3
基本满意	0	3	0	3	0	3	3	1	3	16
较满意	8	10	3	6	5	9	3	4	6	54
非常满意	22	3	13	9	18	6	19	16	20	126

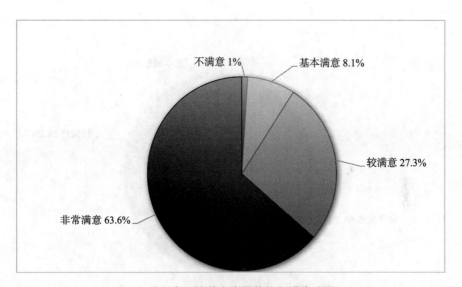

图3　关于专业培养方案具体执行满意度图示

　　在培养方案的具体执行上，选择"非常满意"的占比不到三分之二，还有不少选择"较满意"和"基本满意"的学生，对此可以进一步了解，在执行培养方案的过程中，具体有哪些没有贴合其设计的地方。

（4）专业课教学能否让学生有摄入知识的实感（见表5、图4）

表5 专业课教学满意度调查表

选项	历史2001班	人文2001班	历史2101班	人文2101班	历史2201班	人文2201班	历史2301班	历史2302班	人文2301班	合计
不满意	0	0	0	0	0	1	1	0	0	2
基本满意	0	1	1	0	0	2	1	1	2	8
较满意	6	11	3	7	5	6	4	4	11	57
非常满意	24	4	13	11	18	10	19	16	16	131

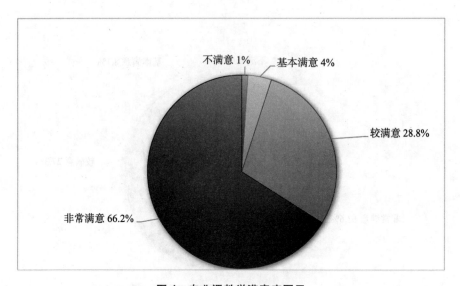

图4 专业课教学满意度图示

在专业课教学满意度方面的调查中，学生们总体上较为满意，低满意度情况分布较为均匀，可能与个人的学习体验有很大的关系。

（5）专业课教材和相关书目是否满足学生需求（见表6、图5）

表6　专业课教材和相关书目满意度调查表

选项	历史2001班	人文2001班	历史2101班	人文2101班	历史2201班	人文2201班	历史2301班	历史2302班	人文2301班	合计
不满意	0	0	0	0	1	2	1	0	1	5
基本满意	2	2	3	0	0	1	2	2	3	15
较满意	5	8	2	6	6	9	4	6	9	55
非常满意	23	6	12	12	16	7	18	13	16	123

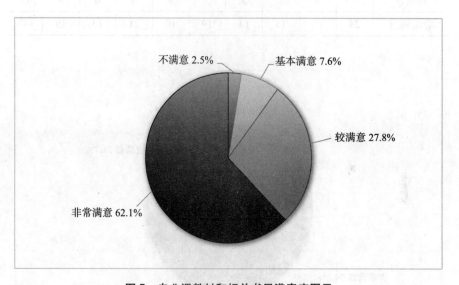

图5　专业课教材和相关书目满意度图示

从专业课教材是否满足学生的需求来看，低满意度在大一大二中出现得较多，这也可能与一些老师上课时并不是按照教材来进行，而是根据自己的知识来进行传授的因素有关。

（二）教学条件

（1）学生取用书院文献资料（纸质和电子）是否方便（见表7、图6）

表7　关于书院文献资料获取满意度调查表

选项	历史2001班	人文2001班	历史2101班	人文2101班	历史2201班	人文2201班	历史2301班	历史2302班	人文2301班	合计
不满意	0	0	0	1	0	0	0	1	0	2
基本满意	2	0	0	0	1	1	0	1	1	6
较满意	4	4	2	3	3	8	4	6	9	43
非常满意	24	12	15	14	19	10	21	13	19	147

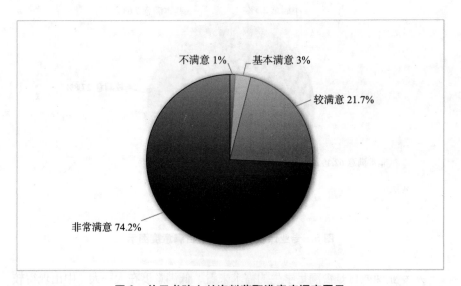

图6　关于书院文献资料获取满意度调查图示

对于书院的文献资料，学生们满意程度较高，低满意度的学生分布较为分散。

（2）书院所开展的学术交流、讲座、学术沙龙等活动是否真正惠及本科学生(见表8、图7)

表8　关于本科生对书院学术活动的满意度调查表

选项	历史2001班	人文2001班	历史2101班	人文2101班	历史2201班	人文2201班	历史2301班	历史2302班	人文2301班	合计
不满意	0	0	0	1	0	0	0	0	0	1
基本满意	0	0	0	0	0	0	0	1	0	1
较满意	5	5	2	3	3	7	3	3	7	38
非常满意	25	11	15	14	20	12	22	17	22	158

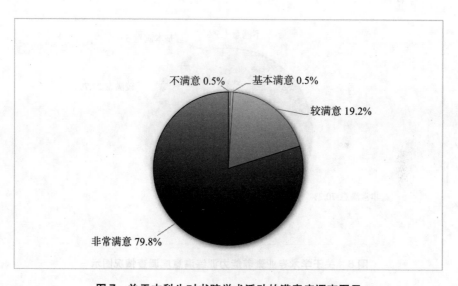

图7　关于本科生对书院学术活动的满意度调查图示

学生对于书院开展的学术交流、讲座、学术沙龙等活动总体满意度较高，极个别满意度较低的在开放性问题处给出了原因和意见。

（3）有关于学术专业素养能力的训练是否满足实际需要（见表9、图8）

表9 关于学术专业素养能力训练满意度调查情况表

选项	历史2001班	人文2001班	历史2101班	人文2101班	历史2201班	人文2201班	历史2301班	历史2302班	人文2301班	合计
不满意	0	1	0	1	0	0	1	0	0	3
基本满意	0	2	1	2	1	2	0	1	2	11
较满意	4	4	2	2	5	8	5	8	7	45
非常满意	26	9	14	13	17	9	19	12	20	139

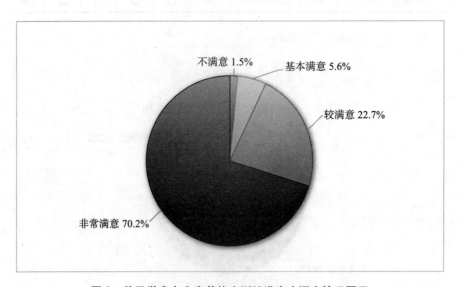

图8 关于学术专业素养能力训练满意度调查情况图示

由上述图表可知，大多数学生对该项持满意态度，但在大二、大四人文班参与调研的学生中，持"较满意"及以下态度的人数在一半左右。

(三)导师制与任课教师

(1)书院本科生导师制对本科生学习生活发挥的实际作用(见表10、图9)

表 10　书院本科生导师制对本科生学习生活发挥的实际作用调查情况表

选项	历史 2001 班	人文 2001 班	历史 2101 班	人文 2101 班	历史 2201 班	人文 2201 班	历史 2301 班	历史 2302 班	人文 2301 班	合计
不满意	0	0	0	0	0	0	1	0	0	1
基本满意	0	1	1	1	2	0	1	1	0	7
较满意	4	4	0	1	2	7	3	2	4	27
非常满意	26	11	16	16	19	12	20	18	25	163

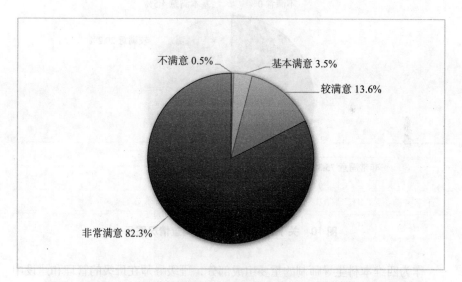

图 9　书院本科生导师制对本科生学习生活发挥的实际作用调查情况图示

本科生导师制作为书院人才培养的重要举措,学生对于本科生导师制的总体评价较高,但也存在满意度不高的情况,需要进一步明确不足的地方,进行改善。

（2）班级导师对本科生学习生活发挥的实际作用（见表11、图10）

表11　关于班级导师满意度调查情况表

选项	历史2001班	人文2001班	历史2101班	人文2101班	历史2201班	人文2201班	历史2301班	历史2302班	人文2301班	合计
不满意	0	0	0	0	0	0	0	0	0	0
基本满意	1	3	0	0	2	1	1	1	0	9
较满意	6	3	3	3	3	8	4	1	9	40
非常满意	23	10	14	15	18	10	20	19	20	149

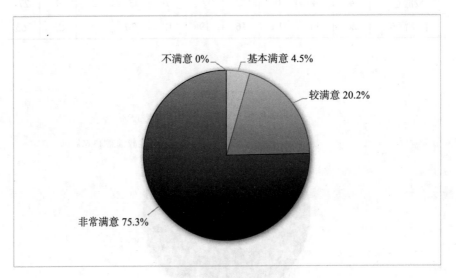

图10　关于班级导师满意度调查情况图示

作为四维本科生导师制的重要组成部分，班级导师在班级的管理和建设中发挥着重要的作用，学生对于班级导师的评价总体较高，选择"非常满意"的超过四分之三。

（3）现任学业导师的科研能力、道德水准和治学态度是否满足本科生要求（见表12、图11）

表 12　关于本科生学业导师相关情况调查表

选项	历史2001班	人文2001班	历史2101班	人文2101班	历史2201班	人文2201班	历史2301班	历史2302班	人文2301班	合计
不满意	0	0	0	0	0	0	1	0	0	1
基本满意	0	0	0	0	0	0	0	1	1	2
较满意	4	0	1	2	3	5	3	1	5	24
非常满意	26	16	16	16	20	14	21	19	23	171

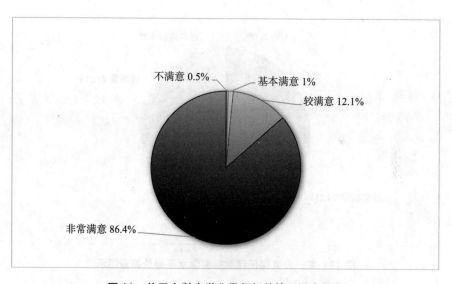

图 11　关于本科生学业导师相关情况调查图示

学业导师在本科生导师制中起到比较重要的作用，总体来看，本科生对于学业导师的科研能力、道德水准和治学态度较为满意，高年级本科生的满意度高于低年级本科生。

(4)对公共课任课教师的教学水平总体评价(见表 13、图 12)

表 13 关于公共课任课教师教学水平评价调查表

选项	历史2001班	人文2001班	历史2101班	人文2101班	历史2201班	人文2201班	历史2301班	历史2302班	人文2301班	合计
不满意	0	0	0	0	0	0	0	0	0	0
基本满意	1	0	2	1	2	1	0	2	0	9
较满意	7	2	1	3	5	8	4	3	9	42
非常满意	22	14	14	14	16	10	21	16	20	147

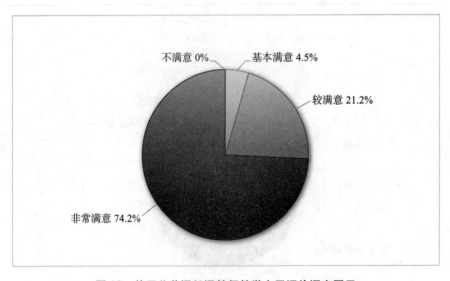

不满意 0%　基本满意 4.5%

较满意 21.2%

非常满意 74.2%

图 12 关于公共课任课教师教学水平评价调查图示

在公共课任课教师的满意度评价中,"基本满意"和"较满意"的占比超过四分之一,需要进一步的寻找具体原因。

(5)对专业课任课教师的教学水平总体评价(见表14、图13)

表14 对专业课任课教师的教学水平总体评价调查表

选项	历史 2001 班	人文 2001 班	历史 2101 班	人文 2101 班	历史 2201 班	人文 2201 班	历史 2301 班	历史 2302 班	人文 2301 班	合计
不满意	0	0	0	0	0	0	0	0	0	0
基本满意	0	1	0	0	0	0	1	1	0	3
较满意	4	0	2	1	3	6	4	2	5	27
非常满意	26	15	15	17	20	13	20	18	24	168

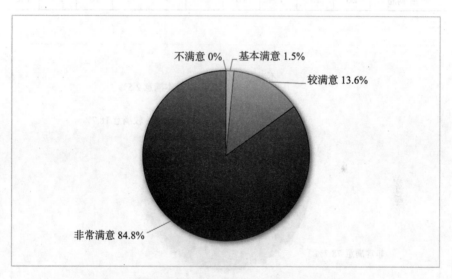

不满意 0%　基本满意 1.5%

较满意 13.6%

非常满意 84.8%

图13 对专业课任课教师的教学水平总体评价调查图示

对专业课任课教师的总体满意度高于对公共课任课教师的评价,大部分人都是选择"非常满意",这也是学生对于专业课教师的正面肯定。

（6）书院和相关教师是否给予本科生个人切实的科研训练（见表 15、图 14）

表 15　关于书院及教师给予本科生切实科研训练的调查情况表

选项	历史 2001 班	人文 2001 班	历史 2101 班	人文 2101 班	历史 2201 班	人文 2201 班	历史 2301 班	历史 2302 班	人文 2301 班	合计
不满意	0	0	0	0	0	1	0	0	0	1
基本满意	0	1	0	0	0	0	2	1	1	5
较满意	4	2	2	2	4	9	4	2	8	37
非常满意	26	13	15	16	19	9	19	18	20	155

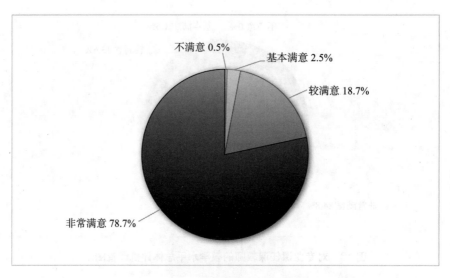

图 14　关于书院及教师给予本科生切实科研训练的调查情况图示

对于教师给予本科生实际的科研训练，大部分学生的满意度较高，仅人文 2201 班的整体满意度低于平均水平，应该引起重视。

（四）书院政策及学生工作

（1）书院的课余文体活动是否真正充实了本科生个人的课余生活（见表16、图15）

表 16　书院课余文体活动满意度调查表

选项	历史2001班	人文2001班	历史2101班	人文2101班	历史2201班	人文2201班	历史2301班	历史2302班	人文2301班	合计
不满意	0	0	0	1	0	0	0	0	0	1
基本满意	0	2	1	0	2	1	2	1	1	10
较满意	7	2	4	2	4	8	1	5	6	39
非常满意	23	12	12	15	17	10	22	15	22	148

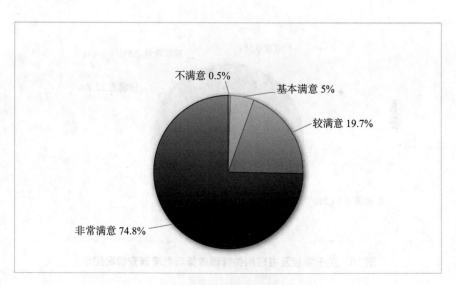

图 15　书院课余文体活动满意度调查图示

在课余活动是否充实了课余生活的问题上，大部分学生的满意度较高，但也存在分散的低满意度的情况，这可能是一些学生参与不足，不愿意参与活动，收获较少；也可能是活动吸引力不足，没有能够调动全部学生的积极性。

（2）学校和书院相关管理政策对于本科生个人生活是否具有积极影响（见表 17、图 16）

表 17　关于学校及书院相关管理政策满意度调查表

选项	历史 2001 班	人文 2001 班	历史 2101 班	人文 2101 班	历史 2201 班	人文 2201 班	历史 2301 班	历史 2302 班	人文 2301 班	合计
不满意	0	1	0	0	0	0	0	0	0	1
基本满意	0	1	0	0	0	0	2	1	1	5
较满意	8	1	4	2	6	10	1	6	7	45
非常满意	22	13	13	16	17	9	22	14	21	147

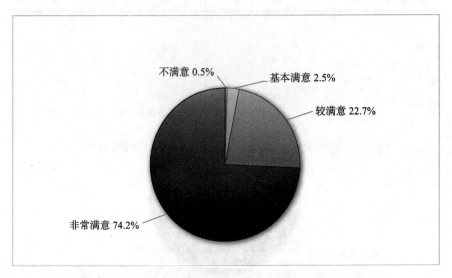

图 16　关于学校及书院相关管理政策满意度调查情况图示

在管理政策对学生的积极影响方面，班级之间存在差异，如，人文 2201 班选择"非常满意"的不足该班参与调研人数的一半。

（3）对书院的本科生奖、助学金体系的评价（见表18、图17）

表18　关于书院本科生奖、助学金体系评价情况调查表

选项	历史2001班	人文2001班	历史2101班	人文2101班	历史2201班	人文2201班	历史2301班	历史2302班	人文2301班	合计
不满意	0	0	0	1	0	0	0	0	0	1
基本满意	1	1	1	0	0	0	1	2	0	6
较满意	3	2	3	3	3	10	3	5	8	40
非常满意	26	13	13	14	20	9	21	14	21	151

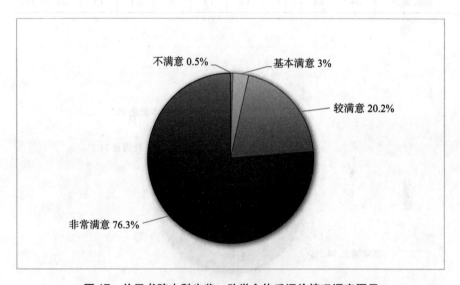

图17　关于书院本科生奖、助学金体系评价情况调查图示

对于书院的奖、助学金体系的评价，学生总体满意度较高，低满意度数据分布较为分散。对于奖、助学金体系，在开放性问题中有学生给出了一些相关意见。

（4）书院的综合测评、评优工作在本科生个人看来是否符合实际情况、有实际作用（见表19、图18）

表 19　关于书院本科生综合测评、评优工作情况调查表

选项	历史2001班	人文2001班	历史2101班	人文2101班	历史2201班	人文2201班	历史2301班	历史2302班	人文2301班	合计
不满意	0	0	0	1	0	0	0	0	0	1
基本满意	0	2	3	0	0	0	1	2	0	8
较满意	6	1	1	3	6	11	3	4	7	42
非常满意	24	13	13	14	17	8	21	15	22	147

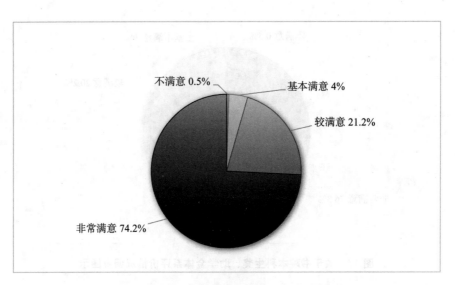

图 18　关于书院本科生综合测评、评优工作情况调查情况图示

关于学生综合测评和评优工作，虽然总体满意度较高，但还是存在部分学生满意度较低，这说明在实行的过程中，仍有不符合个别学生期待的地方。

（5）对书院辅导员工作的评价（见表20、图19）

表20 关于书院辅导员工作评价情况表

选项	历史2001班	人文2001班	历史2101班	人文2101班	历史2201班	人文2201班	历史2301班	历史2302班	人文2301班	合计
不满意	0	0	0	0	0	0	0	0	0	0
基本满意	0	0	0	1	0	0	1	0	0	2
较满意	3	1	0	1	2	6	2	1	2	18
非常满意	27	15	17	16	21	13	22	20	27	178

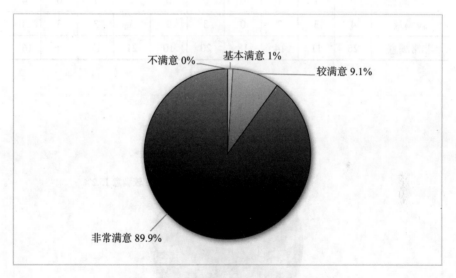

图19 关于书院辅导员工作评价情况图示

对书院辅导员工作的总体评价较高，但是个别班级的满意度严重低于平均水平，需要进一步的关注和分析。

(五)其他补充问题

(1)当前书院本科生学风与学习氛围是否让本科生个人真正受益(见表21、图20)

表21　关于书院本科生学风与学习氛围情况调查表

选项	历史2001班	人文2001班	历史2101班	人文2101班	历史2201班	人文2201班	历史2301班	历史2302班	人文2301班	合计
不满意	0	1	0	0	0	0	0	0	0	1
基本满意	0	1	1	0	0	0	1	1	0	4
较满意	4	3	2	0	3	9	3	3	3	30
非常满意	26	11	14	18	20	10	21	17	26	163

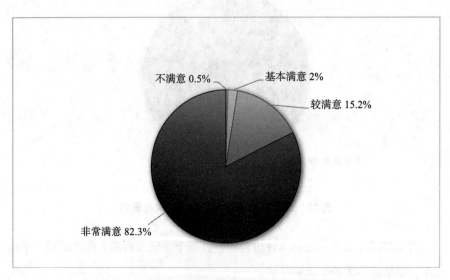

图20　关于书院本科生学风与学习氛围情况调查图示

对于学院的学习风气和氛围,大部分学生的满意度高,但通过对比发现,人文2201班选择"非常满意"的比例相对于其他班级较低。

（2）对自己目前学习状态的评价（见表22、图21）

表22　学生目前学习状态自评调查情况表

选项	历史2001班	人文2001班	历史2101班	人文2101班	历史2201班	人文2201班	历史2301班	历史2302班	人文2301班	合计
不满意	3	1	1	1	0	0	0	1	0	7
基本满意	3	1	1	4	3	5	3	4	4	28
较满意	9	4	4	4	9	11	5	6	10	62
非常满意	15	10	11	9	11	3	17	10	15	101

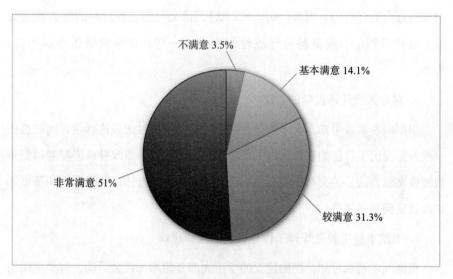

图21　学生目前学习状态自评调查情况图示

由上述图表可知，学生们对自己目前学习状态评价不一。有6个班级选择"非常满意"的人数占本班参与调研人数的50%或以上，历史2201班、人文2201班、历史2302班该数据跌出50%，人文2201班甚至仅为15.8%，需重点关注。

（六）开放性问题

1. 培养方案和课程教学存在的问题和建议

根据问卷调查，发现问题主要集中于以下几点：人文班学生对于所学内容侧重部分有不同意见，有学生提出想增加历史方向内容，亦有学生想增加文学方向内容；也有学生反映某些基础类课程应于大一时开设（如古代汉语）；课程选择不够丰富；人文班分流方案需进一步规范化；等等。

2. 书院教学条件存在的问题和建议

根据问卷调查可知，问题主要集中在：电子化、信息化教学不够深入，查阅某些方面的资料仍有困难（如出土文献），论文写作、查资料的能力也需要提上培养日程，书院资料室开放时间可灵活一些，讲座领域还可以丰富，等等。

3. 对导师或任课教师的建议

根据问卷调查可知，大多数学生对老师们的辛勤付出表达感谢，同时也在一些方面提出了自己的建议：PPT 课件制作还可以进一步改善；需要老师们多教授些文献查阅、论文写作的方法；应丰富课程考核方式；实践课程和基础知识应该受到更多注意。

4. 书院本科生教育管理工作存在的问题和建议

根据问卷调查可知，提出建议的学生大部分想增加课余活动，有学生提出文明寝室与评奖评优挂钩的问题。这部分有实际意义且与书院相关的建议较少。

5. 对本专业本科生教育工作的总体评价

根据问卷调查可知，大部分学生表达了对书院教育工作的满意以及对书院的喜爱，对书院的人文关怀有较高评价，但亦有学生对培养方案提出可以进一步改善的建议。

(七)线下抽样采访

为了更加细致、全面地了解书院本科生的真实感受，在本次调查中，设置了 4 道半开放性问题与 1 道完全开放性问题，并设计了两种调查方式：一是在线上调查问卷中设置主观题，二是从各年级各班抽样选取部分学生进行采访。在抽样采访当中，各年级接受采访的人数占比如下(见表 23)：

表 23　线下抽样采访调查各年级人数比例表

年级	2023 级		2022 级		2021 级		2020 级	
班级	历史 (两个班)	人文	历史	人文	历史	人文	历史	人文
人数	3	2	2	2	2	2	1	1
占比	33.33%		26.67%		26.67%		13.33%	

样本为匿名抽取，调查对象年级分布较为均匀，其中亦有一名转专业学生，各位学生所提的问题与建议较为详细、中肯，比线上问卷开放性问题更具参考价值。

我们针对这些回答选取了部分重要内容，详见附件 1。接受采访的学生给出的回答均谈到了一些共性问题。因此，我们取消专业和年级的区分，而将这些建议按照一些主要的线索整理如下：

1. 课程设置与培养方案

基础知识课与论文写作课应调到大一进行；人文班课程比重与侧重点仍是重点反映的问题；应更重视原典；应增加实践性课程；应增加方法论方面的教学；课程安排的压力问题，大三、大四是否可以适当减负；转专业学生提出了培养方案阐释不清楚的问题。

2. 教学条件

总体来说，学生们较为认可，建议集中于：资料的查阅与获取(如调整御书楼开放时间，增添购书经费）；通知应更及时；师资力量问题（如西哲方向师资不足）；宿舍安排（与教学楼距离问题）；适合本科生参与的学术活动的开展不足；等等。

3. 导师与任课教师

受访学生对此总体感到满意，建议集中于：希望与导师交流时间延长；教师考核方式的设置、教学方式的进一步改善。

4. 教育管理工作

学生们对辅导员与教学秘书的工作总体满意，同时也提出：老师们负担较重，是否可以增添相关管理人员，以及历史专业教学秘书回复信息较慢等细节问题。

附件1：

一、线上问卷开放性问题汇总

填"无""好"之类的回答不予以展示。

1. 培养方案和课程教学存在的问题和建议（见表24）

表24　培养方案和课堂教学存在的问题和建议

人文2001班	人文班分流同学的培养方案有待规范化，节省我们自制培养方案的时间
人文2301班	加强基础知识教育
人文2001班	可供选择的课程太少，个性化需求难以得到满足。排课不规律且泛而不精
人文2201班	贯通文史哲，减少侧重性
人文2201班	希望历史课程多一点，毕竟毕业拿历史学位证书，发展方向也是历史，但是感觉历史课程太少了，大部分都是哲学经学的课程
历史2001班	老师课堂上可以采取师生交流的形式进行授课，这有利于学生各抒己见，也有利于授课教师及时掌握学生的学习情况

续表

历史 2301 班	课堂不活跃，课程内容和教学方式大多没有体现出大学教学的特色，学生摄入知识的实际感受度低
人文 2001 班	课程设置缺乏基础知识的教授，例如，哲学课程缺乏对哲学史的教学，也无相应的逻辑学课程训练
历史 2201 班	希望能多点户外活动和研学旅行
人文 2301 班	对于人文班的历史基础课程没有进行更全面的设计，建议进一步加强对历史课程的侧重（各个学生的预选方向），不然学生很容易在不感兴趣的领域浪费很多时间
人文 2001 班	大四上学期的"四库全书总目研读"课程建议放在大一、大二时修读
人文 2101 班	劳动教育的要求好像还不明确，每次认定都是自己操作的，不知道是不是对的
历史 2001 班	课程安排不合理，建议均衡分配，减轻后面课程的压力
人文 2301 班	课程设置上希望可以把一些基础教学以可选择的方式提供给学生，以使学生能充分利用课余时间参与更专业的学习
人文 2301 班	可以增加一些基础性课程
人文 2301 班	历史相关课程有点少了
人文 2201 班	有种不知道在学啥的感觉
历史 2201 班	论文难度比较大
历史 2302 班	老师讲课时希望教学例子多一点或者拓展程度再深一点
历史 2201 班	都挺好的，上什么课都能有所收获
历史 2201 班	教学很有建设性
人文 2301 班	我希望文学相关课程能够增加比重
历史 2001 班	基础课程比如古代汉语，我认为还是需要在大一、大二时上
历史 2101 班	课程的设置上可以进一步完善
人文 2201 班	适当提供购书补贴
历史 2301 班	建议取消 Python 以及配套的教科书，都没用过
历史 2301 班	理论与实践多结合

续表

历史 2101 班	像专业选修课，建议在大四前就上完，大四了可以一门心思放在考研或其他事情上，没必要还要腾出时间去上这门课
人文 2001 班	学生的课程选择性太小
人文 2201 班	水课少一些，没用的作业少一些，其他都蛮好的
人文 2101 班	个别课程的文本研读和汇报展示等活动有些模式、形式化，如单纯对文本的翻译和汇报展示后无反馈，希望研读经典时能够在文本之外导入通识，在文本基础上延展知识讲解，具体可参考台湾大学欧丽娟老师的《红楼梦》课程，对文本进行专题讲解而非单纯根据文本顺序文白对照；汇报展示前老师打样并在展示后及时反馈。以上是个人在学习过程中的一些感受，书院的老师们都很善解人意且学术能力强，希望老师们和同学们都能在课堂中获得意义感和价值感
人文 2201 班	建议学科融合
人文 2101 班	大一、大二的课程安排侧重经典阅读，缺少了许多基础课程，如文献学概论、学术论文写作指导等课程，以致这两年的学习没有为后面的论文写作打下坚实基础。如果能够加上这方面的课程，感觉在四年本科学习过程中能够建立起更全面更综合的知识体系
人文 2001 班	到了需要根据现实状况而全面改进的时候
历史 2001 班	建议增加一些课时
人文 2001 班	需要调整一下课程，比如大一增加基础知识类课程，诸如逻辑学等，减少经典类课程
人文 2101 班	研读类课程各有千秋，课程排课奇奇怪怪
人文 2101 班	培养方案内缺少学科基础知识，课程安排零散

2. 书院教学条件存在的问题和建议（见表25）

表25 书院教学条件存在的问题和建议情况表

人文 2301	电子化信息化教学程度不够深入
人文 2201 班	检索出土文献较困难
历史 2302 班	有的书籍图书馆找不到
人文 2001 班	需要逻辑学方面的老师

续表

历史 2302 班	希望能够有更多的渠道获得可读书籍
人文 2301 班	没有太大问题，想知道文庙内两侧的自习室是否常开
人文 2201 班	对于写论文、查资料等基本学术技能的培养基本靠学生自学，有必要加强这方面的培养，每个课程的老师都不觉得是他们的责任，只要结果
历史 2302 班	希望基础课程再多一点
历史 2302 班	有些老师开设的读书会与上课时间冲突，时间比较赶
人文 2301 班	可以多开一些不同领域的讲座
历史 2101 班	希望本科生也能有机会去书院里上课
历史 2101 班	希望论文写作的指导调到大一
历史 2301 班	硬件设施该换的就换了吧
历史 2301 班	世界史师资缺乏
人文 2001 班	容易被游客打扰，门口挂个正在上课的牌子比较好
人文 2101 班	岳麓书院资料室的开放时间或许可以稍做调整，资料室的上班时间与同学们的上课时间重叠了，平时课程较多需要借书的时候只能够借助课间仓促去借阅。辛苦老师们
人文 2201 班	改善图书馆环境和提高藏书量

3. 对导师或任课教师的建议(见表26)

表26 对导师或任课教师的建议情况表

历史 2301 班	多教一些学习方法，例如如何利用网络检索文献等
历史 2302 班	希望可以开展一些实践课程
人文 2301 班	加强基础知识宣讲，多使用例子丰富课堂教学内容
历史 2301 班	希望多提供专业学习上的指导和帮助
人文 2301 班	应该更加贴切地考虑本科生的学习能力以及学习深度，希望课程要求可以适度降低，并且进行更能够体现学科素养的课堂考察，这样或许可以提高课堂效率
人文 2001 班	希望导师可以在每学期开始和快结束的时候举办交流会

续表

历史 2201 班	对写论文的具体训练可以系统一些
历史 2302 班	制度十分优越
历史 2302 班	希望课堂知识拓展与补充部分多一点
历史 2201 班	也许可以适当地放慢节奏，因为从结果上来看都能讲完授课内容
历史 2302 班	以通俗易懂的方式讲课
历史 2101 班	课件质量可以进一步提高
历史 2301 班	教一下怎么做研究、怎么写论文吧
历史 2301 班	目前所遇到的老师都非常好
历史 2301 班	PPT 可以做得更通俗易懂
人文 2201 班	与学生的联系可以更紧密
人文 2101 班	选修课容易踩雷，部分专业课老师事多分低
人文 2101 班	课程以论文形式考核，难度较大，考核方式单一

4. 书院本科生教育管理工作存在的问题和建议(见表 27)

表 27　书院本科生教育管理工作存在的问题和建议情况表

人文 2301 班	加强活动建设
人文 2001 班	有时候盖章流程太烦琐
人文 2201 班	唯一的建议就是希望个人评奖评优不和文明宿舍挂钩
历史 2001 班	建议本科生从大二上学期就开始进行专业选修课的学习，因为书院本科生大一、大二课业压力相较大三、大四小，大三、大四课业、毕业、就业压力大，专业选修课加上核心课可能有近十门，有点力不从心
历史 2302 班	希望可以举办更多活动，让大家有更多的交流
人文 2301 班	希望能够更加顾及本科生自身的局限性
历史 2001 班	非常好，没有流于形式
历史 2302 班	希望可以再规范一点
历史 2101 班	审核离校返校时间可以更快一些

续表

人文 2101 班	课余活动实在贫乏
人文 2001 班	希望注重对学生的反馈

5. 对本专业本科生教育工作的总体评价（见表 28）

表 28　对本专业本科生教育工作的总体评价情况表

历史 2301 班	书院特别有人文关怀
人文 2301 班	工作安排合理，认真贯彻党中央对于高等教育的指示
人文 2201 班	大部分人茫然失措，建议从大一开始加强方法论培养
历史 2301 班	教育工作开展得还不错，对本人有挺大帮助
历史 2001 班	非常浓厚的学习氛围和人文关怀，在书院学习让我觉得很幸福
历史 2302 班	很喜欢书院的氛围
历史 2302 班	教育工作较为充实，能够使学生有所收获
人文 2001 班	学院的老师和领导们非常用心
人文 2201 班	大家都很好，真的
历史 2302 班	非常好，书院我爱你
历史 2201 班	我觉得本科生导师制和培养方案对于我们都挺合适的
历史 2201 班	闲事少，在对学生专业素养等多方面的培养上，都十分负责。非常满意，也很感激
历史 2001 班	总体来说书院提供了很好的学习环境和条件
历史 2101 班	很好很科学
历史 2101 班	很认真负责
人文 2101 班	书院很美好，济济一堂，惠风和畅
历史 2301 班	教学氛围浓厚
人文 2201 班	总体而言很好，但仍有可进步空间
历史 2001 班	爱书院
人文 2101 班	除培养方案外，都很满意

二、线下抽样采访记录

本次抽样采访为匿名形式，为方便记录，将各年级各班采访对象编号如下（见表29）：

表29　线下抽样采访情况表

历史 2301班 （1人）	历史 2302班 （2人）	历史 2201班 （2人）	历史 2101班 （2人）	历史 2001班 （1人）	人文 2301班 （2人）	人文 2201班 （2人）	人文 2101班 （2人）	人文 2001班 （1人）
A1	B1	C1	D1	E1	F1	G1	H1	I1
	B2	C2	D2		F2	G2	H2	

1. 你认为书院的培养方案和课程教学中存在什么问题？有什么建议？

A1：授课内容分散，建议增加单学期内授课内容的深度、协同性，降低同一授课周期内所教授内容的分散性。建议减少考核内容中的重复性、记忆性内容，提高考核标准中对分析能力、思辨能力以及创新能力的重视程度。

B1：课程中讨论思辨的环节时间设置不足——在课时中增加一些谈论和思辨的环节。希望可以多一些对于原典的指引性导读，更好促进学术学习。

B2：书院的培养方案和课程教学可能存在一些问题，例如过分依赖传统教学模式、缺乏与行业趋势对接、课程设置不够灵活等。建议引入更多的实践性课程，如实习、项目课程等，以加强学生的实际操作能力；同时，与行业合作，及时调整课程设置，确保学生所学内容与实际需求相匹配。

C1：有些课的课时可能偏少，比如中国古代史（下），考虑增加课时或者重新分配"上"和"下"的内容。

C2：书院课程设置总体关联性较强，世界史和中国史联系较强，但是在分期历史教学中还有一些衔接不足，希望可以增加一些过渡性教学。专选课方面希望可以在一学期里多开设多板块的课程，提高可选性，满足培养方案的要求。

D1：专选课程一般都是学生先选课，再以选课人数决定是否开课，很多专门性过强的课程容易出现人数不足的现象，也导致选择此课的少数学生要临时调整课程。是否可以提前一段时间（比如一学期）先向院内相应年级本科生群发布专选课老师计划的备课信息，回收同学意愿，反馈给老师，老师之后再决定是否备课？

D2：大一、大二课程较少，可否把大三下学期和大四上学期的专业课挪至其他学期？让大家有充足时间备考或准备毕业相关的其他学习任务（如学年论文、毕业论文等）。

E1：培养方案方面，转专业的学生在专业选修课方面的方案不够明晰，专业选修所需要的学分和原专业的替代学分在方案中没有解释清楚。

F1：人文班课业压力较大，课程和任务较重，学生很少有看书的时间。同时，人文班经学类课程和历史类课程比例失衡，经学类课程较多，而中国通史讲得很仓促，所以在中国通史内容方面容易出现短板。建议人文班减少一些考试，多采用学术论文和读书报告形式进行考核。并且希望老师能开出与此课程相关的书单，以便学生进行读书学习。希望书院把人文班中国通史类课程细化成断代史和专门史，多开一些各个朝代正史的读书会（书院现在正史的读书会比较缺），以及对于一些并不属于核心范围的经典研读课程（在四书五经和正史、重要史书以外的）可以给同学们选修的机会，这样可以调整经学课程和史学课程的失衡。

F2：对于书院学生来说，主要的能提升自己的知识水平的方法，就是阅读经典。但一方面，课程设计较多，上课时间较长，对于学生来说，阅读经典的时间较紧张，显然，这样的听课效率会大打折扣。另一方面，有的学生缺乏经典阅读的自主性。所以主要问题在于激发学生的自觉学习，而不是一味地向学生直接灌输知识。书院教学应当是在传授经典过程中，灵魂与灵魂的碰撞，灵感与灵感的交会。

G1：（专指人文班，对历史班和研究生的情况不知晓，故不臆言）（1）问题如下：①课程庞杂，框架建立不足，学生获得感较少。书院向来经学为盛，阅读经典也有益于素养提升，但对于本科生来说，学科基础仍然十分薄弱，如通史、世界史、文学史和哲学史，课程太短、时间太少，难以构建学科框架。一味地阅读原典只会使得学生虽泛观博览而难有收获。②课程教学中学生接受的方法论较少。留在人文班的同学在中国哲学和经学上的写作方法训练较多，但在史学和西哲方面则十分迷惘。只知"由字以通其词，由词以通其道"，而不知史学、西哲写作为何物。（2）建议：①修改培养方案和调整课程设置。建议在大一未分流时多开设经典研读的课程，以培养经学功底。同时不必缩减文史哲基础课程的授课时间，如中国通史，大一可以仍只讲到 1840 年之前，后续近代史的内容则分流之后继续为选择历史方向的同学讲授即可，因为书院本就以教授各个学科的古代时期为盛，若学习哲学、文学的同学对近代史感兴趣，也可以自行听课学习，不必拘泥于难以达到的"通才"。②建议增加方法论训练。如论文写作、资料搜集，还有开设文献学等等，有助于满足学生的现实需要。

G2：书院的培养方案给学生的局限性过多，比如学分的选择问题。拿人文试验班为例子，培养方案的初衷是打破学科壁垒，培育文史哲通才，但实际上却背道而驰。其自主权反而不如其他班的学生。

人文班因为毕业学分只认书院开设的课程，这导致许多学生不能选上文院、马院、工管院开设的课程。但是实际上，这些课程对于一个有着自己明确发展目标的学生来讲是十分重要的。如，有同学想往西哲方向发展，法语就成了一个很重要的学习目标。但是法语占了 8 个学分，如果他在保研前选读法语的话，会导致学分不够不能毕业的情况（法语不能算作毕业学分），因此他就不能选读法语。还有，有人想从事文博方面的研究，文院的古文字学课程便十分重要，但是因为毕业学分要求，所以不能选读。还有，有人想研究俄国历史，但是同样不能选读俄语。人文试验班本身是为了打破学科壁垒而设置，如今却没有普通班级学生的自主权大，岂不是有点令人困惑？此外，在书院选读

160个毕业学分，会带来一个更恶劣的后果——"水课"大行其道。这种"水"，是对学生生命的浪费，对授课老师努力讲课的否定。比如有学生对有些课程不感兴趣，有些课程也对其自身发展道路没有帮助，但是因为要满足160个毕业学分条件（书院一共就这些课，160个学分，基本上书院的每门课都要选上），不得不选。这不但加重了相应老师的负担，而且会造成教学资源浪费。

此外，人文班的课程设置有一个极其不合理的现象，经学过重。关键是现在没有经学学位，学生只能读历史方面的研究生，思想史还稍微好点。可是经学对中国古代经济史、政治史帮助不大，对世界历史甚至可以说毫无帮助，这会导致一个悖论——你学习越认真，说明你花在经学上的精力越多，说明你花在历史上的功夫越少，你在考研或保研面试中展现的史学素养就越差；可是你的经学成绩跟你的排名挂钩，在你的保研初审上占比过大。这就成为无解死结。

最后，关于学位授予问题，这个是最荒谬的。借用一句我们书院老师的话——反正大家不能授予文学学位，学年论文、毕业论文也不能选择文学方向，你们现在上文学课，说难听一点，就是混学分。虽然话很直白，但是一针见血。分流去文院的学生不用学经学，为什么我们留在书院的学生要学文学？诚然，文学对我们的表达大有裨益，但是，我们以后研究生时咋办？

H1：（1）培养方案改动频繁，每一届都有调整，经验参考具有不确定性；建议减少改动，调整前考虑多方面因素，并合理收集学生意见，达成教学互通。（2）人文班的部分经典研读课程教学尚未摸索到有效的体系和方法，存在一些单纯对文本的翻译和无效小组汇报问题，希望能够在文本之外引入通识导论、在文本基础上进行专题知识讲解，具体可参考台湾大学欧丽娟老师的《红楼梦》经典研读课程教学；以及希望在小组汇报前后能够获得切实有关的指导与有效及时的反馈。

H2：作为一名人文班的学生，从自身的学习经历来看，我认为书院的培养方案和教学整体是完善、良好的，但也存在着培养方案过于宽泛的缺陷，这使得教学无法细致和集中，可以尝试优化，使培养方案得到更好的落实。

I1：希望培养方案能按照学生不同学习阶段的需求进行调整，比如大一时多一些基础课、方法课，帮助大家尽快进入状态；比如"四库研读"这种课就可以调到大一，不要放在大四。培养方案侧重于中国经典原著的研读，关于西学的课程开设较少，因此，可以稍微增加一些西方历史、西方哲学课程的比重，让学生的知识面得到扩充。

2. 你认为书院的教学条件存在什么问题？有什么建议？

A1：外文文献查阅存在问题，建议提高查阅外文文献的便捷性。自习场所较少，建议增设自习室。

B1：引导性稍微较弱，希望可以多一些引导性课程。增加图书馆历史学科相关的文献和资料采购，确保学生有充分的资源支持。

B2：关于教学条件，可能存在设施设备不足、经费不足等问题。建议增加投入，确保学生能够在良好的环境下进行研究；同时，优化教室配套设施，增强教学效果，为学生提供更好的学习体验。

C1：能不能招募一位隶属于书院，且方向为世界史的老师。中楼、东楼的座位地板等希望修缮。刘会文老师曾提出中楼讲台过高，既不方便面对学生讲课，也会让老师的眼睛直对投影仪，导致晃眼，刘老师希望其有调整。

C2：在借阅书籍方面，存在其他专业的书目的借阅需求，希望可以实现跨专业书籍借阅。

D1：希望继续协调好对接校方的规章举措，更多采取通知或调研等方式使学生提前知晓、切实参与有关学生权益的规章变动，比如此前涉及班集体规模的调课、转专业修学分安排、综测大纲修改等等。

D2：专选课无法选择新传院、中国语言文学院、外国语学院等学院的专选课，且有些学期开课种类较少，选择空间小。

E1：无，书院的教学条件非常优良。

F1：本科生学术活动有点少，请求多搞一些覆盖大一、大二的本科生的学术活动，既能锻炼学生学术能力又能积累经验，可以参考南开的未来之星本硕共建论坛这种活动。

F2：设备有些老化，希望可以更新设备，例如研楼综楼的硬件设施。

G1：（1）问题如下：书籍种类较少，学生自费购买缺少的书箱略贵。（2）建议：希望可以拨出一些购书经费，不仅是教材设备，还有专著和工具书，尤其是工具书，如《中国历史地图集》等电子版不如纸质版方便实用。

G2：西哲的老师过少，西哲的课程开设缺乏，逻辑学课程应该得到重视。

H1：御书楼的上班时间与大部分本科生的上课时间重叠。希望御书楼的开放时间能够在学生上课时间之外稍微延长，便于同学们借书还书。

H2：书院的教学条件是良好的。但由于我们学校的宿舍和教学楼相距较远，同时课程安排得比较分散，带来了交通时间上的浪费，希望可以对此进行改进。

I1：书院的学生大多住在德智园区，离书院和上课地点都比较远，希望可以在条件允许的情况下更合理地安排宿舍。

3. 你对导师和任课教师有什么建议？

A1：少数老师讲课时口音较重，可能会导致部分学生对某一部分知识理解不清。

B1：无建议。

B2：对于导师和任课教师，建议加强对学生的专业素养培养，不断提升教学水平，关注个性化教学，积极引导学生，激发其学习兴趣和创新能力；同时，加强师生沟通，关注学生的学习和生活状态，给予及时的指导和支持。

C1：暂无。

C2：希望任课教师在授课时尽量使用普通话教学，方便学生记录理解。在设置论文等作业时能多提供一些建议和帮助。

D1：非常满意，暂无建议。

D2：希望老师们可以充分利用教室的麦克风，有时候教室太大或外面有噪声时听不清老师声音。

E1：无，导师们与任课老师们都很棒！

F1：这个真没啥建议，如果要说，就是希望老师可以把上课课件及时发给同学们，还有一些自编讲义希望可以印成小册子。

F2：我喜欢生动有趣的课堂，希望老师授课时可以多多列举一些有趣的事例来开阔学生的视野，或者借当下的事件来阐释思想。其次，我个人感觉，导师表比较偏向于形式主义，建议延长交导师表的时间。

G1：比较好，无建议。

G2："不尚贤，使民不争。不贵难得之货，使民不为盗。"没有必要拿加分作为标榜，去"鞭策"学生做特定的事情。比如上课朗读加分、报告加分、写的字数多加分……这样会让学生的功利化心态进一步增强，反而丧失了纯粹求学之心。因为有排名，必定会有考核，这些举措实际上也很公平（比起学校其他院的方法来说，这种确实更加公平），但我们可以换一个方式，比如课堂展示——上来展示的同学，老师会详细地指导你讲解的思路，同学们也会给你指出具体问题，无论你的学术水平或者表达能力都会有极大提高。这种机会很难得，多多争取，这样一来，引导学生树立——我们做报告，参与课堂，是为了"知识"而不是"平时分"的意识。此外，这么做也可以减少同学间因为分数产生的争夺分歧。

H1：无。

H2：导师和任课老师也都十分负责、专业，为我们的学习和生活提供了很好的帮助。

I1：老师教学可以再多传授一些方法论的东西，很受用。

4. 你认为书院本科生教育管理工作存在什么问题？如辅导员或教学秘书的工作情况。有什么建议？

A1：建议举办更多的传统文化活动。

B1：开通定期的沟通渠道，确保学生和管理层之间信息畅通，比如使用在线平台沟通或定期会议。

B2：书院本科生教育管理工作可能导致辅导员或教学秘书的工作负荷过重、对学生个性化需求关注不足等问题。建议增加管理人员，分担工作压力，提升服务质量；同时，建立健全学生档案管理系统，及时了解学生情况，有针对性地开展工作，更好地满足学生的个性化需求。

C1：暂无。望继续保持。

C2：无。

D1：非常满意，暂无建议。

D2：希望老师们及时分享学校（通知传达的）信息。

E1：教务处老师的信息反馈稍慢。

F1：辅导员陈文毅老师特别棒，一定要继续努力！

F2：很感激陈文毅辅导员的辛苦工作，感谢他对每个学生的关心与对疑难的解答。

G1：比较好，无建议。

G2：书院课任老师、辅导员和教务老师，都尽心尽责，我们书院学生都十分庆幸能拥有这些老师。

H1：学生信息较多，或许可以分栏进行投递待处理的问题，希望辅导员可以适当休息，不用全天候处理同学们的信息。

H2：在书院的本科生管理工作中辅导员和教学秘书都十分负责。

I1：老师人都很好，很关心学生，继续保持即可。

· 媒体报道摘编

湘台师生岳麓书院研讨中华优秀传统文化①

谢 樱

湖南大学与台湾大学两校学术交流与研讨活动"中国传统文化研讨周"于 2023 年 11 月 12 日正式启动，首场活动"师生学术论坛"当日在长沙岳麓书院举行，来自两校的 30 余位师生参会。

围绕"中华优秀传统文化"这一主题，来自台湾大学哲学系、历史系、政治学系，及湖南大学岳麓书院哲学系、历史系的 27 名本硕博学生分组进行研讨，以论文报告的形式分享研究心得及成果，以学生互评的方式展开深入讨论，最后由两校教师进行专业点评，气氛热烈。

台湾大学哲学系主任林明照说，作为古代四大书院之一的岳麓书院在中国学术思想史上具有重要影响，既有千年的历史传承、古典的文化韵味，又身处现代高等教育体制中，是当代人才培养和学术研究的重要阵地。研讨会在岳麓书院举行，体现了传统和当代的"对话"。

台湾大学哲学系学生李姗说，台大学子来到岳麓书院，浸润中华优秀传统文化，是一次难得的"学术沉浸式体验"，希望通过交流论辩，激发大家对学术的热情。

湖南大学岳麓书院院长肖永明说，856 年前的"朱张会讲"，开中国书院史

---

① 刊于《新华每日电讯》2023 年 11 月 14 日。

上不同学派自由交流对话、相互质疑论辩的先河，也给岳麓书院的学术发展和人才培养注入了活力，影响深远。承续朱张学统，两岸师生在这里辩论切磋、砥砺学问，共同探讨中华优秀传统文化，寻找中华优秀传统文化的根与魂。

"中国传统文化研讨周"由湖南大学岳麓书院与台湾大学哲学系联合主办，以青年学生为活动主体，形式多样、内容丰富。本次研讨周涵盖学术研讨会、专题讲座、移动课堂、历史文化资源考察等活动，将持续至 11 月 17 日。

湖南大学岳麓书院：赓续文脉 使命惟新[①]

陈 俊 谢 樱

湘江之畔，岳麓山下，千年学府，弦歌不绝。

2020 年 9 月 17 日，在湖南考察的习近平总书记来到湖南大学岳麓书院，了解人才培养、文化传承等情况。

中国古代四大书院之一的岳麓书院孕育了博大精深的湖湘文化，也吸引了一代又一代文人雅士来到这里讲学授徒、读书著述、藏书刻书，致力于文化传承发展。

2023 年 6 月 2 日，习近平总书记在北京出席文化传承发展座谈会时强调，要秉持开放包容心态，坚持马克思主义中国化时代化，传承发展中华优秀传统文化，促进外来文化本土化，不断培育和创造新时代中国特色社会主义文化。要坚持守正创新，以守正创新的正气和锐气，赓续历史文脉、谱写当代华章。

近年来，岳麓书院作为中华优秀传统文化的一张闪亮名片，在弘扬传道济民的书院文化上下功夫，在研究和推进"真理本土化"上下功夫，在培养经世致用的人才上下功夫，坚定文化自信，赓续千年文脉。

汇历史文脉展真理之光

岳麓山脚下，苍松翠柏之间，古朴雅致的岳麓书院庭院里，前来参观学习

---

① 刊于《新华每日电讯》2023 年 6 月 30 日。

的游客、学生络绎不绝。

"共产党怎么能成功呢？当年在石库门，在南湖那么一条船上，那么十几个人，到今天这一步。这里面的道路一定要搞清楚，一定要把真理本土化。"在岳麓书院考察调研时，习近平总书记望着檐上"实事求是"匾额，久久凝思。

1917年，怀揣实业报国梦想的湖南公立工业专门学校（现湖南大学）校长宾步程，手书"实事求是"悬挂于岳麓书院讲堂，将其作为校训，引导学生从事实出发，崇尚科学、追求真理。后来，青年毛泽东寄住在岳麓书院半学斋，深受校训熏陶。

习近平总书记在文化传承发展座谈会上强调，在五千多年中华文明深厚基础上开辟和发展中国特色社会主义，把马克思主义基本原理同中国具体实际、同中华优秀传统文化相结合是必由之路。

近年来，岳麓书院作为展示马克思主义基本原理同中华优秀传统文化相结合思想成果的重要窗口，持续给人们以思想的启迪。

"很多游客一走进岳麓书院，就开始询问'实事求是'匾额的位置，想要亲身感受党的思想路线与千年学府的深厚渊源。"岳麓书院讲解员刘峰说，岳麓书院重新整理了讲解词，关于"实事求是"的内容更加丰富。

岳麓书院也是湖南大学移动思政课的一个教学点，在"实事求是"匾额下现场教学，总能引爆课堂互动的高潮。"我和学生一起讨论'实事求是'来源，学生们都特别有兴趣、有感触。"湖南大学马克思主义学院院长龙兵教授说。

今年3月以来，湖南大学的移动思政课宣讲团队，已为省内外大中小学研学团队、各级党政领导干部、培训班超10万人次宣讲。

湖南大学也深入挖掘中华优秀传统文化与党的建设之间的密切联系、历史渊源和时代价值，围绕"两个结合"组织团队开展专项研究，致力于把中国经验提升为中国理论。

汲古润今坚定文化自信

赫曦台上的"怀古壮士志，忧时君子心"，讲堂檐上的"实事求是"匾额，《岳麓书院学规》中的"通晓时务物理"……每一座门庭、每一副楹联、每一块匾额，人们穿行在岳麓书院，细细感悟着其中所蕴含的古人智慧。

习近平总书记在考察岳麓书院时强调："我们要坚定道路自信、理论自信、制度自信、文化自信，其中文化自信是更基础、更广泛、更深厚的自信，当代学生在传承中华优秀传统文化的过程中一定要进一步坚定文化自信！"

岳麓书院创办于北宋开宝九年（976）。从宋代的"道林三百众，书院一千徒"，到清代的"中兴将相，什九湖湘"，再到今天的湖南大学，历经千年学脉绵延赓续，岳麓书院至今仍行使教学、藏书、育人的功能。学术的气息、思想的交流、文化的馨香在时光交叠之下，既底蕴深厚又青春洋溢。

"在古代，书院是读书人安身立命的精神家园。时至今日，书院作为中华优秀传统文化的代表，仍是中国人心中的文化底气和情感根脉。"岳麓书院院长肖永明说，"我们牢记习近平总书记嘱托，深深扎根中国的文化沃土，坚定文化自信。"

岳麓天下山，书院天下名。为推进中华优秀传统文化传播，岳麓书院频频发力。一大批学者深入挖掘中华优秀传统文化精华，《中国礼制史》、《中国经学史》、《中国经学思想史》、《中国书院史》、"宋元明理学伦理思想研究"等学术成果不断涌现。承担着国家重大学术工程《（新编）中国通史》纂修工作，湖南大学入选第一批"古文字与中华文明传承发展工程"协同攻关创新平台，为弘扬中华优秀传统文化、传承发展中华文明贡献力量。

中华优秀传统文化时刻浸润滋养着广大学子。湖南大学校园中，年过七旬经学史专家姜广辉教授把《易经》讲得引人入胜；年轻帅气的陈岘博士在《春秋》研读课程中将现代社会和古代社会种种生活场景进行对比，生动而易懂；

下课后，同学们围在一起探讨交流，久久不散……

"文化自信是更基础、更广泛、更深厚的自信。岳麓书院拥有丰厚的中华优秀传统文化资源，理应为进一步坚定文化自信作出更大贡献。"岳麓书院党委书记陈宇翔说。

千年学府使命惟新

在岳麓书院，面对莘莘学子，习近平总书记深情地说："希望同学们不负青春、不负韶华、不负时代，珍惜时光好好学习，掌握知识本领，树立正确的世界观、人生观、价值观，系好人生第一粒扣子，走好人生道路，为实现中华民族伟大复兴贡献聪明才智。"

从"经世致用"到"实事求是"，岳麓书院培养和熏陶了一代又一代"以天下为己任"的经世济民之才。教育家和文学哲学大师张栻、朱熹、王阳明在此讲学；经学大师王文清、王先谦在此从事教育及文化学术活动；近代名人陶澍、魏源、曾国藩、左宗棠等在此就读；毛泽东、何叔衡、蔡和森等一大批无产阶级革命家从这里走出。

源浚者流长，根深者叶茂。穿越千年时空，传统文化、古代书院教育精神如何与现代教育深度融合，培养担当民族复兴大任的时代新人，是湖南大学求索的课题。

近年来每逢9月开学季，岳麓书院报告厅内都座无虚席，端庄肃穆的"拜师礼"是新生开学"第一课"。面向孔子像深鞠一躬，是对古圣先贤的敬仰；齐诵《岳麓书院学规》，从传统经典中汲取智慧；齐聚"实事求是"匾额下学习党史，凝聚奋进新时代的力量。

继往圣、开来学，传斯道、济斯民。"从古代优秀思想和教育理念中汲取养分，为祖国需要培养人才。"湖南大学党委副书记唐珍名说，"从古代书院走向现代大学，我们进行了一系列探索。比如，注重立德树人，强调'为学'与

'做人'的统一；重视'习礼育人'，通过习礼传承中华优秀传统文化与价值观念；融通"知"与"行"，要求知行合一。"

"新时代是一个英雄辈出的时代。"

"你们这个年纪正当其时，20 至 30 岁，我们第二个百年到 2050 年，还有 30 年，你们应该是这个时代接过接力棒的骨干力量。"

"情怀要深，培养一批具有家国情怀的青年。"

······

在湖南大学岳麓书院，习近平总书记谆谆嘱托，饱含深情。

"岳麓书院蕴含着一代代文人志士守护根脉、传承文化的初心与精神。"湖南大学校长段献忠说，"中华优秀传统文化不断给青年学子精神滋养，一大批毕业生积极响应时代所需，到基层和人民中去建功立业，将青春之花绽放在祖国最需要的地方。"

在千年书院听他们说书中的风景①

阮周围　张　格　谢　樱

湘江之滨，岳麓山下，一座千年学府清幽肃穆。沿着石板路拾级而上，我们来到了中国古代四大书院之一的岳麓书院。

历经千年、弦歌不绝。岳麓书院孕育了博大精深的湖湘文化，也培养了一代又一代的文人雅士。在世界读书日来临之际，我们邀请到了书院师生，请他们谈谈：在千年学府，是如何通过读书来获得文化滋养的？

我很享受在书院的阅读时光。每每站在御书楼向外眺望，都能感觉到跳出外界嘈杂的环境。尽管古籍不能说话，但是我们好像获得了和古人对话的机会。我们不仅仅是在学习历史，其实我们也身在历史之中，能够更加深刻地感受到古代文人君子为人、为学的力量。

——湖南大学人文科学试验班本科生王可欣

书院教会了我什么是真正的读书。在读书过程中，我们不仅仅收获了知识，还学会了如何去认识和思考自己。对我来说，读书让我懂得了生活的道理，让我更加热爱生活，并且让我更加坚定地成为一个想要对社会做贡献、有用的人。在岳麓书院、在御书楼，我们所做的绝不仅仅是读书、找书、找材

___

① 刊于《新华网新华全媒+》2022年4月22日。

料，更重要的是，我们在试图寻找用什么样的心态去和古籍相处、去和世界对话。

——岳麓书院历史学专业本科生师乐天

我们书院的学生有一个比较特别的爱好，我们愿意用我们大部分的零花钱和奖学金去购买一些书籍。沉浸在书院清幽古朴的环境里，我们对书本、对知识、对经典的崇敬感油然而生。作为书院人，我们时常在想：我们读书到底是为了什么？我想书院"传道济民"这四个字，或许给予了我们一些启示。作为书院人，我们应该心怀信念，勇于担当，肩负起应有的责任，围绕国家和社会的现实问题，给出新时代书院人的方案。

——岳麓书院哲学专业博士研究生鲁晓聪

书院之所以为书院，归根结底是因为"有书"。在书院教育中，学生自己读书是最重要的，书籍本身的作用是非常核心的：不是老师教给你什么，而是书本教给你什么。教师是引路人和先行者，师生携手在读书过程当中传承智慧、探寻真理。我想，读书是终生的事情。人们获得灵感、提高素质，社会得到发展，都离不开书本和文化的滋养。

——湖南大学岳麓书院院长、教授肖永明

新时代的御书楼，含蕴沧桑与历史，涌动活力与生机。岳麓学子在这里问学求知，也在寻求立身之道、做人之本。

楚有才，于斯为何盛千年①

苏晓洲　高　敬　谢　樱

长沙的春雨，淅淅沥沥。记者沿着石板路走进清幽的岳麓书院——古树苍翠，风声雨声读书声，声声入耳。

湘江西岸"人文名胜"岳麓山脚下，湖南大学岳麓书院今年（2021年）已经1045岁了。这座世所罕见的"千年学府"，锻造了包容兼听、求同存异的办学品牌，孕育了心忧天下、敢为人先的湖湘文化。

这里无论是800多年前朱熹先生题写的"忠孝廉节"，还是由清代山长欧阳正焕书写的"整齐严肃"；无论是"学达性天"的期许，还是"实事求是"的古训……都记录着中华文化的源远流长，传递着烛照古今的思想光华。

湖南大学岳麓书院院长肖永明介绍，岳麓书院办学始于唐末五代时期的僧人。976年，潭州太守朱洞创建儒家书院。1015年，宋真宗召见书院山长周式并赐题额、典籍和鞍马。

记者看到，宋真宗手书的"岳麓书院"四个大字，如今还高悬在书院大门上。此后，宋理宗、明世宗、清康熙和乾隆相继赐书、赐匾，书院成为文化人格和学术人格的修炼道场。自北宋以来，先贤周式、张栻、朱熹、王阳明、熊希龄、谭嗣同、梁启超等先后在此讲学；名士陶澍、魏源、曾国藩、左宗棠、曾国荃、郭嵩焘等在此就读；伟大的无产阶级革命家毛泽东、何叔衡、蔡和森

---

① 刊于《新华社每日电讯》2021年4月20日。

等从这里走出⋯⋯

书院中心大讲堂，高高的讲席上摆放着两把木椅，是书院"对内严格管理，对外开门办学"的精神写照。湖南大学马克思主义学院院长唐珍名介绍，南宋乾道三年(1167)，文化与哲学大师朱熹应岳麓书院掌教张栻邀请前往湖南，在此"会见讲论"、切磋学术。"朱张会讲"后，更多学子从各地慕名而来，甚至有人"以不得卒业于湖湘为恨"。毛泽东多次来到岳麓书院，赋诗"莫叹韶华容易逝，卅年仍到赫曦台"，抒发对书院的深厚感情。

在岳麓书院基础上发展而来的国家"211 工程""985 工程"和"双一流"重点建设的湖南大学，古树参天，特色历史建筑比比皆是。湖大学子们，如今仍在书院亭台楼阁间穿行、求学。

"1938 年 4 月 10 日，27 架日本战机轰炸湖南大学和岳麓书院，校园建筑与文化遗产，特别是文化典籍损毁严重!"在岳麓书院，记者现场聆听湖南大学马克思主义学院龙兵教授的"移动思政课"。这堂课结合时事、历史和身边风物，既厚重又新鲜。

把千年传统文化、古代书院教育精神与现代教育深度融合，是湖南大学一直以来不断求索的课题。唐珍名说，"移动思政课"已经开展了 22 年，旨在用实情实景感召学生修身修德、明辨是非。学校正总结相关教学经验，建设思政课程优秀案例库、教学中心，开展马克思主义中国化文化探源研究，举办"致敬国学:第四届全球华人国学大典"和"岳麓书院讲坛"等中外交流活动;成立了通识教育中心，把中国传统文化融入现代教育通识课程中，受到师生广泛欢迎。

从宋代的"道林三百众，书院一千徒"，清代的"中兴将相，什九湖湘"，到近现代"问苍茫大地，谁主沉浮"，岳麓书院树人无数、兴盛千载，这是中华文化的幸事，也是湖湘文化的骄傲。

岳麓书院的文化血脉薪火相传。如今，姜广辉教授把《易经》讲得出神入化;陈峴博士在《春秋》研读课程中把现实社会和古代社会种种生活场景对比得生动易懂；借助"互联网+国学"的现代形式，每年有约 100 名海内外著名学者登坛讲授中外学术思想与文化，国学网络直播讲座点击量近 2000 万人次……这些跨越千年的传承与发展，正是"惟楚有材，于斯为盛"的最好注脚。

依托千年书院打造文化高地①

禹爱华 龙 军 戚家坦

　　湘江西岸，麓山脚下。古色古香的书院里，书声琅琅。作为湖南大学博士理论宣讲团团长，李亚芹正在岳麓书院讲堂前为青年大学生们现场宣讲，这已是该团队成立两年来的第 52 场主题宣讲。穿越历史烟云的生动讲述，激励着青年学生不负青春韶华，勇担时代重任。

　　岳麓书院位于湖南大学校园内，是一所创建于北宋年间的千年学府。2020年 9 月 17 日，习近平总书记来到这里考察调研，了解人才培养、文化传承等情况。习近平总书记强调，要把课堂教学和实践教学有机结合起来，充分运用丰富的历史文化资源，紧密联系中国共产党和中国人民的奋斗历程，深刻领悟马克思主义中国化的内在道理，深刻领悟为什么历史和人民选择了中国共产党和社会主义，进一步坚定"四个自信"。

　　新时代，湖南以习近平新时代中国特色社会主义思想为指引，依托千年学府岳麓书院，努力传承中华优秀传统文化、推动理想信念教育、提升中华文化影响力，全力打造思想文化高地，助力推进社会主义文化强国建设。

通过"习礼育人"方式，传承优秀历史文化

　　"十四五"规划纲要提出，"传承弘扬中华优秀传统文化，""深入实施中华

---

① 刊于《光明日报》2021 年 4 月 26 日。

优秀传统文化传承发展工程，强化重要文化和自然遗产、非物质文化遗产系统性保护，推动中华优秀传统文化创造性转化、创新性发展"。

中国文化的发展历程中，书院是极其醒目的地标，在中国教育史、学术史、文化史上都有着非常重要的地位，是中华文明的鲜明象征和优秀传统文化的斯文正脉。在朝着建设社会主义文化强国的目标不断奋进之路上，书院焕发出更加生机勃勃的活力。

湖南是文物大省，古代书院建筑是湖南最有特色的文物类型，且数量在全国名列前茅。全省现存的书院建筑或与书院有关的文物保护单位共47处。目前，现存的书院、文庙建筑以及相关遗址遗迹，都已纳入各级文物保护体系。湖南省文物部门组织编报了19个有关书院的保护规划、保护方案，实施了17个抢救性保护工程，重点建设打造了岳麓书院文化高地，依托岳麓书院兴建了目前全国唯一一座书院专题博物馆"中国书院博物馆"，并成立了"岳麓书院国学研究与传播中心"。

"时常省问父母，朔望恭谒圣贤；气习各矫偏处，举止整齐严肃……"岳麓书院讲堂墙壁上镶嵌着的《岳麓书院学规》，全文108字，吸引着来书院参观的游客驻足品读。在岳麓书院每年9月举行的新生入学礼上，这篇学规是全体新生集体朗读的内容，也成为湖南大学学生基本行为规范，写在湖南大学学生守则第一页。

"学规承载了先贤对我们太多的期待，每次读起来都有一种强烈的使命感、敬畏感，我们要自觉继承和发扬中华优秀传统文化，坚定文化自信。"湖南大学新闻与传播学院研究生刘旭说。

除入学礼外，岳麓书院每年还举办拜师礼、谢师礼、端午祭屈礼、清明祭祀先贤、祭祀孔子等"三礼三祭"系列活动。参与者妆容整齐，举止严肃，通过"习礼育人"方式，传承中华优秀传统文化与价值观念。

岳麓书院还成立了通识教育中心，并面向湖南大学全校开设"国学经典导读"课，把中国传统文化融入现代教育通识课程中，受到学生广泛欢迎。

同时，岳麓书院通过参观讲解、培训研习、面向社会公众举办"祭孔大典"、与中小学开展合作研究与教学等，多种方式、多种途径普及传统文化，积极融入、服务文化强国建设，践行和弘扬社会主义核心价值观。

"我们将牢记习近平总书记的谆谆教诲与殷切期盼，进一步坚定文化自信，发挥资源优势，为不断推进中华优秀传统文化的传承与弘扬贡献力量。"湖南大学岳麓书院院长肖永明说。

充分利用红色文化资源，推动理想信念教育

阳光穿过樟树和银杏，一束束投在赫曦台上，庭院深深。岳麓书院讲堂前"实事求是"的匾额总会吸引大家的目光。

这里的"实事求是"是 1917 年岳麓书院改制时期，湖南公立工业专门学校校长宾步程提出的校训，出自《汉书·河间献王传》的"修学好古，实事求是"。

岳麓书院从大门至讲堂的中轴线的两侧为斋舍。右侧为半学斋，取"半教半学、教学相长"之意，是岳麓书院历代山长居住的地方。毛泽东同志曾在此寓居过多次，打开窗户就可以看到挂在书院讲堂的这块"实事求是"匾额。中共中央文献研究室编辑出版的《毛泽东传》记载：岳麓书院重视经世致用的湘学士风，表现在思想方法上就是实事求是。岳麓书院"实事求是"的校训深深刻在毛泽东的心中。

"十四五"规划纲要提出，"推动理想信念教育常态化制度化"，"加强和改进思想政治工作，持续开展中国特色社会主义和中国梦宣传教育，加强党史、新中国史、改革开放史、社会主义发展史教育，加强爱国主义、集体主义、社会主义教育，加强革命文化研究阐释和宣传教育"。

如今，岳麓书院不仅是一个治学高地，也是红色文化传播的重要阵地。"百年来，中国共产党正是坚持解放思想、实事求是、与时俱进、求真务实，坚持马克思主义基本原理同中国具体实际相结合，才创造出改天换地、翻天覆

地的伟大奇迹。"全国模范教师、湖南大学马克思主义学院教授龙兵把岳麓书院作为"移动"思政课的重要课堂，他的思政课连续多年在湖南大学排名第一，学生选课要拼"手速"，"蹭"课要挤过道，传统的思政课变成了"网红"课。

在岳麓书院，千年学府深厚的文化底蕴，一草一木、一砖一瓦，处处都成为龙兵的课堂。从岳麓山、爱晚亭、老图书馆遗址、新民学会旧址，到学校之外的韶山、文家市、井冈山……都是他的讲解点。

"红色'移动'思政课我会坚持下去，把红色资源作为生动教材，把红色资源运用好，把红色基因传承好，进一步挖掘红色故事，以更生动的方式宣讲红色文化，用历史观照现实，从历史中汲取宝贵的精神滋养。"龙兵说。

目前，湖南省在岳麓书院专门开辟了"岳麓书院与实事求是思想路线专题陈列"，开展"岳麓书院与实事求是思想路线"重大研究攻关课题，推出相关出版物，充分发挥专题陈列在党性教育、党史国史教育中的作用，打造以实事求是为主题的全国党性教育基地，用红色文化熔铸起文化自信力量，激发爱国热情、振奋民族精神，让红色基因代代相传。

努力讲好中国故事，助力提升中华文化影响力

2020 年 11 月 17 日开始连续七天，由湖南卫视和湖南大学联合制作播出的七集系列专题片《千年学府其命惟新》，用"千年弦歌""惟楚有材""经世致用""传道济民""兼收并蓄""实事求是""于斯为盛"七个关键词，深刻解读从岳麓书院到湖南大学的文化传承、时代价值和全新使命，受到观众好评。

"十四五"规划纲要提出，"提升中华文化影响力"，"十四五"时期，要"加强对外文化交流和多层次文明对话，创新推进国际传播，利用网上网下，讲好中国故事，传播好中国声音，促进民心相通"。

岳麓书院秉承古代书院会讲传统，注重学术交流，开展形式多样的讲学论道活动，搭建多层次的学术交流平台。举办高水平国际国内学术会议，主办学

术刊物，打造具有岳麓书院特色的学科平台；与国内外高校和研究机构签订合作交流协议，促进中国传统文化的对外交流。目前，岳麓书院已成为海内外著名的学术研究中心、学术交流中心。

近年来，岳麓书院顺应时代潮流，发挥自身优势，抓住互联网等新媒体迅速发展的机遇，用"互联网+国学"的形式，努力使更多的海内外华人关注中华优秀传统文化的传承与发展。每年约有 100 名海内外著名学者登坛讲授中外学术思想与文化，国学网络直播讲座点击量近 2000 万人次。

近年来，湖南省特别注重国际传播，把岳麓书院打造成讲好中国故事的重要窗口。2017 年 4 月 17 日，"一带一路"青年创意与遗产论坛在岳麓书院开幕。来自"一带一路"65 个沿线国家的 83 位青年代表，联合国教科文组织官员和专家、有关国家驻华使节共 100 余人出席论坛。作为联合国教科文组织《岳麓宣言》的诞生地、"一带一路"青年创意与遗产论坛的举办地，岳麓书院以加强文化交流互鉴为己任，积极传播和弘扬中华优秀传统文化，努力把中国故事讲好、讲精彩。

"博大精深的中华文化滋养着自豪自信的民族气质，我们要从中汲取丰厚营养，坚定文化自信，为建设社会主义文化强国，为实现中华民族的伟大复兴不懈奋斗。"肖永明表示。

沿着总书记的足迹·见证上好新时代"大思政课"①

刘 麟 谢 瑶

　　千年学府岳麓书院，古香古色书香氤氲。湖南大学岳麓书院中国哲学专业 2019 级博士研究生王戈非正坐在廊凳上捧书静读。"这里的一草一木、一瓦一碑，都让我感受到传承千年的浓厚历史文化底蕴。"王戈非说。

　　岳麓书院位于湖南大学校园内，2020 年 9 月 17 日，习近平总书记来到这里考察调研，了解人才培养、文化传承等情况。"那天，我和同学们在岳麓书院听老师讲思政课，习近平总书记走进来，同我们亲切交流。"对于当时的情景，王戈非依然历历在目，"习近平总书记随后给我们上了一堂既深刻又生动的'思政课'。总书记强调，要把课堂教学和实践教学有机结合起来，充分运用丰富的历史文化资源，紧密联系中国共产党和中国人民的奋斗历程，深刻领悟马克思主义中国化的内在道理，深刻领悟为什么历史和人民选择了中国共产党和社会主义，进一步坚定'四个自信'。在现场聆听总书记的重要讲话让我终生难忘，激励着我不负青春韶华，勤奋学习，走好人生道路。"王戈非告诉记者，自己牢记嘱托，报名参加了湖南大学博士理论宣讲团，积极到高校、企业、社区宣讲。

　　龙兵是湖南大学马克思主义学院教授、全国模范教师，他的思政课连续多年在湖南大学排名第一。"习近平总书记来湖南大学考察时，我正在岳麓书院

———————

　　① 刊于《经济日报》2022 年 6 月 14 日。

给学生上'移动'思政课。"回想起一年多前的情景,龙兵依然很激动,"总书记还为我们点赞,这既是鼓励也是鞭策。"龙兵说,湖南大学把课堂教学与实践教学有机结合起来,让青年学子深刻领悟马克思主义中国化的内在道理,深刻领悟为什么历史和人民选择了中国共产党和社会主义,坚定理想信念。目前,湖南大学已经拥有 100 个"移动"思政课堂打卡地,并开发了"实事求是精神""湖湘文化与中国共产党"等专题课程,受到校内外学生热捧。

岳麓书院党委书记陈宇翔表示,岳麓书院认真贯彻落实习近平总书记重要讲话精神,在弘扬实事求是的革命文化上下功夫,不断擦亮中华文化和湖湘文化这张重要名片,让这所"千年学府"在展现深厚历史文化底蕴的同时更显青春活力。一年多来,全院师生发表高水平学术论文近百篇,出版著作 22 部;湖南大学入选教育部首批"古文字与中华文明传承发展工程"协同攻关创新平台,岳麓书院被列为湖南省级党性教育现场教学点,书院文化研究与传播基地入选第一批湖南省普通高等学校科研创新平台。

"我们努力将习近平总书记重要指示精神落实到自己的本职工作中,发挥出版平台优势,做好优秀传统文化的挖掘整理、传承传播,形成具有鲜明特色的书院文化、湖湘文化和传统文化类图书板块。"湖南大学出版社文史编辑室主任邹彬介绍,湖南大学出版社将全力策划,开展高校专家、学者重点人文图书编辑出版工作。

·媒体报道摘编

湘台师生岳麓书院研讨中华优秀传统文化[①]

谢　樱

　　湖南大学与台湾大学两校学术交流与研讨活动"中国传统文化研讨周"于
2023 年 11 月 12 日正式启动，首场活动"师生学术论坛"当日在长沙岳麓书院
举行，来自两校的 30 余位师生参会。

　　围绕"中华优秀传统文化"这一主题，来自台湾大学哲学系、历史系、政
治学系，及湖南大学岳麓书院哲学系、历史系的 27 名本硕博学生分组进行研
讨，以论文报告的形式分享研究心得及成果，以学生互评的方式展开深入讨
论，最后由两校教师进行专业点评，气氛热烈。

　　台湾大学哲学系主任林明照说，作为古代四大书院之一的岳麓书院在中国
学术思想史上具有重要影响，既有千年的历史传承、古典的文化韵味，又身处
现代高等教育体制中，是当代人才培养和学术研究的重要阵地。研讨会在岳麓
书院举行，体现了传统和当代的"对话"。

　　台湾大学哲学系学生李姗说，台大学子来到岳麓书院，浸润中华优秀传统
文化，是一次难得的"学术沉浸式体验"，希望通过交流论辩，激发大家对学
术的热情。

　　湖南大学岳麓书院院长肖永明说，856 年前的"朱张会讲"，开中国书院史

---

　　① 刊于《新华每日电讯》2023 年 11 月 14 日。

B2：书院本科生教育管理工作可能导致辅导员或教学秘书的工作负荷过重、对学生个性化需求关注不足等问题。建议增加管理人员，分担工作压力，提升服务质量；同时，建立健全学生档案管理系统，及时了解学生情况，有针对性地开展工作，更好地满足学生的个性化需求。

C1：暂无。望继续保持。

C2：无。

D1：非常满意，暂无建议。

D2：希望老师们及时分享学校（通知传达的）信息。

E1：教务处老师的信息反馈稍慢。

F1：辅导员陈文毅老师特别棒，一定要继续努力！

F2：很感激陈文毅辅导员的辛苦工作，感谢他对每个学生的关心与对疑难的解答。

G1：比较好，无建议。

G2：书院课任老师、辅导员和教务老师，都尽心尽责，我们书院学生都十分庆幸能拥有这些老师。

H1：学生信息较多，或许可以分栏进行投递待处理的问题，希望辅导员可以适当休息，不用全天候处理同学们的信息。

H2：在书院的本科生管理工作中辅导员和教学秘书都十分负责。

I1：老师人都很好，很关心学生，继续保持即可。

千年岳麓书院为什么行[①]

郑明星

岳麓书院，在今日大众心中可能是一座古建筑、一处历史旅游景点。而绵延千年的它，更是我国古代一种独特的教育组织形式的代表，反映的是在一座幽静闲适的院落中，一群读书人围绕着书展开的、万象纷呈的教育教学和思想对话。

千年庭院，潇湘洙泗，弦歌不绝。作为我国书院文化的典型代表，岳麓书院有着怎样的教育方针、教学方法、教学管理制度，培养怎样的人才、传播何种思想文化……这是 2021 年 9 月 22 日在湖南卫视和芒果 TV 开播的大型历史人文纪录片《岳麓书院》想要告诉大家的。该片通过源流、正脉、传道、经世、新变、求是六集，其实要回答的是两个问题：岳麓书院究竟是什么？这座院落绵延千年为中国社会带来什么？

《岳麓书院》以五代时期二僧办学为始，历朱张理学、王阳明心学、王夫之船山之学，至曾左彭胡，杨昌济、毛泽东，再到当下，以人为线，应照爱国、济民、经世、求是等故事核。而在此基础上，《岳麓书院》还有教育与思想文化两条隐含的逻辑线。

从教育角度，岳麓书院不仅是中国古代高等教育发展的缩影，也是近代中国高等教育演变的亲历者，还是现当代中国高等教育发展的参与者。

---

① 刊于《中国青年报》2021 年 9 月 28 日。

从北宋开始，岳麓书院成为湖南最高学府，位列潭州（长沙）州学之上，以后历代办学，它一般都居于州学之上。从全国范围来说，自北宋开始，岳麓书院亦占据了全国四大书院之中最稳妥的那把交椅，不管四大书院的说法有几种，它始终是公认的四大书院之一。

近代书院改制，岳麓书院是亲历者。自王先谦1894年主讲岳麓书院以来，教育改革的步伐就没有停过，尽管它有自己鲜明的教育改革主张，还是没能挣脱清末几千所书院改制的大潮，以西式的教育组织方式改成了高等学堂。但这所书院没有随着清朝的灭亡而消失，而是几经转折，成为现代高等教育湖南大学的重要组成部分。当代岳麓书院又在传统书院教育的基础上，借助现代高校的教育资源，成功转型为现代新型书院。

从思想文化角度来说，无论两宋理学、明代心学、清代经学，还是近代革命文化、现当代社会主义先进文化，岳麓书院都是参与者，有时还是引领者。

南宋时期，岳麓书院成为湖湘学派的重镇与朱张学统的源流。明代自王阳明访院之后，100多年间，阳明后学有十几人陆续登坛岳麓，传播王学。清代，岳麓书院有罗典、王文清、欧阳厚均、王先谦等经学名家主讲，并专门创建了"通经致用"的湘水校经堂，左宗棠、郭嵩焘等皆肄业于此。

这个院落在千年岁月中屡毁屡建，《岳麓书院》的第一集和第二集，反复再现了书院重建的历史。当宋真宗的匾额在蓁荒野草中被重新发现，再次悬挂在岳麓书院大门上时，我们所感受到的就不仅仅是那块匾额被挂上去了，更是书院的文脉又重新接续起来了，甚至是中华文明的脊梁又挺起来了。

那些伫立在破败院落前、手拿建筑图纸、孜孜不倦的建设者，他们修建的不仅仅是这个供人栖身的房屋，而且是在铸就文化，同时也以自身为基，创设指引文明方向的灯塔，是的，他们自身就是灯塔。镜头中书院"六君子堂"的先辈们，就是书院成十上百成百上千个建设者的代表。

仔细看每一集的主要人物——第一集张栻，第二集张元忭，第三集吴道行、王船山，第四集郭嵩焘，第五集王先谦，第六集杨昌济、毛泽东——我们会发现，书院的传承者们构成了一条赓续不绝的绵长气脉。

张元忭是张栻弟弟张杓的直系后裔，又是明代书院山长吴道行的老师。吴道行则是张栻弟子吴猎的后裔，又是王船山的老师。郭嵩焘是王船山的坚定追随者，为其迈入文庙圣域奔波多年，而王先谦又是郭嵩焘的忘年交。杨昌济1898年在书院读书时，王先谦任书院山长，理论上其就是王山长的学生，毛泽东又是杨昌济的学生。

千百年来，如果没有这样一群志同道合的仁人志士聚集在书院，奔走呐喊，奋勇前行，书院就不可能有千年底蕴的沉淀，也不可能有"惟楚有材，于斯为盛"的璀璨。

从第四集"经世"到第六集"求是"，我们要回应当下的两个重要文化问题：如何看待我们的优秀传统文化？如何坚守我们的文化自信？

岳麓书院的师生们在面对外来文化的冲击时，至少有三代人有着不同的应对态度和方法。第一代人可以包括魏源、曾国藩和郭嵩焘等，他们提出了"师夷""兴洋务"的主张，学习西方先进科技是此时的主题。

第二代人以王先谦为主，他们在提出学习"时务"的同时，也开始基于中国国情和文化传统，反思西方文化思想与科学技术。王先谦这个曾被贴着"保守卫道"标签的学者，事实上在坚守自我文化精神和反思外来文化是否符合本国国情的问题上，超越了激进与保守、维新与守旧的藩篱。

第三代人以杨昌济和毛泽东为主，这一代人具备了融会中西的学术基础和现实条件。杨昌济认为，想融会中西，必须有扎实的国文、国学功底，换句话说，中学才是融会的根基。他同时也延续了王先谦关于外来文化是否符合国情的观点。

毛泽东在蔡和森们远赴西洋求学的时候，留下研究中国自己的问题。在艰难的探索和寻找中，终于找到了一个主义，一条道路。而这条道路的正确方法，正是悬挂在岳麓书院讲堂前檐的匾额——"实事求是"的要义所在。

《岳麓书院》：揭示中国文化密码①

马　晶

　　近期，六集历史人文纪录片《岳麓书院》在湖南卫视、芒果 TV、金鹰纪实频道播出后，赢得了较好的口碑，也引发了不少年轻网友的共鸣。

　　《岳麓书院》采用纪实性拍摄与情景化演绎相结合的手法，凸显时代精神，彰显文化自信。在中国四大书院中，岳麓书院历经千年风雨，弦歌不绝，学脉延绵。六集纪录片《岳麓书院》创作拍摄历时七年，投入资金 2000 多万元，积累了 30 多万字的学术台本。全片以各个历史时期的典型人物为创作核心，以历史真实故事推动纪录片情节发展，采取"纪实拍摄+情景化演绎"手法，通过具有视觉冲击力的声音和画质，较好地呈现了岳麓书院传道济民、忠君爱国、经世致用、实事求是的思想文化传统，努力把岳麓书院的历史文脉与新时代倡导的文化自信融为一体。如第一集"源流"和第二集"正脉"，用较大篇幅表现了岳麓书院屡毁屡建、经久不衰的生命力。镜头中，当"二僧办学""朱张会讲"等具有开创性的文化现象出现时，当人们在杂草丛中找到"岳麓书院"的匾额，并重新悬挂在了书院的门楣之上，触动我们的是中华文明的历史长河奔腾不息，是中华优秀传统文化的传承源远流长。纪录片注重对典型人物的选取与塑造，在表现人物命运的时候，折射书院历史流变，揭示中华文化密码。如从第一集到第六集，依次出场的典型人物是：张栻、张元忭、吴道行、王船山、

---

　　①　刊于《光明日报》2021 年 11 月 3 日。

郭嵩焘、王先谦、杨昌济、毛泽东，这样一群人托起了岳麓书院的兴盛，也担起了挽救民族危亡的使命。在第六集"求是"中，镜头切换到 1919 年 12 月，毛泽东去上海送别蔡和森，一些人将启程前往法国勤工俭学，而毛泽东打定主意留下来，立足中国实际，研究革命问题。镜头转场，毛泽东的眼前浮现出岳麓书院的匾额"实事求是"。正是在这里，毛泽东从杨昌济手里借来《新青年》，认识了新文化运动倡导者陈独秀、李大钊等人。1943 年，由毛泽东题写的"实事求是"被确定为延安中央党校的校训。之后，党的七大将"实事求是"正式写入《中国共产党章程》。

沉浸式体验与多元化审美相结合，探索中华优秀传统文化的创造性转化和创新性发展。中华民族的脊梁，中华文明的辉煌，共同绘就了文化自信的底色。第四集"经世"，重点讲述了魏源著述《海国图志》、曾国藩兴办洋务、郭嵩焘出使西洋等史实，表达了中华文明之所以成为人类历史上不曾中断过的文明，就是因为中国人兼容并蓄海纳百川的气魄。在《岳麓书院》中，引用了不少古典诗词，带给人多元化审美享受。如在宋真宗所写的《劝学诗》中，"富家不用买良田，书中自有千钟粟。安居不用架高堂，书中自有黄金屋"的古训，至今仍然为人们所熟知。在第五集"新变"中，岳麓书院山长王先谦看到在甲午烽火中，中国居然被日本人打败了，在"实事求是"的匾额下，大家痛定思痛，开始正视时务，归于务实，岳麓书院迈开了现代化变革的步伐，成立新式学堂"时务学堂"。而就在此时，梁启超也投身到了学堂教学之中。第六集"求是"结尾，展现了我们伟大的新时代。

纪录片《岳麓书院》播出后，受到年轻人的追捧。在抖音平台，"这里是岳麓"短视频点击量过亿。有网友留言称，"看完纪录片，我终于明白，我们一定要坚定文化自信，做一个豪迈的中国人"。